세계정치 5

–세계정치와 동아시아의 안보구상–

세계정치 5

-세계정치와 동아시아의 안보구상-

서울대학교 국제문제연구소 엮음
이옥연 책임편집

인간사랑

서문

21세기에 접어들면서 국제관계는 질적으로나 양적으로 지대한 변환의 국면을 맞이하고 있다. 우선 행위자에 있어서 종전의 국가 행위자 중심에서 벗어나 국가 이외에 시민사회, 초국가기구, 개인 등 다양한 형태의 행위자들이 등장하고 있다. 또한 활동 분야도 기존의 정치나 군사적 영역을 넘어 경제, 문화, 지식, 환경 등 다양한 비전통적 영역으로 확대하고 있다. 따라서 이러한 복합적 국제관계 현상을 종전의 '국제정치'와 차별시켜 '세계정치'로 분석하려는 시도가 필요하다. 그러나 세계정치의 장(場)에서도 전통적 의미와 비전통적 의미의 안보가 여전히 혼재하고 있음을 경시할 수 없다. 본호는 세계정치가 동아시아지역 안보에 미치는 영향과 동아시아 국가들이 세계정치의 틀 속에서 생존하기 위해 어떤 안보개념을 구상하는지 중점적으로 다루고 있다. 이와 함께 여전히 전통적 분야의 안보구상이 최소한 정책적 또는 역사적 측면에서 지배적이라는 사실을 감안하여 이에 대해서도 부분적으로 검토하고 있다. 따라서 본호는 크게 두 부분으로 나눠진다. 첫 부분의 다섯 논문은 중심주제인 복합적 국제관계 현상에 초점을 맞춰 안보개념을 이해하고자 한다. 두 번째 부분의 두 논문은 전통적 의미에서의 안보개념과 행위자를 중심으로 정책적 혹은 역사적 관점에서 접근하고자 한다.

민병원(서울산업대)은 "탈냉전시대의 안보개념 확대 : 코펜하겐 학파, 안보문제화, 그리고 국제정치이론"에서 탈냉전시대의 안보담론을 주도하는 코펜하겐 학파의 주장을 분석하고 있다. 또한 안보문제화의 의미를 국제정치이론의 시각에서 풀어내어 확대된 안보담론을 주창하는 코펜하겐 학파의 의의와 한계를 짚어보고 있다. 이신화(고려대)는 "동아시아 인간안보와 글로벌 거버넌스"에서 주권국가 중심의 국가안보만으로는 개인의 안전과 복지를 보장할 수 없다는 인간안보론을 동아시아지역에 적용해 분석하고 있다. 그리고 인간안보가 글로벌 거버넌스의 주요 이슈인 이유를 되새겨 보고 있다. 박인휘(이화여대)는 "세계정치와 동북아 안보 : 중 · 일 갈등을 통해 본 균형과 간극"에서 북미-유럽지역에 편향된 안보연구와 동아시아적 안보논의의 차별성을 강조하고 있다. 결국 동아시아는 전근대, 근대, 탈근대가 공존하는 특수성으로부터 벗어나지 못하기 때문에 안보 논의도 또한 이러한 구조적 구속에 얽매일 것이라고 전망하고 있다. 김수암(통일연구원)은 "문화상대주의, 주권원칙과 북한 인권"에서 탈냉전 이후 주요 이슈로 부상한 인권문제를 북한의 인권관을 중심으로 분석하고 있다. 인권보장은 각기 다른 정치-문화적 전통을 고집하는 국가들의 이해관계로 인해 국제정치의 주요 갈등 요인이 되어 왔다. 김수암은 이것이 북한의 인권문제를 다룰 때도 예외없이 적용되는 점을 지적하고, 북한의 특수성을 감안하여 좀 더 면밀한 검토가 필요하다는 점을 강조한다. 김영호(국방대)는 "안보 패러다임의 변화와 한미동맹 재조정"에서 탈냉전기 안보 패러다임의 변환을 한미동맹의 재조정을 중심으로 분석하고 있다. 구체적으로 포괄적 안보, 인간안보, 공동/협력안보 강조라는 지배적 안보담론의 전반적 변화와 전쟁수행 방식, 동맹성격 변화라는 군사안보 영역에서의 전략변화들이 한미동맹 재조정 방향에 상당히 반영되고 있지만 한계도 보임을 지적하고 있다. 그리고 한계의 이유를 동북아 안보질서에 아직도 지속되고 있는 냉전적 성격과 한미 간의 대북인식 격차에서 찾고 있다.

앞의 다섯 논문이 21세기 복합적 국제관계 현상을 확대된 안보개념의 관점에서 해석하려는 노력이라면 다음의 두 논문은 전통적 의미에서의 국제정치 행위자와 활동영역을 정책적 혹은 역사적 측면에서 살피고 있다. 이옥연(서울대)은 "유럽독자방위 체제와 EU의 군사적 역량"에서 미국과 EU 회원국들이 원칙적으로 합의함에도 불구하고 유럽의 독자방위에 대한 실질적 입장 차이를 보이는 배경과 근거를 검토하고 있다. 그리고 이러한 입장 차이가 EU와 NATO의 군사관계에 미치는 영향력을 분석하고 EU 군사기구의 장래를 전망하면서 유럽의 독자방위를 둘러싼 평가의 타당성에 대해 논의하고 있다. 차태서(한국국방연구원)는 "아메리카 혁명의 특이성 : 공화주의와 연방헌법의 탈근대적 의미"에서 아메리카 혁명이 갖는 특이성의 근원을 혁명을 추동한 공화주의 이데올로기와 혁명이념의 구현체인 연방헌법에서 찾고 있다. 나아가 연방헌법은 아메리카가 자신의 예외성을 주장하고 근대적 세계질서 전체를 비판하며 이를 새로운 탈근대성으로 대체하려는 시도의 역사적 시원을 이룬다는 점을 강조하고 있다.

본호의 전반부에서는 안보개념을 대략 다음의 다섯 가지 관점에서 접근하고 있다. 첫째, 세계정치 혹은 지역정치의 존재양태에 의해 동아시아 국가들의 안보가 규정되는 방식, 둘째, 동아시아지역 혹은 동아시아 국가들이 세계정치 혹은 지역정치의 틀 속에서 모색하는 안보구상, 셋째, 시대적으로 표출된 동아시아 국가들의 안보구상의 변천, 넷째, 국가, 사회, 개인의 삶을 보전하려는 안보구상의 유연성, 다섯째, 글로벌 시대에 동아시아 국가들의 경험이 반영된 안보구상 등을 중심으로 21세기의 국제관계 변환의 한 국면을 고찰하고 있다.

비록 신세기의 도래와 더불어 안보개념이 엄청난 변환을 겪고 있음에도 불구하고 이전 세기의 양상들이 상당수 존재하기 때문에 이러한 변환에 관한 이론화에 있어서 다소 혼란이 야기되고 있다. 본호에서는 우선 이론적 검토를 통해 이러한 이론적 혼란 양상을 체계적으로 보여준 후, 21세기의 안보개념 변환이 동아시아지역에서 어떠한 형태로 전개되는지 주제별로 분석하고 있다. 그리고 때때로 현 시점의 미국과 유럽관계처럼 동아시아지역 이외에서도 확대된 안보개념을 적용하는 데 한계가 있음을 부분적으로 다루고 있다. 덧붙여 과거 시점에서 동아시아지역 이외에 전통적 관념을 적용하여 분석하는 주류 국제관계이론을 비판적으로 재평가하고 있다. 비록 안보개념의 모든 측면을 면밀하게 고찰하는 것이 본호의 주된 의도가 아니라고 하더라도 선별된 주제를 다룸에 있어서 여전히 미흡한 점이 남아 있다. 그러나 이러한 시도가 확대된 안보개념에 대한 논의가 필요하다는 인식을 일깨울 수 있다면 헛된 노력이 되지 않을 것이라고 기대하는 바이다.

차례

－세계정치와 동아시아의 안보구상－

세계정치와 동아시아 안보

탈냉전시대의 안보개념 확대 :
코펜하겐 학파, 안보문제화, 그리고 국제정치이론 / 민병원

동아시아 인간안보와 글로벌 거버넌스 / 이신화

세계정치와 동북아 안보 :
중 · 일 갈등을 통해 본 균형과 간극 / 박인휘

문화상대주의, 주권원칙과 북한 인권 / 김수암

안보 패러다임의 변화와 한미동맹 재조정 / 김영호

1

탈냉전시대의 안보개념 확대 :
코펜하겐 학파, 안보문제화, 그리고 국제정치이론

민병원(서울산업대학교 IT정책전문대학원)

* * *

탈냉전시대의 안보담론은 안보개념의 복합적인 확대를 주장하는 코펜하겐 학파에 의해 주도되어 왔다. 본 논문에서는 안보대상의 다양화와 안보영역의 확대를 중심으로 하여 탈냉전시대의 안보개념이 어떻게 바뀌고 있는지를 살펴보고, 이와 관련하여 안보문제화(securitization)가 의미하는 바를 국제정치이론의 관점에서 논의하고자 한다. 특히 위협에 대한 새로운 인식과 사회적 구성을 통한 안보담론의 형성이 확대된 안보개념의 핵심적인 요소라는 점이 부각된다. 이와 함께 확대된 안보개념에서 드러나고 있는 이론적 전제와 이슈들을 심층적으로 다루고자 하는데, 가치판단과 관련된 규범론, 실증주의와 인식론, 그리고 네트워크화의 추세에 관련된 존재론 및 그것이 새롭게 던져주고 있는 신(新)안보 딜레마와 위험사회의 문제가 언급되고 있다. 이를 통하여 코펜하겐 학파의 확대된 안보담론이 탈냉전시대의 국제정치이론에서 차지하는 의의와 한계에 대해 명확하게 파악해 보고자 한다.

주제어 : 안보개념의 확대, 코펜하겐 학파, 탈냉전, 안보문제화, 국제정치이론

1. 들어가는 말

안보문제는 인류의 역사만큼이나 오래 되었지만 이것이 체계적으로 이론화되기 시작한 것은 20세기 중반이었다. 냉전시대의 전략연구는 핵무기와 초강대국의 갈등을 기반으로 하여 비약적인 발전을 이루어 왔으며, 이것은 국제정치이론의 성장에도 지대한 영향을 미쳤다.[1] 하지만 냉전시대의 전략 및 안보논리는 1980년대에 들어서면서 크게 흔들리기 시작했는데, 그 결정적인 계기는 소련의 아프가니스탄 침공과 동구권의 몰락이었다. 이러한 일련의 사건들은 오랫동안 서구의 안보논의에 있어 핵심 기능을 담당해 왔던 '문제' 자체의 소멸을 의미하는 것이기도 했다.[2] 국제정치이론에서는 이러한 변화에 대응하여 새로운 안보이론과 개념들에 대해 고민하기 시작했는데, 여기에 1990년대부터 빠르게 진행되고 있는 세계화의 추세는 안보연구의 입지를 재설정해야 하는 정체성의 과제까지 안겨주게 되었다.

냉전의 사고방식이 국가의 외교정책을 좌지우지하던 1950년대에 아놀드 울퍼스(Arnold Wolfers)는 '국가이익'의 관념을 최우선으로 여기는 현실주의 안보개념이 대단히 모호하면서도 잘못된 것이라고 비판한 바 있다. 그는 '안보'를 논하기 위해서 그 '수준(degree)'과 상황에 맞는 '수단'을 구체적으로 고려해야 하며, 필요에 따라서는 '위협적 권력(coercive power)'에 대한 집착을 넘어 중재와 타협을 이끌어낼 수 있는 기량도 갖추어야만 효율적이고 도덕적인 안보정책이 가능하다고 주장하였다. 국가이익의 관념이 문제를 해결하는 만능 수단도 아닐 뿐더러, 국가이익은 곧 국가안보라는 식의 단순한 발상으로는 결코 안보의 본질을 올바로 파악할 수 없다는 것이었다.[3] 반 세기 전의 이러한 지적은 오늘날에도 유효하다. 경직된 시각과 편협한 이론만으로 복잡하고 빠르게 변하는 세계의 모습을 제대로 파악해내기란 불가능한데, 하물며 안보문제와 같이 민감한 분야에서는 더 말할 나위가 없을 것이다.

냉전시대의 전략연구는 기본적으로 국가가 선택해야만 하는 대안에 관한 연구였으며, 따라서 합리성과 합목적성의 틀을 벗어나기 어려웠다.[4] 하지만 지난 10–20여 년간 누적되어 온 세계정치의 격변현상은 안보를 비롯하여 다양한 영역에서 이러한 이론틀만으로 설명하기 힘든 복잡한 퍼즐과 난해한 과제를 던져주고 있다. 본 논문에서는 코펜하겐 학파로 일컬어지는 일단의 학자들이 이러한 안보문제의 변화를 어떻게 이론화해 왔는지를 살펴보고자 한다. 그들이 제시해 온 이론적 핵심 주제인 '안보개념의 확대'와 '안보문제화'가 무엇을 의미하는지, 그리고 이러한 체계적 이론화의 성과와 한계는 무엇인지를 분석하고자 한다. 안보개념의 확대와 안보문제화의 이슈가 기존의 국제정치이론과 어떤 연관을 갖는지에 대해서도 논의할 예정이다. 이어 코펜하겐 학파의 안보연구가 규범론과 인식론, 그리고 존재론에 걸쳐 어떤 의미를 가지며 그 한계는 무엇인지, 그리고 앞으로 보완되어야 할 내용에는 어떤 것들이 있는지 검토해 보고자 한다.

2. 탈냉전시대의 안보개념 확대

1) 탈냉전과 코펜하겐 학파의 등장

냉전시대의 안보연구는 대부분 군사적 전략을 중심으로 이루어졌고 그 대상도 주로 국가에 한정되어 있었다. 국가정책의 목표를 달성하기 위해서는 군사력을 이용한 전략적 접근방식이 최우선적으로 고려되었으며, 여타의 방법들은 전략적 목표에 부차적인 것으로 여겨졌다. 도덕이나 복지, 비폭력 저항 등 군사영역과 직접 관련되지 않는 여러 이슈들은 단지 2차적인 것으로 간주될 따름이었다. 냉전기 전략연구에 있어서 핵심 개념들, 예를 들어 억지(deterrence), 제한전(limited war), 군비통제(arms control) 등과 같은 개념들은 초강대국 중심의 양극화 체제라는 당시의 시대적 상황을 철저하게 반영한 것이었으며, 이러한 개념들이 곧 국가와 인류의 생존을 결정짓는 가장 중요한 어젠다로서 간주되고 있었다.[5)] 하지만 시대적 상황이 서서히 바뀌면서 이와 같은 어젠다의 우선순위에 대한 비판과 의문들이 나타나기 시작했다. 나아가 1970년대 이후 본격화된 새로운 안보 논의들은 냉전시대의 좁은 안보개념을 탈피하여 포괄적이고 심층적인 안보개념이 필요하다는 문제의식에 도달하게 된다.

군사영역을 중시하는 과거의 전략연구에서 제기되었던 하나의 문제점은 특정한 군사계획이 올바른 것인지를 판단할 수 있도록 해주는 체계적인 개념적 · 이론적 기반이 미흡하다는 것이었다. 군사전략은 전장에서 회자되는 몇 마디의 경구로만 요약될 수 없는 중대한 문제로서, 수많은 인적 · 물적 자원들을 체계적으로 관리 및 통제할 수 있는 개념적 프레임 워크가 먼저 확립되어야 하기 때문이다.[6] 이러한 점에서 군사전략 자체도 사회의 모든 영역을 포괄하는 넓은 기반을 바탕으로 이루어져야 한다는 주장이 이미 냉전시대 초기부터 빈번하게 제기되어 왔다. 미시경제학적 분석이나 복잡한 수리 모델링과 같은 과학적 방법을 통하여 더욱 체계적인 전략연구를 할 필요가 있다는 것이 이 분야에서의 일반적인 합의로 자리잡아 온 것이다. 미국을 중심으로 하는 전략연구의 부흥은 초강대국의 대결과 핵무기 대결이라는 시대적 상황 속에서 과학적 접근방식을 지향하려는 노력이 맺은 당연한 결과였다.

냉전시대의 전략연구에서는 국가 정책결정자들의 세계관을 합리성과 효용성이라는 관점에서 단순화된 형태로 이해하려 했다. 이러한 전제 하에 군사적 대결을 포함하는 갈등의 문제를 해결하는 과정은 모두 이익과 비용의 계산, 그리고 최적의 대안이라는 합리적 선택의 패러다임 내에서 설명되곤 했다.[7] 하지만 냉전체제가 와해되면서 과거의 전략연구를 지탱해 오던 여러 전제들이 더 이상 작동하지 않게 되었다는 점이 분명해졌다. 탈냉전시대에 들어와 양극화 구도가 경제적 차원에서 다극화, 그리고 군사적 차원에서 단극화로 바뀌면서 구조적인 요동이 일어나게 되었다. 이것은 다시 이데올로기 갈등의 완화로 연결되면서 과거와 같은 군사대립보다는 경제 등 하위정치의 영역이 세계정치의 전면으로 떠오르는 결과를 초래하였다. 1970년대 이후 본격화되고 있는 경제적 상호 의존과 그로 인한 국가들 사이의 민감성 및 취약성의 증가는 안보문제와 관련하여 중요한 의미를 지니는 것이었다. 지역 안보공동체의 구도 역시 서구 자본주의 국가들을 중심으로 재편성되면서 국제사회 내에서 안보와 관련된 목소리와 역할이 증가하게 되었다.[8]

1970년대 이후 국가 간의 경제적 상호 의존이 증가하면서 안보 관념에 경제적인 이슈들이 포함되기 시작했지만, 초국가적인 환경 및 자원문제가 더욱 심각해지면서 이 또한 안보의 관점에서 다루어야 한다는 목소리가 점차 높아지기 시작했다. 이러한 문제는 단지 인류가 처한 한계를 기술적으로 해결하겠다는 차원을 넘어서서 사회적 · 정치적 · 제도적 장애요인들을 보다 적극적으로 제거하기 위한 대규모의 변혁을 염두에 둔 것이었다. 이와 같은 현실적 문제들이 제기되면서 이를 인식하고 해결하기 위한 패러다임의 전환이 아울러 요구되었다. 문제를 지속적으로 관리함과 동시에 필요할 경우 강제수단과 유인책을 함께 활용하여 해결책을 모색하는 새로운 형태의 글로벌 거버넌스가 절실하게 필요해진 것이다.[9] 탈냉전시대의 안보 관념 확대는 이와 같이 정치적 거버넌스의 문제와 밀접하게 연관되어 있다. 또한 전통적인 적과 대항해야만 하는 '안보 딜레마'를 넘어 어떻게 하면 적과의 공존을 모색하고 시스템 전체를 안정적으로 유지할 수 있는가라는 새로운 문제의식을 바탕에 깔고 있다. 과거의 단순한 경쟁구도에서 협력과 조정의 메커니즘을 포함하는 복잡한 경쟁구도로의 전환이 새로운 안보담론을 요구하게 된 것이다.[10]

1985년 덴마크의 코펜하겐에 설립된 분쟁 및 평화연구소(COPRI)를 중심으로 안보연구의 새로운 경지를 개척한 일련의 학자들은 냉전시대의 사고방식을 뛰어넘는 새로운 안보이론을 제창하기 시작했는데, 이들을 일컬어 '코펜하겐 학파'라고 부른다.[11] 코펜하겐 학파는 국가행위자를 중심으로 하여 군사적 측면에만 치중하던 좁은 의미의 안보 어젠다를 벗어나 탈냉전시대에 부합하는 보다 포괄적인 안보개념을 구축하려 했는데, 이는 유럽의 안보 다이내믹스라는 역사적 경험으로부터 비롯된 것이었다. 그들은 초강대국 간 대결의 틈바구니에서 시달려 왔던 유럽의 입장에서 과연 어떤 안보관념이 적절한 것인가 하는 질문을 제기하고 그에 대한 해답을 찾고자 했다. 1970년대부터 데탕트의 추세와 더불어 가속화되기 시작한 평화운동과 독일에서의 동방정책, 그리고 유럽 국내정치의 사회안보(societal security) 등이 새로운 안보관념에 대한 문제의식을 더욱 부채질하고 있었다.[12] 이러한 맥락에서 보면 코펜하겐 학파의 안보이론은 초강대국이나 개별 국가들의 입장보다는 유럽 전체의 공동 경험을 바탕으로 만들어진 집단안보의 담론이라고도 할 수 있다.

2) 안보대상의 다양화

코펜하겐 학파의 안보담론은 한마디로 '안보개념의 확대'를 가장 큰 특징으로 한다. 이 학파의 선구자인 배리 부잔(Barry Buzan)은 탈냉전시대의 새로운 안보이론에서 전통적인 안보관념과 대비되는 두 가지 요소를 강조하고 있는데, 첫 번째는 안보대상(referent objects)의 다양화이고, 두 번째는 안보영역(sectors)의 확대이다. 안보대상의 다양화와 관련하여 과거에는 국가가 안보의 유일한 대상으로 간주된 반면, 이제는 국가의 하부단위체나 초국가적 단위체를 모두 포괄하는 다양한 대상들이 안보개념에 포함되어야 한다고 본다. 이와 관련하여 그동안 국가가 내부 구성원들에게 수행해 왔던 기능에 대한 재평가도 이루어지고 있는데, 전통적으로 국가가 안보의 공급자라는 인식을 넘어서 이제는 국가가 개인이나 사회집단에 대해 오히려 위협을 가하는 역기능에 대한 관심도 크게 증가하고 있다. 이러한 역기능은 제3세계권에서 더욱 심각하게 나타나고 있는데, 과연 안보와 관련한 국가의 이상적인 역할모형은 어떻게 정립되어야 하는가에 대한 의문을 던져주고 있다.

이와 관련하여 부잔은 국가의 기능을 대외적 기능과 대내적 기능으로 분리하여 오늘날의 '위협'이 어떤 원천으로부터 발생하는가에 대해서도 체계적으로 설명하고 있다. 군사력 또는 경제력과 같은 경성권력이 강한지 또는 약한지에 따라 국가의 유형을 분류할 수도 있지만, 부잔은 이러한 전통적 분류가 대내적 측면을 고려하지 않고 있기 때문에 별도로 '사회정치적 응집력'이라는 기준에 따라 국가의 기능을 살펴볼 필요가 있다고 주장한다.[13] 여기에서 후자의 기준이 취약한 국가는 제3세계권의 국가들처럼 내부로부터 '위협'이 만들어지게 되며, 이는 곧 냉전시대와는 전혀 다른 모습의 안보문제를 야기하게 된다는 것이 부잔의 논리이다.[14] 이와 같이 국가의 역할 변화와 대내적 위협에 대한 새로운 인식은 강대국 중심의 군사적 대결에만 초점을 맞추었던 과거의 전략적 패러다임이 오늘날의 맥락에서는 더 이상 통용되기 어렵게 되었다는 사실을 잘 보여주고 있다.[15]

원래 '안보'란 개인의 상태를 지칭할 때 쓰이는 말이었다. 로마시대에 사용되던 '안보(securitas)'라는 용어는 인간의 내적 평화를 나타내는 것이었는데, 안정적이고 고요한, 그리고 자유로우면서도 걱정이 없는 행복한 모습을 의미했다. 이러한 개인 중심의 안보관은 아담 스미스(Adam Smith)의 시대를 거쳐 프랑스 혁명 때까지 이어졌지만, 18세기 말에서 19세기 초에 걸쳐 계몽주의가 확산되면서 공동체에 대한 의식이 이에 개입되기 시작하였다. 즉 당시까지만 해도 안보의 대상은 여전히 개인으로 국한되었지만, 그것을 확보하는 방법은 공동체 내에서 사회계약에 의해서만 가능하다는 점이 정치사상적으로 부각되기 시작했다. 안보는 더 이상 개인의 전유물이 아니라 하나의 '공공재'로서 인식되었고, 프랑스 혁명 이후에는 필요에 따라 개인의 안보가 집단의 안보를 위해 희생되는 경우도 생겨나기 시작했다. 이와 더불어 19세기의 유럽에서는 사회적 · 정치적 '국제화(internationalization)' 현상이 동시에 전개되었는데, 이는 안보관념의 변화라는 관점에서 볼 때 개인주의와 국제주의라는 양대 사조가 공존하고 있었음을 말해준다.[16]

하지만 전체주의가 극성을 부리던 20세기 초반, 그리고 복지국가 및 사회주의, 동원체제를 지향하는 제3세계권의 권위주의 체제가 발흥하던 20세기 중반의 역사를 거치면서 세계는 바야흐로 집단안보의 물결 속에 휩쓸리게 되었다. 이에 더하여 핵무기와 초강대국을 중심으로 하는 양극화의 구조는 안보의 대상을 철저하게 국가 중심으로 묶어놓았고, 그 안보문제의 적용도 전적으로 군사영역으로 한정짓고 있었다. 바야흐로 20세기는 사회의 모든 분야가 국가의 관할권 안에 '갇힌 상태(caging)'로 보호받는 '안보국가(security state)'의 시대였다.[17] 18세기와 19세기를 거치면서 개인주의와 국제주의의 모습으로 전개된 안보관념이 20세기에는 국가를 중심으로 하는 응집된 형태로 전환하게 된 것이다. 이러한 역사적 궤적을 고려한다면 20세기 후반에 들어와 급속하게 전개되고 있는 안보대상의 다양화는 부분적으로 '과거로의 회귀'라고도 볼 수 있다. 안보의 대상이 국가 중심의 시각에서 다시 개인과 같은 국가 하부단위체와 초국가 차원으로 동시에 확대되고 있기 때문이다.

안보대상의 다양화는 개인, 국가, 글로벌 차원에만 국한되는 것이 아니라 새로운 유형의 분석수준을 포함하기도 한다. 부잔은 특히 국가들 사이의 지역적 안보협력에 대해 큰 관심을 기울였는데, 그동안 국가와 세계정치 사이에서 큰 주목을 받지 못했던 '지역'이라는 새로운 단위체가 안보와 관련하여 급부상했기 때문이다. 코펜하겐 학파에서는 지리적으로 인접한 국가들 사이에 역사적 친밀감(amity)과 적대감(enmity)으로 인하여 안보관계에 특수한 패턴이 형성된다는 점을 강조한다. 부잔은 이러한 패턴을 일컬어 '안보 콤플렉스(security complex)'라고 부르고 있는데, 이것은 지역에 따라 역사적 감정들이 혼합되고 권력이 불균등하게 분포됨으로써 나타나는 안보관계의 구조적 무정부상태를 총체적으로 일컫는다. 특정한 안보 콤플렉스 내에서는 군비경쟁, 무역분쟁과 같은 작용-반작용의 메커니즘들이 동시에 작동하며, 내부적으로 독특한 상호작용의 패턴이 만들어지면서 나름대로의 질서를 만들어낸다. 남미, 중동, 남아프리카, 남아시아, 동남아시아 등과 같은 지역들은 이러한 점에서 모두 안보 콤플렉스라고 규정할 수 있다.[18] 코펜하겐 학파의 안보개념 확대는 이처럼 국가를 중심으로 하여 '아래'와 '위', 그리고 '옆'의 모습까지 담아내려 했다는 점에서 냉전시대의 안보관념으로부터 한발 더 나아간 모습을 보이고 있다.[19]

코펜하겐 학파의 문제의식이 원래 유럽의 경험으로부터 비롯되었다는 점을 감안할 때, 이와 같은 안보 콤플렉스에 대한 논의는 국제관계 및 안보연구에서 중요한 의미를 지닌다. 20세기에 들어와 이미 두 차례의 세계대전을 경험했고, 또 20세기 중반 이후에는 초강대국 주도 하에 냉전의 갈등을 첨예하게 겪었던 유럽으로서는 당연히 자신들의 상황에 더욱 적합한 안보 시스템을 구상하는 일에 몰두할 수밖에 없었을 것이다. 이는 곧 전 세계를 대상으로 하는 초강대국의 안보구상과는 별도로 지역상황을 고려한 안보 시스템, 즉 지역안보 콤플렉스에 대한 필요성을 의미한다. 냉전시대에는 유럽의 지역안보 공동체라는 관념이 초강대국 사이의 갈등 속에 오랫동안 묻힌 채로 방치되어 있었기 때문이다. 이와 같이 유럽인들의 안보관념이 '유럽화(Europeanization)' 되면서 코펜하겐 학파의 안보이론도 유럽 내에서, 그리고 강대국 중심의 이론틀을 적용하기 어려운 세계의 많은 지역에서 적극적인 관심을 끌게 된 것이다.[20]

3) 안보영역의 확대

코펜하겐 학파의 안보개념 확대에서 나타나고 있는 두 번째 특징은 안보관념이 적용되는 영역(sectors)이 대폭 확대되었다는 점이다. 과거에는 군사영역, 특히 전략적 이해관계가 걸린 분야에서만 안보논의가 이루어졌지만, 탈냉전시대에는 이러한 영역이 대단히 넓어졌기 때문에 당연히 안보개념도 이에 맞추어 확대되어야 한다고 보는 것이다. 이에 대해 부잔은 여러 가지 이유를 제시하고 있는데, 그 중에서도 글로벌 차원에서 일어나고 있는 상호 의존 추세의 강화로 인해 정책과 사회적 선택의 우선순위가 바뀌고 있다는 점을 가장 우선시하고 있다. 또한 대외적인 위협 대신에 국내사회적 위협요인들이 부각되면서 '취약성(vulnerabilities)'을 감소시키는 것이 안보의 주된 목표가 되었다는 점도 아울러 강조하고 있다. 또한 냉전시대의 전략적 안보관념이 보다 복합적인 국제관계이론으로 통합되면서 안보에 대한 연구가 학제적으로 확산된 것도 광의의 안보개념이 등장하는 데 크게 기여했다고 본다.[21]

부잔은 1991년의 저서와 논문에서 안보영역을 군사영역 및 정치 · 경제 · 사회 · 환경의 비군사영역으로 나누고 있다.[22] 이와 같은 5개의 핵심 영역들은 안보개념의 근본적인 바탕에 대한 역사적 인식을 기반으로 한다. 여기에서 '근본적'이라 함은 안보의식을 유발하는 '위협'이 어디에서 만들어지는가에 대한 원천적인 질문에 대한 해답을 담고 있기 때문이다. 리차드 울만(Richard Ullman)이 비판한 바와 같이 군사적 측면에서의 위협에만 초점을 맞추는 안보정책은 지극히 편협한 것이며, 오늘날에는 '생활의 질을 떨어뜨리고 정책대안의 범위를 좁히는' 모든 것들이 위협으로 간주되어야 한다는 인식이 확산되고 있다.[23] 위협이 핵심 '가치(values)', 즉 보호해야만 하는 중요한 자원에 대한 잠재적인 상실의 정도를 나타내는 것이라면, 이러한 가치의 원천이 되는 다양한 영역들을 세분화하는 것은 탈냉전시대의 변화를 감안할 때 당연한 일이다. 전통적 안보개념이 '생존'의 가치를 가장 우선시했다면, 그 이외에 다양한 가치의 원천이 되는 경제, 사회, 정치, 환경 등 비군사영역에서 야기되는 간접적 위협도 안보논의에 추가되어야 한다는 것이 코펜하겐 학파의 주장이다.

부잔을 주축으로 하는 코펜하겐 학파에서 이와 같이 안보의 영역을 확대하게 된 것은 이론적 · 추상적 동기가 아니라 구체적인 유럽의 안보경험을 바탕으로 한 것이었다. 그럼으로써 그들은 유럽의 특수한 역사적 상황에 맞는 구체적인 '위협'의 관념을 이론화하였고, 이것이 바로 5가지의 영역, 즉 군사영역과 더불어 제시된 4가지의 비군사영역인 정치, 경제, 사회, 환경이었다. 이와 같은 비군사영역은 단순한 안보요소의 나열에 그치는 것이 아니라, 유럽의 역사 속에 '내재된(embedded)' 경험의 산물이었던 것이다.[24] 하지만 다양한 비군사영역의 중요성을 강조하면서도 코펜하겐 학파는 안보문제가 될 수 있는 영역과 그렇지 않은 영역을 구분함으로써 과거의 평화연구 전통과 분명한 대비를 보인다. 모든 것이 안보문제가 될 수 있다는 급진적 평화연구의 주장에는 동조하지 않으면서 전략연구의 좁은 안보관념으로부터 벗어나려 했다는 점은 코펜하겐 학파 안보담론의 커다란 공헌이라고 할 수 있다.[25]

하지만 부잔의 초기 저술에서는 이러한 개념들이 체계적으로 정리되지 못한 채 모호하게 언급되고 있었다. 그는 군사영역과 비군사영역을 구분하면서 이들 모두에게서 나타나는 '정치적 속성'이 각 영역 고유의 기능적 속성보다 더 중요하다는 점을 강조했는데, 이는 기술이나 군사력 자체보다는 그것이 갖는 정치적 의미를 부각시키려는 의도에서 기인하는 것이었다. 하지만 이러한 관념은 안보가 적용되는 각 영역 자체를 언급하면서도 동시에 안보논의가 전개되는 정치적 과정을 동시에 다룸으로써 결과적으로 너무나 많은 것들을 안보영역의 확대 속에 한꺼번에 포함시키려 했다는 비판을 받았다.[26] 하지만 이후의 저작에서는 5가지 영역들 사이의 '관계'에 초점을 두면서 위협을 만들어내는 카테고리로서 안보영역을 이해하게 된다. 즉 코펜하겐 학파에서 강조하는 안보영역의 확대는 단순히 위협의 원천을 나열하는 것에 그치지 않고, 그것들이 유럽과 같이 특수한 안보상황에서 어떻게 위협을 생성해내는 다이내믹스를 만들어내는가에 대한 주요 카테고리로서 다루어지고 있다.[27]

안보영역의 확대가 코펜하겐 학파의 안보이론에서 핵심적인 요인이 되고 있다는 점은 분명하지만, 아직까지는 몇 가지 측면에서 보완되어야 할 여지를 남기고 있다. 이러한 지적은 특히 안보개념에 대해 집중적으로 연구하고 있는 데이비드 볼드윈(David Baldwin)에 의해 이루어진 바 있다. 볼드윈은 안보개념이 기본적으로 '가치에 대한 위협'에서 기인한다는 코펜하겐 학파의 입장이 이미 오래 전에 아놀드 울퍼스(Arnold Wolfers)에 의해 체계적으로 제시되었다고 주장한다.[28] 문제는 '가치'와 '위협'을 어떻게 규정하는가에 달려 있는데, 그는 코펜하겐 학파가 이러한 세부적인 문제에 있어서 대단히 모호한 입장을 취하고 있다고 비판한다. 예를 들어 코펜하겐 학파의 이론에서는 안보개념이 누구를 위한 것이고, 어떤 가치를 보호하기 위한 것이며, 얼마만큼의 안보를 제공해야만 하는 것인지 등에 관한 질문이 미흡하다는 것이다. 나아가 어떤 위협을 다스리고자 하며, 어떤 수단에 의해, 그리고 어떤 자원을 희생하여 안보를 제공할 것인가의 문제가 안보개념을 올바로 설정하는 데 중요한 기준이 되어야 한다는 것이 볼드윈의 주장이다.[29]

볼드윈이 지적한 사항들은 안보영역의 확대와 관련하여 코펜하겐 학파가 미처 고려하지 못했던 여러 문제점들을 보완하는 데 큰 도움이 될 것으로 보인다. 특히 군사영역과 비군사영역 사이의 관계를 체계화하는 데 볼드윈의 비판은 중요한 시사점을 준다. 그는 군사영역이 비군사영역에 비해 어느 정도로 중시되어야 하는가의 문제를 던지면서 '한계가치(marginal value)'의 개념을 기반으로 하는 새로운 접근방식을 주장하고 있는데, 여기에서는 군사영역을 포함하는 모든 영역에서 중요한 가치들이 복수로 존재한다고 보고 그러한 가치들에 대한 욕구를 최소한으로 만족시키는 선에서 안보의 기능을 설정한다. 즉 필요 이상으로 안보를 우선시할 이유가 없다는 것인데, 이는 군사영역에서도 동일하게 적용된다.[30] 어떤 가치에도 한계효용 체감의 법칙이 작동하기 때문에 한정된 자원을 가지고 다양한 가치들을 골고루 만족시킬 수 있는 최적의 조합을 만들어낼 필요가 자연스럽게 제기되는 것이다. 이와 같은 논의는 앞으로 코펜하겐 학파의 확대된 안보개념이 더욱 세련된 형태로 발전될 수 있는 가능성을 보여준다는 점에서 큰 의미를 지닌다.

4) 안보문제화와 화행(話行)이론

코펜하겐 학파의 안보개념이 이와 같이 안보대상의 다양화와 안보영역의 확대라는 두 가지의 측면을 집중 부각시켰다는 점은 이 학파가 여전히 주류 안보담론 속에 그 뿌리를 두고 있음을 의미한다. 다시 말해 출발점은 국가 중심의 군사적 안보개념이라는 현실주의적 입장이었는데, 그것과의 호환성을 유지하면서 탈냉전시대의 변화를 읽어내려 했다는 것이 코펜하겐 학파의 특징이었다. 하지만 1990년대 이후 코펜하겐 학파의 안보이론은 현실주의의 색채를 벗어나 상호 주관성과 성찰을 중시하는 구성주의 방향으로 전환하였다. 이때부터 이 학파는 안보를 단지 객관적 또는 주관적 위협으로 인식하는 단순한 틀에서 벗어나 안보행위의 '화행(speech-act)'적 속성을 강조하게 되었다. 안보를 하나의 화행 또는 언행으로 인식한다는 것은, 어떤 이슈이건 간에 그것을 '위협'으로 간주하고 또 사회적인 이슈로 부각시킬 경우 그 행위 자체가 곧 '안보'가 된다는 것을 의미한다. 즉 안보는 외부로부터의 위협에 대한 객관적 행위에 국한되는 것이 아니라, 안보를 논하는 사람들이 위협을 인식하고 그 위기적 속성을 이슈화하는 사회적 행위를 일컫는다. 이처럼 코펜하겐 학파는 안보행위가 그 자체로서 '자기 준거적(self-referential)' 속성을 지닌다는 구성주의적 해석을 받아들이고 있다.[31]

코펜하겐 학파가 안보행위를 하나의 화행으로 이론화하는 데 가장 큰 역할을 한 것 중의 하나가 바로 위버(Waever)의 '안보문제화(securitization)' 개념이다. 이 개념에 따르면 '안보'는 객관적으로 존재하기보다 그에 대한 담론의 형성과정을 통해 생겨난다. 즉 현존하는 위협이 무엇인가에 대한 사회적 합의가 안보담론을 통해 규정된다는 것이다. 이렇게 보면 안보의 주체와 객체가 하나의 개념 안에 동시에 포함되는데, 안보주체는 현존하는 위협의 대상, 즉 안전이 보장되어야 할 안보의 '대상(referent object)'이 무엇인지를 정치적으로 쟁점화하게 된다. 안보의 객체가 주체에 의해 결정되는 만큼 코펜하겐 학파의 '안보'개념 속에는 대상과 주체가 결정되는 동적 메커니즘이 담겨 있는 것이다. 코펜하겐 학파의 확대된 안보개념에서는 이처럼 안보대상과 안보영역의 확대뿐만 아니라 그것이 사회적으로 결정되는 과정, 즉 안보담론의 형성이라는 측면을 중요하게 고려하고 있다.

안보문제화의 개념과 관련하여 코펜하겐 학파는 우선 '위협'에 대한 인식 또는 '위기'의 설정과정이 단순한 객관적 또는 주관적 차원을 넘어 행위주체들 사이의 상호 관계 속에서 이루어지는 '사회적' 과정이라고 이해한다.[32] '구성(construction)'이라는 관념은 바로 이러한 사회적 공동체의 상호작용을 전제로 한다.[33] 안보문제화는 또한 생존과 관련된 '수사적(rhetorical)' 구조를 지닌다. 수사적 구조를 지닌 안보담론에서는 사회적 이슈가 드라마처럼 부각되고 그럼으로써 최우선적으로 해결해야 할 과제로 간주된다. 이러한 사회적 이슈를 하나의 '안보' 이슈로 부각시킴으로써 이 문제를 제기하는 사람들은 사회 전체에 걸쳐 예외적이고 집중적인 조치를 취할 것을 요구한다.[34] 이와 같이 안보문제화의 과정은 '생존에 대한 위협'을 인식하는 과정과 그러한 위협에 대처하기 위한 사회적 '비상행동'으로 이루어진다. 결국 안보문제화의 개념은 사회적 담론 형성의 과정을 지칭하는 동적 개념으로서 안보행위를 하나의 '화행'으로 이론화하는 데 가장 핵심 개념이 된다고 할 수 있다.

원래 화행이론은 언어학에서 유래하였다. 예전에는 언어의 사실묘사 기능에만 관심을 가졌지만 화행이론에서는 언어가 곧 '행위'가 된다는 점을 중시한다. 다시 말해 언어는 단지 '말(speech)'에 불과한 것이 아니라 말과 행동이 합쳐진 하나의 '화행(speech-act)'이라고 보는 것이다. 존 오스틴(John Austin)과 그의 제자인 존 썰(John Searle)에 의해 체계화된 화행이론은 언어의 문장이 단순하게 특정한 대상을 묘사하는 서술문(constatives)의 차원을 넘어 그 자체로서 어떤 행위의 일부나 전부가 되는 수행문(performatives)이 될 수 있다는 점을 강조한다. 이와 같이 언어가 하나의 행위가 되는 경우, 그것은 3가지 세부적인 단계를 포함한다. 첫 번째는 '발화행위(locutionary act)'로서, 주어진 의미와 대상을 포함하는 표현을 일컫는다. 두 번째는 '발화수반행위(illocutionary act)'로서, 무언가를 말함으로써 곧 그것이 이루어지는 행위를 말한다. 마지막으로 '발화효과행위(perlocutionary act)'로서, 말을 듣는 사람에게 미치는 결과적인 행위를 가리킨다. 발화효과행위는 특정한 상황에 따라 서로 다른 형태로 나타날 수 있다.[35]

화행이론의 핵심적 요소를 도입하여 안보문제화의 개념을 수립한 코펜하겐 학파에서는 "어떤 문제를 안보문제로 만드는 것은 과연 무엇인가?"라는 질문에 대해 "그것은 문제 그 자체이다"는 답을 제시한다. 다만 하나의 문제가 이처럼 안보문제화되는 과정은 정치적인 담론을 통해 이루어진다는 점이 강조된다. 즉 담론이 있기 이전에는 안보문제가 객관적으로 존재할 수 없다고 본다. 위버가 제시하고 있는 '화행'의 관념은 바로 이러한 담론과정이 바로 안보의 핵심적인 요소임을 잘 보여준다. 안보가 '화행'이라 함은 결국 '안보'라는 언급 자체가 하나의 발화행위임을 의미한다. 말을 하게 됨으로써 곧 실행이 된다는 의미가 담겨 있는 것이다. 화행은 그 자체로서 자기 준거적 속성을 지닌 발화수반행위이기도 한데, 이는 실행 가능성이 갖추어진 상태에서 '안보'라는 언급을 통해 '안보행위'가 구성된다는 것을 말한다. 이 과정에서 안보담론을 이끌어 가는 안보주체와 안보대상 사이에 상호 주관적 관계가 형성되며, 이를 통하여 안보문제가 사회의 전면에 등장하게 되는 것이다.[36]

코펜하겐 학파의 안보문제화 개념이 그 뿌리를 두고 있는 구성주의에서도 원래 '언어'의 역할을 중요하게 간주해 왔다. 구성주의적 관점에서 보면 안보의식은 사회적 동원(mobilization)의 결과인데,

그 과정에서 언어는 무엇보다도 핵심적인 요소가 된다.[37] 예를 들어 사회안보를 위협하는 이민자 문제, 테러, 이슬람 원리주의, 마약 등과 같은 별개의 사안들을 하나로 통합하여 사회적으로 의미 있는 안보담론을 만들어내는 경우에 언어의 역할은 필수적이기 때문이다. 구성주의에서는 언어가 담론의 형성과정에서 수행하는 역할에 큰 관심을 갖는다. 여기에서 크게 두 가지 측면을 강조하고 있는데, 첫째는 그것이 실제로 행동을 동반한다는 점이고, 둘째는 일련의 과정에 있어 공통적인 속성이 나타난다는 점이다. 우선 언어는 단순하게 현실을 '대표'하는 차원을 넘어 '수행적(performative)' 속성을 함께 지닌다. 안보담론은 그것이 언급되는 것만으로도 사회적 동원과 행동을 수행하는 것이다. 또한 언어는 그것이 담론을 통해 표출되는 과정에서 몇 단계를 거치게 된다. 안보담론의 경우를 예로 들자면 우선 특수한 상황에서 안보지식과 관념이 거론되기 시작하며, 그런 후에 여타 분야와는 차별화된 독자적 '안보영역(security field)'이 만들어진다. 여기에서는 무엇이 안보관행을 구성하는가에 대한 규칙과 개념화 · 제도화가 포함된다. 마지막으로 안보영역을 중심으로 다양한 분야들을 통합하는 '안보형성(security formation)'의 과정이 진행되는데, 다른 분야들과의 연계성과 구성적(constitutive) 관계가 강조된다. 이 과정이 마무리되면 여타의 분야들은 안보영역에 종속되며, 안보문제에 비해 상대적으로 덜 중요한 지위로 전락하게 된다. 모든 것은 안보논리를 중심으로 통합되고 재구성 · 재해석되는 것이다.[38]

이처럼 안보문제화의 개념은 탈냉전시대의 복합적 '위협'이 객관적으로 존재하기보다는 정치인이나 정책결정자들에 의해 사회 안에서 선택되고 규정된다는 점을 부각시킴으로써 안보를 새로운 각도에서 인식할 수 있도록 해준다.[39] 동시에 화행이론을 동원한 안보문제화의 개념은 안보관념이 '정치적' 속성을 벗어나기 힘들다는 점을 다시 한 번 확인해 주고 있다. 어떤 비정치적 이슈에 대해 정부나 정치과정에서 관심을 가지게 되면 그에 대한 정책이 수립되고 예산 등의 자원이 배분되기 마련이다. 부잔은 이러한 과정을 '정치문제화(politicization)'라고 부르고 있는데, '안보문제화'의 과정은 이보다 한발 더 나아간 형태로서, 해당 이슈가 생존에 대한 위협으로 간주되면서 정상적인 정치상황을 벗어난 비상사태와 긴급조치가 요구되는 절차를 일컫는다고 할 수 있다. 이처럼 안보문제화는 주어진 사회적 이슈에 관련된 비정상적이고 극단적인 조치들을 정당화시키는 정치적 기능을 수행하게 된다.[40]

안보문제화와 화행의 과정이 '정치적' 속성을 지니고 있다는 점은 곧 코펜하겐 학파의 확대된 안보개념이 개인 차원에서의 생존이 아닌 집단의 존속을 근본적인 문제로 삼고 있음을 의미한다.[41] 집단 전체의 생존이 걸려 있는 문제들은 사회정치적 과정을 통해 공론화되고, 이것이 위기로 인식되면 정상적인 상황을 중단시키고 비상시국으로 돌입해야 한다고 보기 때문이다.[42] 그럼으로써 코펜하겐 학파는 탈냉전시대의 새로운 안보개념이 기본적으로 사회공동체의 전 영역에서 사회적 담론과정을 통해 다양한 위협이 부각되는 복잡한 메커니즘을 잘 묘사하고 있다. 탈냉전시대의 안보는 이와 같이 안보대상과 안보영역의 다변화, 복잡화뿐만 아니라 이러한 요소들이 상호작용하면서 사회 · 국가 · 글로벌 차원에서 생존과 여타의 중요한 가치들을 지켜나가는 전반적인 과정을 총체적으로 고려해야만 하는 당위성을 내포하고 있다. 코펜하겐 학파의 확대된 안보개념은 바로 이러한 문제의식을 최초로 담아냄으로써 새로운 안보담론의 화두를 제공하고 있는 것이다.

3. 코펜하겐 학파와 국제정치이론

1) 이론과 실천 : 가치와 규범의 문제

코펜하겐 학파의 안보문제화 개념은 '정치적' 속성을 강조하면서 실존적인 위협을 판별하는 데 있어 현실주의의 전통을 따르고 있다. 이러한 맥락에서 마이클 윌리엄즈(Michael Williams)는 코펜하겐 학파에서 강조하고 있는 몇몇 구성주의적 요소들이 칼 슈미트(Carl Schmitt)의 정치철학 전통을 그대로 답습하고 있다고 분석한다. 슈미트에게 있어 '정치적인 것(the political)'이란 친구와 적을 구분짓는 '관계'의 측면을 지니는데, 이는 코펜하겐 학파에서 말하는 '실존주의적 위협'의 전제조건이기도 하다. 피아가 구분됨으로써 위협의 원천이 부각되기 때문이다. 또한 슈미트에게 있어서 '주권(sovereignty)'이란 무엇이 위협이고 무엇이 위기인지를 판별하는 권한, 즉 '예외(exception)'를 가늠짓는 '결정(decision)'이라고 본다. 정상상태를 벗어난 극단적 위기상황에서는 어떠한 규범보다도 주권의 역할이 강조되는 것이다. 슈미트의 '정치적인 것'의 개념에는 바로 이러한 기능과 권한의 의미가 담겨 있는데, 코펜하겐 학파의 '안보문제화' 관념

역시 주어진 대상을 위협으로 인식하고 그에 따라 예외적 위기상황을 선언함으로써 정치적 현실주의의 전통을 따르고 있다.[43]

이러한 측면에서 보면 코펜하겐 학파의 기본 입장은 주류 현실주의 국제정치이론에서 채택하고 있는 권력과 국가 중심의 시각을 그대로 이어받고 있는 것처럼 보인다. 하지만 확대된 안보개념을 자세하게 들여다 보면 코펜하겐 학파의 입장이 현실주의 이론과 같이 합리주의적 · 객관적 전통을 유지하고 있는지에 대한 의문이 생기는 것도 사실이다. 확대된 안보개념은 과연 중립적인 것인가? 이러한 문제에 대한 해답을 찾기 위해서는 먼저 구성주의의 연원을 이루는 비판이론의 국제정치관을 살펴볼 필요가 있다. 과거 유럽의 평화연구에 그 뿌리를 두고 있는 비판이론에서는 국가와 군사영역 중심의 현실주의 패러다임을 비판하면서, 그로부터 안보담론이 형성되는 과정을 밝혀내고 해체(deconstruct)함으로써 현실의 이면에 숨겨진 모습을 바꾸고자 한다. 이러한 점에서 비판이론의 안보이론 역시 '정치적'인 속성을 지닌다. 왜냐하면, 불만족스러운 현실을 해체하여 도덕적으로 더 나은 대안으로 대체하려 하기 때문이다.[44] 비판이론의 안보이론은 항상 '변화'의 가능성을 염두에 두고 있는, 즉 가치가 개입된 실천이론인 것이다.

비판이론과 구성주의 이론은 모두 사회적 상호작용을 통한 '구성'의 메커니즘으로 안보를 설명하고 있지만 가치와 연관하여 양자의 성향에 약간의 차이가 존재한다. 비판이론의 경우 안보를 사회적 구성과정으로 이해함으로써 변화를 모색하며 기존의 정상적인 사회현상을 중단시키고 안보문제를 해결하기 위해 모든 역량을 동원하고자 한다.[45] 하지만 코펜하겐 학파의 안보개념은 사회적으로 구성된 구조를 안정적인 관행으로 받아들이며 비판과 이해를 통하여 그러한 사회구조를 유지 · 관리하고자 한다.[46] 이러한 점에 있어서 코펜하겐 학파의 안보이론은 비판이론보다 현실주의 안보이론에 더 가깝다고 할 수 있다. 비판이론과 같이 권력의 비정상적 지배권에 저항하기보다는 슈미트가 관찰한 대로 그것을 정당화시키는 정치적 속성이 확대된 안보개념 속에 자리잡고 있기 때문이다. 이론의 뿌리는 비판이론에 두고 있지만 구성주의 이론이 상당한 정도로 주류의 국제정치이론 현실주의와 자유주의에 근접해 있는 상황에서 코펜하겐 학파의 이러한 성향은 당연한 것일 수도 있다.

일부 학자들의 경우에는 코펜하겐 학파의 구성주의적 시각이 비판이론과 달리 중립적이라고 보고 있지만, 오히려 서구 중심의 편향성이 코펜하겐 학파의 안보이론을 오염시키고 있다는 비판도 제기되고 있다. 예를 들어 부잔의 초기 안보논의는 세계가 '미숙한(immature) 무정부상태'로부터 '성숙한(mature) 무정부상태'로 진행되고 있으며, 오늘날의 상황은 그 중간에 놓여 있다는 진화론적 가치관을 내포하고 있다.[47] 특히 지역별로 이러한 성숙도에 차이를 보이고 있으며, 궁극적으로는 서구의 모델이 가장 이상적이라는 편견이 이론적 논의 속에 깊숙하게 자리잡고 있다. 이는 코펜하겐 학파의 접근방식이 비판이론의 공공연한 편향성과 실천주의적 입장으로부터 거리를 두려고 노력하고 있음에도 불구하고 여전히 서구 중심의 근본 한계를 벗어나지 못하고 있음을 말해준다. 확대된 안보개념에 대한 논의 자체가 초강대국에 의해 시달려 온 유럽의 경험을 기반으로 출발했고 또 전통적 안보개념을 벗어난 신기원을 이룩한 것으로 평가받고 있지만, 그 안에 암묵적으로 내재되어 있는 서구 모델에 대한 우월감은 탈냉전시대에 들어와 새롭게 안보 시스템을 구상하고 있는 여타의 지역에 대한 적실성을 잃어버리고 마는 결과를 초래할 수 있다.

이러한 문제점은 코펜하겐 학파의 안보관이 '안보문제화'라고 하는 구성주의적 틀에 지나치게 의존하고 있기 때문에 생겨난다. 호이스만은 이러한 안보개념의 문제점을 '규범적 딜레마(normative dilemma)'로 부르고 있다. 그에 따르면 안보담론은 위협을 만들어내는 모든 사회적 이슈들을 언급하는 행위만으로 선입견이나 사전 판단을 공론화시키는데, 이에 대한 검증이나 진위 여부와는 상관없이 공론화 과정 자체가 사회적으로 대단히 큰 영향력을 가질 수밖에 없다. 예를 들어 이민자문제와 마약문제를 연계시켜 안보 이슈로 삼을 경우 그것의 최종적인 결론과는 상관없이 안보담론 자체는 이미 이민자문제에 대해 부정적인 방향으로 전개되고 만다.[48] 안보담론을 이끌어 가는 주체들은 이와 같이 사회 속에서 이루어지는 커뮤니케이션 행위 자체로부터 제약을 받게 되는데, 이러한 제약은 자신들이 안보담론을 통하여 비판하거나 벗어나고자 했던 바로 그 문제에 대한 선입견에 의해 구속될 수밖에 없는 것이다. 그만큼 안보담론 과정 자체가 다양한 주관적 가치들을 반영하는 절차이기 때문에 코펜하겐 학파의 포괄적 안보개념이 현실주의와 같이 중립적인 형태로 수립될 수 있는가에 대해서는 논란의 여지가 다분히 있다 하겠다.

그렇다면 코펜하겐 학파에서 심혈을 기울여 이론화한 '안보문제화'의 개념이 이러한 '규범적 딜레마'의 문제를 해결할 수 있을까? 구성주의자들조차 이러한 질문에 대해 부정적 입장을 취하고 있지만, 적어도 이론 내부에서 이를 완화시킬 수 있는 방법은 존재한다고 본다.[49] 호이스만에 따르면 이것은 안보위협을 물신화하려는 성향, 즉 규범적 딜레마가 일어나는 정치적 상황을 먼저 파악함으로써 가능하다. 안보담론의 과정 속에서 무엇이 위협이고 누가 적인가에 대한 개념규정이 이루어지게 되는데, 이것은 정치적 힘의 관계를 반영할 수밖에 없다. '안보영역'의 창출과 사회적 동원, 그리고 정치적 쟁점화라는 일련의 과정들은 그 이면에 힘의 역학을 반영하고 있기 때문이다. 어느 시대이건 가장 강력한 힘, 즉 헤게모니의 담론이 진실로 받아들여지게 되므로 사회적 구성주의자들은 이러한 힘과 지식의 연계성을 밝혀내야 한다는 것이다. 호이스만이 말하는 안보의 '탈(脫)자연화(denaturalization)' 방법은 바로 이러한 과정을 일컫는다. 어떤 과정을 통해 헤게모니의 담론이 힘을 얻게 되었고, 그 이외의 담론들이 이러한 지배관계 속으로 편입되었는가를 밝히는 것이 바로 구성주의자들의 임무라고 여기는 것이다.[50]

이러한 잠재적 문제는 부잔의 초기 저작 속에서도 분명하게 인지되고 있는데, 그는 안보개념이 '핵심적인 내용에 대한 경합적 해석이 공존하는 개념(essentially contested concept : 이하 ECC)'이라고 규정하고 있다.[51] 이러한 규정을 통해 부잔은 안보개념이 포함해야 할 복잡성과 확장성으로 인한 논쟁의 가능성을 사전에 차단하고자 했다. 즉 안보의 개념을 자신들이 의도했던 대로 확대할 경우 부득이하게 그 과정에서 드러날 수밖에 없는 상호 보순석인 요소들로 인하여 개념의 설정 자체가 불가능해질 수도 있음을 미리 인정하고 있는 것이다. 그럼으로써 과학적으로 엄밀하게 이루어져야 할 개념규정이 지극히 모호한 상태로 전락하고 말았다는 비판을 받고 있다. 데이비드 볼드윈은 안보관념이 ECC의 기본 요건들을 제대로 충족시키고 있지 못하다는 점에서 ECC로 분류되기 어렵다고 지적한다.[52] 특히 ECC가 기본적으로 가치에 대한 '평가적(appraisive)' 속성을 지니고 있는데, 국가마다 서로 다른 가치를 중시함으로써 생겨날 수밖에 없는 안보개념의 차이를 과연 제대로 비교 · 평가할 수 있겠는가 하는 의문을 제기하고 있다. 이러한 이유로 인해 코펜하겐 학파의 확대된 안보개념이 ECC로 규정되기 어렵다는 것이 그의 판단이다.

이렇듯 코펜하겐 학파의 안보 및 안보문제화 개념은 상호작용에 대한 이론적 강조에도 불구하고 지나친 상대주의에 빠질 위험을 안고 있다. 또한 안보문제화의 관행이 권력에 의해 남용될 수 있는 여지에 대해서도 관심을 기울일 필요가 있다. 다행스럽게도 코펜하겐 학파에서는 이 문제에 대해서는 충분히 인지하면서 전 세계적으로 나타날 수 있는 부작용들을 주의깊게 언급하고 있다. 예를 들어 과거의 소련이나 이란, 북한의 경우 군사영역을 넘어서는 사회의 모든 이슈들을 안보문제화함으로써 국내사회적 왜곡과 대외적 긴장을 초래했다는 점은 이미 부잔에 의해 언급된 바 있다.[53] 상호 의존과 네트워크화의 추세로 인하여 글로벌 차원에서 안보문제화의 빈도가 늘어나고 있는 상황에서 그로 인한 부작용의 문제는 결국 어떤 '가치'를 더 중요시하는가의 문제와 직결될 수밖에 없다. 이론이 무리하게 중립적인 지위를 외치기보다 그러한 이론을 낳은 상황적 한계를 극복하려는 '가치판단'이 결국 이론의 의미를 모색하는 기준이 될 것이기 때문이다.

이러한 점에서 확대된 안보 및 안보문제화의 개념은 여러 한계에도 불구하고 나름대로의 의미를 지닌다고 할 수 있다.[54] 코펜하겐 학파의 안보연구는 국제정치이론의 큰 흐름 속에서 보면 평화연구와 전략연구의 중간 입장에 가깝다. 평화연구가 글로벌 차원의 유토피아에 대한 칸트의 전통을 따르고 있다면, 전략연구는 국가적 차원에서의 생존과 밀접하게 연관된 홉스의 전통을 따른다. 또한 평화연구가 19세기 이후 유럽의 경험을 바탕으로 시작되었다면, 전략연구는 냉전시기의 미국에서 활성화되었다. 이러한 양대 학풍의 전통을 동시에 공유하고 있는 코펜하겐 학파의 안보이론은 제도를 중시하는 그로티우스의 전통에 가깝다고 할 수 있는데, 이는 곧 안보이론을 체계적으로 수립하려는 노력이 어느 한쪽의 시각에 치우칠 필요가 없다는 점을 말해주기도 한다.[55] 확대된 안보개념은 유럽의 경험에서 비롯된 문제의식을 바탕으로 하고 있지만, 이것이 탈냉전시대에 의미 있는 안보담론으로 연결되기 위해서는 균형잡힌 시각이 무엇보다도 급선무이기 때문이다.

2) 인식과 방법 : 실증주의를 넘어서

코펜하겐 학파의 안보이론은 초기에 '국가'를 중시하면서 '객관주의'의 입장을 택했다는 점에서 신현실주의에 근접해 있었다. 하지만 1990년대 후반부터 '안보문제화'의 개념이 부각되면서 다분하게 구성주의의 성향으로 치우치게 된다.[56] 이러한 이유로 인하여 아직도 코펜하겐 학파의 기본 입장이 국제정치이론의 현실주의와 구성주의의 혼합적 또는 중간적 모습에 가까운 것으로 비쳐지고 있기도 하다. 하지만 인식론의 관점에서 본다면 코펜하겐 학파의 안보이론은 여전히 현실주의에 훨씬 더 근접해 있었다. 부잔의 초기 저작만 하더라도 연구방법이나 인식론에 대한 코펜하겐 학파의 입장이 명확하게 드러나지 않고 있지만, 적어도 '국가'나 '안보영역'과 같은 핵심 개념들이 객관적으로 주어진 실체로서 인식되고 있었다. 다시 말해 안보의 주체와 대상, 영역 등이 사회적으로 구성된다고 보는 대신 경험적으로 관찰이 가능한 것으로 인식하고 있었던 것이다.

하지만 1990년대 중반 이후 코펜하겐 학파는 인식론에 있어서 전통적 실증주의로부터 점점 멀어지게 되었다. 이는 '안보문제화'의 개념에서 분명하게 드러나고 있는데, 사회적으로 구성되는 안보이슈는 그것이 만들어지는 과정에 놓여 있는 까닭에 항상 가변적일 수밖에 없기 때문이다. 즉 안보문제화의 과정 속에 개입되는 제반 요소들을 고정된 상태로는 인식할 수 없다는 점이 강조되고 있다. 전통적인 국제정치이론과 안보이론에서는 국가와 안보의 여러 영역들을 '주어진(given)' 대상으로 인식하고 이들 사이의 이해관계나 행위규범 역시 객관적으로 관찰이 가능하다고 보았다. 하지만 구성주의로 기울어진 최근의 안보이론에서는 이러한 속성보다도 상호주관적 형성과정을 더 중시하게 되면서 실증주의의 인식론과 거리를 두게 된 것이다. 나아가 안보문제화의 과정이 하나의 '화행'이라고 봄으로써 언어와 행동의 '과학적 측정(measurement)'이라는 방법론적 고민을 뒤로 한 채 지나치게 이론적 범위를 넓히는 데에만 치중했다는 문제점을 노출하게 되었다.

이러한 코펜하겐 학파의 입장은 '관찰할 수 없는(unobservable)' 개념 또는 '측정할 수 없는(unmeasurable)' 개념에 대한 이론적 고찰이 경험적 관찰에만 치중하는 기존의 합리주의적 전통보다 더 중요하다는 인식론에 기반하고 있지만, 지나치게 주관적인 방향으로 흐르면서 여타 안보 패러다임과의 대화를 어렵게 만드는 결과를 초래하고 말았다. 예를 들어 코펜하겐 학파의 '위협' 개념은 주관적 인식에 의해 만들어지는 구성적 측면만을 강조함으로써 실제로 존재하는 외부의 위협요인에 대해서는 상대적으로 등한시하는 문제를 안고 있다. 특히 '위협'이나 '안보'의 개념이 하나의 '화행'이라고 규정함으로써 그 실체보다는 국내정치의 엘리트들에 의해 조작되는 정치적 과정을 더 중시하고 있는 것이다. 만약 안보문제의 국내정치적 속성이 더 중요한 것이라면 전통적으로 강조되어 온 '안보 딜레마'의 모습은 과연 어디에서 찾을 수 있는 것인가? 이러한 문제는 결국 안보개념의 확대가 지나치게 주관적인 요소를 내포하게 되면서 안보의 핵심적인 속성을 상실하게 된 것은 아닌가 하는 의문을 자아내기에 충분하다.[57]

안보연구는 사회적 · 정치적 현상과 역사를 '안보'라는 핵심 개념을 중심으로 하여 재해석함으로써 그 나름의 독특한 분석틀을 만들어왔다. 냉전시대에도 이러한 안보중심적 패러다임은 미국 외교정책이나 정치사를 연구하는 데 큰 기여를 했으며, 권력이나 위협, 핵심적 가치 등과 같은 주요한 이론적 관념들을 동원하여 사회적 현상을 분석하고 해석하는 데 있어 독자적인 학풍을 형성할 정도였다.[58] 또한 구성주의적 시각이 전통적인 현실주의에 비해 안보연구에서 발전적인 성과를 이루어 왔다는 사실을 부인하기도 어렵다. 왜냐하면, 구성주의 안보론은 현실주의에서 논의하는 대부분의 안보 이슈—예를 들어 세력균형이나 안보 딜레마—를 설명해낼 수 있을 뿐더러, 현실주의에서 다루기 힘든 현상들—민주평화 및 글로벌 군사화의 유사 패턴—을 보다 설득력 있게 다루고 있기 때문이다.[59]

하지만 최근에 들어와 안보개념이 지나치게 확대되면서 안보의 본질적인 요소를 상당히 상실해 버린 구성주의적 접근방식이 과연 오늘날의 국제정치이론과 안보연구에 인식론적으로 얼마만큼 보탬이 될 수 있을지는 좀더 두고 보아야 할 일이다.

한편, 코펜하겐 학파의 안보이론은 안보의 궁극적인 대상으로서 '개인'의 역할을 중시하는 환원주의에 반대한다는 점에서 구조적 신현실주의와 공감대를 형성하고 있기도 하다. 분석수준을 국가 하부단위체로 귀결시키기보다 초국가적 차원으로 확대함으로써 다양한 행위자의 존재를 항상 염두에 두고 있기 때문이다.[60] 흥미로운 점은 최근에 들어와 현실주의 이론가들이 국가행위를 설명하는 데 있어 구성주의에서 강조하는 신념이나 인식, 규범과 같은 변수들을 언급하고 있다는 것이다. 구성주의자들도 현실주의의 트레이드마크라고 할 수 있는 '권력'의 역할을 심각하게 다루고 있다는 점에서 구성주의와 현실주의는 어느 정도 수렴하는 추세를 보이고 있다.[61] 이러한 이론적 수렴의 추세는 근본적으로 현상과 사물을 인식하는 방식에 있어서 유사한 성향을 보이기 때문인데, 현실주의와 구성주의가 그만큼 인식론에 있어서 근접해 가고 있다는 사실을 말해준다. 구성주의도 현실주의나 자유주의처럼 증거를 바탕으로 반증작업을 수행하는 과학적 프로젝트의 하나라는 알렉산더 웬트(Alexander Wendt)의 주장은 구성주의가 인식론에 있어 더 이상 주류 이론들과 다르지 않다는 점을 그대로 보여준다.[62] 또한 해석학적 방법에 주로 의존하고 있는 비판이론과는 달리 구성주의 진영에서는 상당한 정도의 경험적 검증작업들이 이루어져 왔다는 점도 주목할 만하다.[63]

인식론과 관련하여 코펜하겐 학파의 안보이론이 다루어야 할 향후 어젠다의 하나로서 최근 들어와 활성화되고 있는 비디오 매체의 증가현상을 들 수 있다. 위버의 '안보문제화' 개념을 기반으로 하는 안보개념의 확대는 안보의 핵심요소를 '화행'에서 찾고 있지만 복합적 커뮤니케이션의 앞부분, 즉 '화(speech)'의 요소가 빠른 속도로 변화하고 있다는 점을 아직 충분하게 고려하지 못하고 있다. 구성주의 안보담론의 과정에서 언어적 측면이 강조되었다면, 커뮤니케이션의 발달에 따른 비디오 매체들은 콘텐츠보다 더 영향력이 강한 '이미지'를 전파하는 데 기여해 왔다. 과거의 '화(話)'가 담론 형성과정에서 여론을 응집하고 정당성을 부여하는 기능을 담당했다면, 오늘날의 '이미지'는 매우 빠른 속도로 복제 · 전파되면서도 심층적인 커뮤니케이션에는 오히려 장애로 작용하는 부정적 측면도 동시에 지니고 있다. 이처럼 예측하지 못했던 비주얼 미디어의 여러 측면들이 과연 구성주의적 '안보문제화'의 성격 규명에 어떻게 반영될 수 있는가의 문제는 분명 코펜하겐 학파의 중요한 연구 어젠다가 되어야만 할 것이다.[64]

또한 코펜하겐 학파에서는 확대된 안보개념을 제시하면서 안보문제화의 과정이 항상 성공적으로 진행될 것이라는 전제를 바탕에 깔고 있는데, 이는 안보담론의 형성과정에서 일어날 수 있는 전략적 상호작용에 대한 심층적인 고찰이 부족하다는 점을 잘 말해준다. 티에리 발자크(Thierry Balzacq)는 안보담론이 이루어졌다고 해서 모든 이슈가 항상 안보문제로 격상되는 것은 아니기 때문에 그 과정에서 일어나는 정치적 · 전략적 관계, 특히 청중이나 대중들의 지지를 이끌어내기 위한 권력투쟁의 모습이 함께 고려되어야 한다고 주장한다.[65] 안보담론의 형성과정은 단순한 '화행'의 수준에 머무는 것이 아니라 좀더 복잡한 전략적 상호작용과 권력관계가 복합적으로 포함되어 있기 때문이다. 비록 코펜하겐 학파의 안보이론이 실증주의적 현실주의로부터 시작하여 상호 주관성을 강조하는 구성주의에 도달하기까지 상당한 시간에 걸쳐 다양한 접근방법을 실험해 왔지만, 아직까지도 양 극단 사이에서 명확한 입장을 체계적으로 수립하지 못한 채 줄타기를 계속하고 있는 상황이다. 이러한 문제는 앞으로 보다 많은 구성주의 학자들이 안보연구에 동참함으로써 보다 발전적으로 해결되어야 할 것으로 보인다.

3) 존재와 네트워크 구조 : 신(新)안보 딜레마와 위험사회

코펜하겐 학파의 확대된 안보개념은 다양한 국제정치의 행위자가 복수로 존재한다는 전제에서 출발한다. 특히 개인 차원을 넘어 사회 또는 국가 차원에서의 위협이나 안보관념을 중시하는 코펜하겐 학파의 입장은 최근에 들어와 개인과 국제사회를 포함하는 더욱 확대된 모습으로 바뀌고 있다. 하지만 이와 같은 안보대상과 안보주체의 다양화를 인정하면서도 확대된 안보개념은 여전히 '국가'를 그 중심에 배치하고 있다. 부잔이 제시한 '모래시계(hourglass)' 모형은 바로 초국가 수준과 국가 하부단위체 수준의 다양한 행위자들을 연결하는 모래시계의 허리 역할을 바로 국가가 담당한다고 본다.[66] 비록 국가가 안보의 모든 영역을 통제하지는 않지만 적어도 변화하는 안보개념 속에서 그것이 차지하는 중심적인 역할은 아직 소멸하지 않았다는 것이 코펜하겐 학파의 입장이다.[67]

하지만 코펜하겐 학파의 존재론적 관심 중에서 아직 미흡하다고 여겨지는 부분은 세계라는 '판'이 점점 네트워크화되어 가는 추세와 그것이 안보문제의 변화에 미치는 영향에 대한 고찰이다. 세계는 빠른 속도로 네트워크로 연결되고 있다. 과거의 국제정치가 영토국가 또는 근대국가를 중심으로 하는 당구공 모델로 설명되었다면, 오늘날의 세계정치는 국가뿐만 아니라 다양한 초국가행위자 및 국가 하부단위체들 사이의 복잡한 연계성을 특징으로 한다. 세계화의 추세로 인하여 기존 국가들의 경계가 희미해지면서 국가의 통제력과 권한, 심지어 정체성의 상징으로서의 기능마저도 대폭 축소되어 왔다. 대신에 다양한 단위체들 사이의 이합집산 현상들은 더욱 심해져 이제 이들 사이의 연결망을 살펴보지 않고서는 세계정치의 모습을 그려보기 어렵게 되었다. 세계정치 구조를 네트워크로 이해해야 할 당위성은 바로 여기에서 비롯된다. 네트워크는 이제 세상을 바라보는 인식론의 차원을 넘어 실제 세계정치의 '판' 속으로 잠식해 들어오는 존재론의 대상이 되고 있다. 확대된 안보개념은 이제 이러한 네트워크 구조의 모습까지도 담아내야 하는 과제를 안고 있는 것이다.[68]

기초적인 수준이기는 하지만 확대된 안보개념을 논하는 학자들 사이에서도 네트워크적 시각들이 엿보이고 있다. 맥스위니(McSweeney)와 같은 학자들은 안보정책이 개인들의 요구를 취합하여 국가정책으로 수렴하는 방식으로만 이루어져서는 곤란하다고 주장한다. 안보이론은 사회질서에 대한 '성찰이론(reflexive theory)'이 되어야 하며, 이를 위해서는 사회 속의 행위자들이 서로 간에 정체성과 이해관계를 상호 구성하는 동적 과정이 먼저 탐구되어야 한다고 보기 때문이다. 즉 과거에는 단지 안보의 대상에 불과했던 개인이나 사회집단들이 안보의 주체(agents)로서 다른 개인이나 사회집단의 안보요구를 동시에 증진시킬 수 있는 상호작용에 동참하게 되었다.[69] 또한 과거에는 국가에 고착되어 있던 개인의 정체성이 이제는 사회와 다른 개인과의 관계를 염두에 둔 보다 탄력적인 구조로 바뀌어 가고 있다. 마찬가지 맥락에서 마틴 쇼(Martin Shaw)는 안보의 대상이 국가나 개인에만 국한될 필요가 없다는 점을 강조하면서 다양한 층위의 행위자들, 특히 사회집단이나 글로벌 시스템과 같은 새로운 유형 사이에 나타나는 상호관계에도 관심을 기울여야 한다고 주장한다.[70] 이러한 연구들은 비록 완전하지는 않더라도 구성주의적 안보관계를 네트워크적 관점에서 이해하려는 초기의 시도들이라고 할 수 있다.[71]

이러한 노력에도 불구하고 코펜하겐 학파의 안보이론에서 가장 미흡한 부분은바로 세계정치의 현장에서 일어나는 실제 변화에 대한 존재론적 고찰이다. 코펜하겐 학파는 구성주의적 안보담론을 통해 안보문제에 대한 인식론적 · 방법론적 패러다임의 전환에 큰 기여를 해왔지만 21세기의 변화를 따라잡기에는 아직도 역부족인 것처럼 보인다. 그들의 안보이론은 국가 중심의 전통적 군사안보 개념을 확대시켜 보다 폭넓은 안보개념으로 발전시켰고 또 안보문제화가 일어나는 정치적 과정을 파헤치는 데 일조했지만, 적어도 안보문제 자체가 지닌 핵심적 속성과 확대된 대상 및 영역 사이의 관계에 대한 이론화에서는 여전히 부족한 수준이다. 21세기에 들어와 9 · 11사태 및 연이은 테러로 인한 안보위협의 새로운 국면은 분명 코펜하겐 학파의 이론틀을 가지고도 설명하기 어려운 점이 있다. 특히 세계정치의 상호 의존현상과 네트워크화가 더욱 심화되면서 안보와 연관된 민감성과 취약성이 급속도로 증가하고 있는데, 이는 안보개념의 확대만으로 설명하기에 무리가 있다. 이와 관련하여 네트워크화에 따른 새로운 안보 딜레마의 문제, 그리고 위험의 개념 변화 등이 앞으로 코펜하겐 학파의 안보이론에서 체계적으로 보완되어야 할 이슈라고 할 수 있다.

우선 세계의 글로벌 네트워크화가 빠르게 진행되면서 안보문제의 속성도 바뀌어 가고 있는데, 이러한 변화를 반영한 새로운 개념으로서 최근 주목할 만한 것 중의 하나가 바로 '신(新)안보 딜레마'이다. 냉전시대의 중앙집중형 메커니즘은 그 내부에 스스로 붕괴될 수밖에 없는 원인을 내포하고 있었는데, 그것은 바로 '안보 딜레마'였다. 안보 딜레마는 주권국가들 사이에 불가피하게 발생하는 안보위협과 방어의 악순환 메커니즘을 가리키는 것으로서 근대세계의 한계를 잘 대변하는 핵심적인 모델이 되어왔다.[72] 그러나 21세기의 복잡한 세계화 추세는 국가의 변화와 더불어 안보 딜레마의 속성도 변하게끔 만들었다. 필립 써니(Philip G. Cerny)는 이러한 맥락에서 과거의 안보 딜레마를 '전통적 안보 딜레마'로, 그리고 21세기에 나타난 새로운 안보문제를 '신안보 딜레마'로 구분함으로써 네트워크화의 진행에 따른 안보문제의 새로운 측면을 강조하고 있다.

신안보 딜레마는 바로 안보영역에 있어 분리재가 많아지면서 새롭게 나타난 현상을 일컫는다.[73] 전통적 안보 딜레마가 비분리재의 문제를 해결하기 위한 중앙집중형 거버넌스를 정당화시켜 왔다면, 탈냉전시대에는 분리재가 지배적인 재화의 유형이 되면서 제국주의나 개입정책과 같이 높은 비용을 수반하는 과거의 방식으로는 십사리 문제를 해결할 수 없게 되었다.[74] 결과적으로 이러한 한계는 안보라는 비분리적 공공재의 문제를 더욱 해결하기 어렵게 함으로써 구성원들이 항의(voice)나 충성(loyalty)과 같은 전통적 참여방식보다는 이탈(exit)의 대안을 선호하는 새로운 유형의 딜레마를 만들어내고 있다. 자발적인 형태의 해법도, 리바이어던과 같은 권력기관에 의한 해법도 오늘날의 안보 딜레마를 효율적으로 해결하지 못하고 있기 때문이다. 네트워크 시대에는 이탈의 대안이 훨씬 쉽게 택할 수 있게 되었는데, 이는 안보연구에 있어 새롭게 다루어야 할 중요한 어젠다가 되고 있다. 이와 같이 공공재로서의 글로벌 안보문제가 제대로 해결되지 못한다면 보다 많은 구성원들이 이탈의 대안을 선택할 것이고, 결국 전체 시스템은 악순환의 고리 속으로 빠져들고 말 것이다. 다시 말해 허쉬만(Albert O. Hirschman)이 언급했던 시스템 쇠퇴의 초기 증상이 나타나게 되는 것이다.[75]

이처럼 신안보 딜레마를 안고 있는 21세기 세계정치의 모습은 웨스트팔리아 체제를 낳았던 중세의 모습과 매우 흡사한 양상을 띠고 있다. 중세시대에도 오늘날처럼 재화가 고도로 분리가능한 것이 었기 때문이다. 거버넌스의 관할권도 중복되거나 상호 침투적이었고, 불균형과 소외, 다중 정체성, 재산권 다툼 등과 같은 특징에 있어서 중세와 21세기는 여러 가지 유사성을 공유하고 있다. 이러한 분산형 거버넌스 구조 하에서는 근대국가와 같이 질서를 유지하기 위한 강력한 단위체가 형성되지 못할 경우 세계정치제도의 엔트로피가 급속하게 증가하면서 혼란에 빠져들 가능성이 매우 높다. 세계화와 네트워크화로 인한 국가의 '공동화(hollowing out)' 현상을 다국적·초국적·지역적 거버넌스 제도로 '보완(filling in)'하지 못하게 된다면 바로 써니가 경고했던 신안보 딜레마는 21세기의 세계정치를 비관적인 시나리오 속에 빠뜨리고 말 것이다.[76] 세계화와 네트워크 시대의 이러한 딜레마는 앞으로 코펜하겐 학파를 비롯한 여러 안보 이론들이 해결해야 할 과제가 되고 있다.

신안보 딜레마와 더불어 오늘날 세계가 안고 있는 또 다른 문제로서 '위험'의 수준이 과거와는 다른 양상으로 다가오고 있다는 점을 들 수 있다. 이러한 진단은 이미 사회학자인 울리히 벡(Ulrich Beck)에 의해 이루어져 왔는데, 그는 과거의 계급기반사회에서 산업사회가 출현했고 오늘날 네트워크 시대에 들어와 이것이 다시 '위험사회'로 발전해 가고 있다고 지적한다.[77] 본 논문에서 심도 있게 논의하기는 어렵지만, 울리히 벡의 위험사회론은 '정치적 동원'이라는 맥락에서 코펜하겐 학파의 안보문제화 개념보다 한발 더 나아간 논의라고 할 수 있다. 코펜하겐 학파에서는 안보문제화의 개념을 통해 대부분의 사회적 이슈들이 '위협'으로 다루어질 수 있다고 보기는 했지만 그 대상을 군사, 정치, 경제, 사회, 환경 등 몇몇 핵심적인 영역으로 한정시켜 놓고 있었다. 그렇지만 위험사회론에서는 사회 속에 존재하는 '모든 것'이 '위험'으로 간주된다고 보는 점에서 기존의 안보논의와는 질적으로 차별화된다.[78] 즉 사회의 모든 영역이 그 자체로서 위험이라고 간주되는데, 이는 코펜하겐 학파에서 강조하는 '동원' 또는 '사회적 구성'의 관념을 넘어서는 새로운 안보개념의 필요성을 강력하게 제기한다. 말하자면 안보의 논리 자체가 바뀌어야 한다는 것이다. 이러한 문제제기들은 코펜하겐 학파를 포함한 많은 안보연구자들에게 네트워크 시대의 존재론과 그에 따른 새로운 안보문제에 대해 중요한 시사점을 던져준다.

4. 맺는 말

이상의 논의를 기초로 할 때 코펜하겐 학파의 안보이론은 냉전시대의 편협한 안보개념을 확대 · 수정함으로써 국제정치이론과 안보연구에 새로운 장을 열었다고 평가할 수 있다. 확대된 안보개념은 근대 이후 세계정치의 주된 행위자로 자리잡아 온 국가의 역할이 쇠퇴하고 군사적 영역의 위협이 줄어들게 되면서 불가피하게 나타난 안보대상의 변화와 안보영역의 확대현상을 담아내고 있기 때문이다. 이러한 점에서 1980년대 중반 이후 활발한 연구활동을 펼쳐온 코펜하겐 학파가 국제정치이론에 미친 기여도는 자못 크다. 현실주의의 기반 위에서 출발했지만 유럽의 고유한 역사적 경험을 기반으로 하여 초강대국의 입장에 편향되어 있던 전통적 안보논리들을 넘어서고자 하는 문제의식을 지니고 있었다는 점은 특히 높이 평가되어야 할 것이다. 이러한 문제의식은 그 성과와는 별도로 동아시아 지역이나 여타의 제3세계 지역에서의 안보문제를 다루는 데 있어서도 중요한 시금석이 될 수 있기 때문이다.

확대된 안보개념은 특히 안보문제화라는 새로운 구성주의적 개념을 통해 국제정치이론의 거시적인 틀을 안보문제라는 특수한 영역에서 적용시키는 데 성공한 사례라고 볼 수 있다. 이를 위해 코펜하겐 학파에서는 화행이론 등과 같은 타학문분야의 이론을 동원하여 안보문제가 정치적 과정 속에서 형성되는 동적 메커니즘을 체계적으로 설명해내고자 하였다. 이러한 주제들은 주류의 실증주의적 관점에서는 다루기 어려운 것들이다. 아직까지는 경험적 연구작업들이 많이 이루어지지 못하고 있지만 구성주의의 틀을 이용하여 안보문제를 다루고자 했다는 시도만으로도 코펜하겐 학파의 업적은 주목할 만하다. 이러한 노력은 앞으로 인식론이나 존재론과 관련하여 현실주의 및 여타의 국제정치이론들과 보다 분명한 관계를 설정함으로써 더욱 긍정적인 평가를 얻게 될 것으로 전망된다.

코펜하겐 학파의 이론은 이러한 기여에도 불구하고 몇 가지 점에서 보완되어야 할 시급한 과제를 안고 있기도 하다. 우선 안보문제화 개념 자체에 내재되어 있는 가치편향성에 대한 취약성의 문제를 해결해야 할 것이다. '규범적 딜레마'라고 불리는 이러한 취약성은 안보를 논의하는 주체들의 선입견이나 가치가 안보담론을 지배할 수밖에 없는 문제를 만들어내는데, 이러한 문제를 단순하게 ECC로만 규정할 수 있는가에 대해서는 논란의 여지가 크다. 확대된 안보개념의 서구중심적 전제도 가치 개입과 관련하여 문제의 소지가 있다. 또한 코펜하겐 학파는 화행이론을 원용한 탈실증주의적 안보문제화의 개념을 제시함으로써 큰 주목을 받았지만, 정작 구성주의 국제정치이론은 주류의 실증주의로 많이 선회하면서 인식론적 관점에서 큰 편차를 보이고 있는 것이 사실이다. 이러한 간극을 어떻게 메울 것인지, 아니면 어떻게 선을 그을 것인지의 문제를 조속히 해결할 필요가 있다. 나아가 코펜하겐 학파의 새로운 안보이론이 탈냉전시대의 확대된 안보개념을 제시하는 데 성공을 거두기는 했지만, 21세기에 나타나는 네트워크화 현상 및 그로 인한 새로운 존재론적 변화가 안보에 미치는 영향을 완전하게 파악하지 못하고 있다. 이러한 한계들을 어떻게 극복하는가가 앞으로의 이론적 성과를 평가하는 기준이 될 것이다.

볼드윈은 확대된 안보개념이 국제정치이론과 관련하여 진정으로 중요한 아이디어를 제공했는가에 대해 강한 의구심을 제기한 바 있다. 안보의 다원적 측면이나 서로 다른 분석 수준에 대한 지적은 이미 반세기 전에 울퍼스에 의해 충분하게 제시된 마당에 코펜하겐 학파의 확대된 안보개념이 과연 새로운 것인가에 대해 부정적인 입장을 취하고 있는 것이다.[79] 이러한 엄밀한 지적은 일부 타당한 면이 있지만, 탈냉전시대의 안보담론을 이끌어 온 코펜하겐 학파에 대한 완전한 평가라고 보기도 어렵다. 지난 반세기 이상 고착화되어 있던 안보연구의 틀을 뛰어넘어 세계정치의 새로운 모습을 새로운 시각으로 바라보았다는 점에 대해서는 높은 점수를 주어야 하기 때문이다. 1950년대와 60년대에 걸쳐 핵전략을 중심으로 하는 '황금기(Golden Age)'를, 그리고 1970년대 중반 이후 재래식 무기를 중심으로 하는 새로운 '르네상스기'를 누려왔던 안보연구는 이제 탈냉전기에 들어와 새로운 변모를 모색하고 있다. 분명한 것은 위에서 언급한 여러 문제점들을 해결해 나가는 과정 속에서 확대된 안보개념이 이러한 변화의 선두에서 미래의 안보담론을 이끌어갈 주요 동력이 될 수 있다는 점이다.

(논문접수일 4월 9일, 심사완료일 6월 3일)

주

1_ David A. Baldwin, "Security Studies and the End of the Cold War," *World Politics*, 48-1 (1996), pp. 123-124 ; Stephen M. Walt, "The Renaissance of Security Studies," *International Studies Quarterly*, 35 (1991), pp. 213-216.

2_ Lawrence Freedman, "International Security : Changing Targets," *Foreign Policy*, pp. 49-52.

3_ Arnold Wolfers, " 'National Security' as an Ambiguous Symbol," *Political Science Quarterly*, 67-4 (1952), p. 502.

4_ Joseph S. Nye, Jr. and Sean M. Lynn-Jones, "International Security Studies : A Report of a Conference on the State of the Field," *International Security*, 12-4 (1988), p. 7.

5_ Hedley Bull, "Strategic Studies and Its Critics," *World Politics*, 20-4 (1968), pp. 597-601 & p. 605. 냉전시대의 전략연구가 지닌 한계에 대한 헤들리 불의 지적은 이후 배리 부잔과 같은 후속세대의 확대된 안보논의가 등장할 것이라는 점을 예견하고 있었다. 그는 냉전시대의 전략연구가 지닌 문제점들을 인식할 수만 있어도 새로운 학문적 후속세대가 중요한 기여를 하게 될 것이라고 주장하였다.

6_ Bernard Brodie, "Strategy as a Science," *World Politics*, 1-4 (1949), p. 475. 브로디는 "전쟁은 장군들에게만 맡겨놓기에는 너무나도 중요하다"는 클레망소(Clemenceau)의 경구를 인용하면서 체계적이고 과학적인 전략연구의 중요성을 강조하였다. Brodie (1949), p. 467.

7_ Bull (1968), p. 600. 국제정치이론에서 이러한 합리적 선택의 패러다임이 지닌 한계를 인식한 초기의 저작으로는 Robert Jervis, *Perception and Misperception in International Politics*(Princeton : Princeton University Press, 1976) 참조.

8_ Barry Buzan, "New Patterns of Global Security in the Twenty-First Century," *International Affairs*, 67-3 (1991a), pp. 434-438.

9_ Jessica Tuchman Mathews, "Redefining Security," *Foreign Affairs*, 68-2 (1989), pp. 176-177.

10_ Pinar Bilgin, "Individual and Societal Dimensions of Security," *International Studies Review*, 5 (2003), p. 204.

11_ 코펜하겐 학파의 연원에 대해서는 Bill McSweeney, "Identity and Security : Buzan and the Copenhagen School," *Review of International Studies*, 22-1 (1996), pp. 81-93

참조.

12_ Jef Huysmans, "Revisiting Copenhagen : Or, On the Creative Development of a Security Studies Agenda in Europe," *European Journal of International Relations*, 4-4 (1998), pp. 483-484.

13_ Barry Buzan, *People, States and Fear : An Agenda for International Security Studies in the Post-Cold War Era*, 2nd ed.(Boulder : Lynne Rienner Publishers, 1991b), pp. 97-98. 부잔은 대외적 맥락에서 군사력이나 경제력이 얼마나 강한가에 따라서 국가를 '강한 권력(strong powers)'과 '약한 권력(weak powers)'으로 부르고 있다. 반면에 국내 정치사회적 응집도의 차이에 따라서는 '강한 국가(strong states)'와 '약한 국가(weak states)'로 구분한다. 국가의 대외적 측면과 대내적 측면을 구분하기 위해 의도적으로 이처럼 다른 분류를 하고 있지만, 이러한 구분이 이론적으로 굳이 필요한지에 대해 학자들 사이에 공감대가 형성되어 있지는 않다.

14_ 브라이언 잡(Brian Job)은 전통적인 '안보 딜레마(security dilemma)'의 개념이 국가 내부의 상황을 안정적인 것으로 전제함으로써 제3세계권의 안보문제를 왜곡시키고 있다고 주장한다. 이러한 왜곡을 바로잡기 위해 그는 국내적 위협의 관념을 포함하는 '불안 딜레마(insecurity dilemma)'라는 표현이 더 적절하다고 보고 있다. Brian Job, "The Insecurity Dilemma : National, Regime, and State Securities in the Third World," in Brian Job, ed., *The Insecurity Dilemma : National Security of Third World States*(Boulder : Lynne Rienner, 1992), p. 18. 제3세계권의 안보문제에 대한 또 다른 논의로는 Mohammed Ayoob, "The Third World in the System of States : Acute Schizophrenia or Growing Pains?" *International Studies Quarterly*, 33(1989), pp. 67-79 ; Mohammed Ayoob, "The Security Problematique of the Third World," *World Politics*, 43-2(1991), pp. 257-283 참조.

15_ 유럽의 평화연구는 평화가 단순한 전쟁의 부재(不在)가 아니라 사회적 정의라는 적극적인 개념이라고 정의하고, 인간의 기본적 욕구를 충족시키지 못하기 때문에 폭력이 일어나게 된다고 본다. 따라서 안보의 관념도 국가 중심의 군사적 측면을 넘어서 개인과 사회집단까지 포함하는 다양한 영역에 걸쳐 고려되어야만 했다. 평화연구의 시각에서는 폭력의 부재라는 소극적 측면뿐만 아니라 구조적·문화적으로 일어나는 간접적 폭력의 제거라는 적극적 측면에서의 안보가 더 중요하게 간주되었다. 이와 같은 평화연구의 새로운 분위기는 냉전시대에 강대국 중심의 이론틀로는 제대로 설명하기 힘들었던 제3세계권의 안보문제를 다루는 데 큰 공헌을 했다. 제3세계권에서는 '위협'이 단지 외부의 군사적 대립으로부터 초래되는 것이 아니라 오히려 국가 내부의 다양한 원인으로부터 제기되었기 때문이다.

16_ Emma Rothschild, "What Is Security?" *Daedalus*, 124-3(1995), pp. 60-66.

17_ Bryan Mabee, "Security Studies and the 'Security State' : Security Provision in Historical Context," *International Relations*, 17-2(2003), pp. 143-145.

18_ Buzan(1991b), pp. 209-210. 부잔은 안보 콤플렉스 내부에서 일어나는 작용-반작용의 동적 메커니즘이 단위체의 속성이 아니라 지역의 구조적 속성에서 비롯된다는 점을 들어 이를 '과정형성(process formation)'이라고 지칭하고 있다.

19_ Barry Buzan, "Rethinking Security after the Cold War," *Cooperation and Conflict*, 32-1(1997), p. 11.

20_ 호이스만은 이와 같은 코펜하겐 학파의 토착적인 문제의식이 유럽의 경험 속에 '내재된(embedded)'된 것이라고 표현하고 있다. Huysmans(1998), p. 499.

21_ Buzan(1991b), pp. 368-374.

22_ Buzan(1991b), p. 19.

23_ Richard H. Ullman, "Redefining Security," *International Security*, 8-1(1983), pp. 133-134.

24_ Huysmans(1998), p. 487.

25_ 이러한 전통을 대변하는 저술로는 Ken Booth, "Security and Emancipation," *Review of International Relations*, 17-4(1991), pp. 313-326.

26_ Huysmans(1998), p. 488.

27_ 이러한 안보 다이내믹스는 위협을 받는 안보의 대상뿐만 아니라 안보의 대상을 규정짓는 안보문제화의 행위자(securitizing agents), 그리고 주체는 아니지만 안보 영역 내에서 영향을 미치는 기능적 행위자(functional agents)를 포함한다. Barry Buzan, Ole Waever and Jaap de Wilde, *Security : A New Framework for Analysis* (Boulder : Lynne Rienner, 1998), p. 35.

28_ David A. Baldwin, "The Concept of Security," *Review of International Studies*, 23(1997), p. 13.

29_ Baldwin(1997), pp. 12-17.

30_ 볼드윈의 제안은 지금까지 군사영역을 최우선시하는 최고가치(prime value) 접근방식, 그리고 군사영역이 다른 영역과 함께 핵심 가치를 형성한다고 보는 핵심 가치(core value) 접근방식이 미흡하다는 판단에서 나온 것이다. Baldwin(1997), pp. 18-21.

31_ Buzan *et al.*(1998), p. 26.

32_ 여기에서 '안보문제화(securitization)'라는 표현은 사회의 제 영역에서 위협요소를 인식하고 그로부터 위기상황을 문제화함으로써 사회의 자원을 집중 동원하여

그에 대한 해답을 찾아나가는 전반적인 과정을 일컫는다. 코펜하겐 학파에서 사용하기 시작한 이 표현은 국내에서 '안보화' 라고 번역되기도 하지만 원래의 용어가 지닌 의미를 충분히 전달하기 위해서는 '안보문제화' 라는 표현이 더 바람직하다고 판단하여 본 논문에서는 이 용어를 사용하기로 한다.

33_ Buzan *et al.*(1998), p. 31.

34_ Buzan(1997), p. 14.

35_ Thierry Balzacq, "The Three Faces of Securitization : Political Agency, Audience and Context," *European Journal of International Relations*, 11-2(2005), pp. 174-176. 이와 같이 언어의 행위적 측면을 체계적으로 발전시킨 화행이론은 오랫동안 담화분석의 중요한 수단이 되어왔으며, 컴퓨터 언어의 개발에 응용되기도 했다.

36_ 발자크는 이와 같은 안보담론의 주된 행위자들을 '안보주체(referent subject)' 라고 표현하고 있다. 원래 코펜하겐 학파에서는 '안보대상(referent object)' 이라는 용어를 사용해 왔지만 안보주체에 대해서는 대칭적인 표현 대신에 단지 '안보문제화의 행위자(securitization actor)' 라는 표현을 사용해 왔다. Balzacq(2005), p. 194 미주 9 참조.

37_ 구성주의 이론에서는 안보를 하나의 정치적 · 사회적 현상으로 이해한다. 즉 안보는 객관적으로 주어진 현상도 아니고 그렇다고 주관적이거나 상대적인 것도 아니며, 사회적 담론을 통한 합의의 산물로서 만들어지는 것이라고 이해한다. 이렇게 보면 위기 또는 위협에 대한 사회적 논의라는 정치적 경쟁 속에서 이루어지는 안보담론이 곧 안보 그 자체가 된다. Jef Huysmans, "Defining Social Constructivism in Security Studies : The Normative Dilemma of Writing Security," *Alternatives*, 27(2002), pp. 42-43.

38_ 호이스만은 안보영역이 독자적으로 구축된 후 여타 분야들을 통합하는 과정을 푸코(Foucault)의 개념을 원용하여 '안보형성' 이라고 규정하고 있다. Huysmans(2002), pp. 45-46.

39_ Olav F. Knudsen, "Post-Copenhagen Security Studies : Desecuritizing Securitization," *Security Dialogue*, 32-3(2001), p. 359.

40_ Buzan *et al.*(1998), pp. 23-24 ; Buzan(1997), p. 14 ; Knudsen(2001), p. 359.

41_ 코펜하겐 학파에서 군사적 차원을 넘어선 '확대(expanded) 안보' 및 '심층(deepened) 안보' 의 관념을 제시하고 있는 것도 바로 개인이 아닌 집단을 중요한 분석수준으로 간주하기 때문이다. 군사영역뿐만 아니라 정치, 환경, 경제, 사회 등 비군사영역들을 포함하는 '안보렌즈(lenses of security)' 의 관념은 이러한 집단 중심의 시각을 잘 대변하고 있는 표현이다. Buzan *et al.*(1998), p. 21.

42_ 빌 맥스위니(Bill McSweeney)에 따르면, 코펜하겐 학파는 안보관계에 있어 '정체성(identity)'의 역할을 지나치게 강조함으로써 마치 하나의 사회가 하나의 통합된 정체성을 지니고 있는 것처럼 간주하는 오류를 범하고 있다. 이러한 이유로 코펜하겐 학파의 안보이론 중에서도 '사회안보(social security)'의 개념이 가장 많은 비판을 받고 있다. Bill McSweeney, Security, *Identity, and Interests : A Sociology of International Relations*(Cambridge : Cambridge University Press, 1999), p. 72.

43_ Michael Williams, "Words, Images, Enemies : Securitization and International Politics," *International Studies Quarterly*, 47(2003), pp. 515–518.

44_ Eriksson(1999), p. 318.

45_ 비판이론의 안보논의를 정리한 논문으로는 다음을 들 수 있다 : Keith Krause, "Critical Theory and Security Studies : The Research Programme of 'Critical Security Studies'," *Cooperation and Conflict*, 33–3(1998), pp. 298–333 ; Keith Krause and Michael C. Williams, "Broadening the Agenda of Security Studies : Politics and Methods," *Mershon International Studies Review*, 40(1996), pp. 229–254.

46_ Buzan(1997), pp. 19–20.

47_ Buzan(1991b), pp. 178–181.

48_ Huysmans(2002), p. 42.

49_ 사회적 구성주의가 안고 있는 규범적 딜레마를 해결하기 위한 방편으로 제시되었던 '진동전략(oscillating strategy)'에 대해 호이스만은 부정적인 견해를 보인다. 원래 모니카 덴 보어(Monica den Boer)에 의해 제시된 이 전략은 특정한 담론이 사회 내에서 만들어내는 수행적 영향을 분석하고, 여기에서 얼마만큼의 현실 왜곡이 있었는가를 가려내는 비판의 과정으로 이루어져 있다. 그럼으로써 안보담론 속에서 일어날 수 있는 왜곡현상을 바로잡고 궁극적으로 현실을 올바르게 대변해낼 수 있다는 확신을 갖게 된다. 그렇지만 호이스만은 이러한 진동전략이 객관적인 역사 또는 왜곡이 없는 현실이 가능하다는 불합리한 전제를 지니고 있다는 점에서 잘못이라고 비판한다. Huysmans(2002), pp. 47–48.

50_ 호이스만은 사회적 구성주의가 안고 있는 규범적 딜레마를 해소하기 위해 담론형성의 구조적 작업에 대한 '이론화(theorization)'가 필요하다고 주장한다. 이러한 이론화는 바로 언어가 지닌 '수행적' 작업을 파악하고, 사회적 과정 속에 내재된 언어의 보편적 측면을 이해하는 작업으로부터 시작된다. 이를 통해 현대 세계에서 안보담론과 언어가 어떻게 사회관계를 형성해 왔는가를 구체적으로 밝혀낼 수 있기 때문이다. 또한 상징적 · 제도적 맥락 속에서 어떻게 권력과 지식이 관련을 맺고 있는가를 드러냄으로써 그동안 당연하게만 여겨져 왔던 권력관계를 비

판적으로 재평가하게 된다. 그럼에도 불구하고 호이스만은 규범적 딜레마에 대한 완벽한 해법은 존재하지 않는다고 못박는다. 유일한 방안은 이와 같은 '이론화'의 방법을 통해 규범적 딜레마가 가져올 수 있는 위험을 최소한으로 줄이는 것이다. Huysmans (2002), pp. 49-53.

51_ Buzan (1991b), p. 14.

52_ 또한 ECC는 치열한 논쟁을 통해 부각되지만 지금까지의 안보논의들은 대부분 이러한 수준에는 도달하지는 못했다는 것이 볼드윈의 주장이다. Baldwin (1997), pp. 10-11.

53_ Buzan (1997), p. 21.

54_ 이러한 점과 관련하여 부쓰의 '유토피아적 현실주의' 접근방식은 언급할 만한 가치가 있다. 그에 따르면 유토피아의 관념은 현실의 비판으로부터 출발한다. 즉 현실을 넘어서는 보다 나은 모습을 구현해야 한다는 목적의식이 현실 속에서 행동을 유발시키는 촉매역할을 한다고 본다. 말하자면 더 나은 상태를 위한 욕망을 대변하는 것이 바로 유토피아인 것이다. 권력의 요소만을 강조하면서 현실 속에서 여전히 살아 있는 도덕이나 유토피아적 요소를 등한시하는 '비현실적 현실주의 (unreal kind of realism)'를 비판했던 카(E. H. Carr) 역시 자신과 같은 유토피아적 현실주의자라는 것이 그의 주장이다. Ken Booth, "Security in Anarchy : Utopian Realism in Theory and Practice," *International Affairs*, 67-3 (1991), pp. 535-536.

55_ Helga Haftendorn, "The Security Puzzle : Theory-Building and Discipline-Building in International Security," *International Studies Quarterly*, 35 (1991), pp. 5-7 & p. 15.

56_ Johan Eriksson, "Observers or Advocates? On the Political Role of Security Analysts," *Cooperation and Conflict*, 34-3 (1999), p. 314.

57_ Knudsen (2001), p. 360.

58_ Melvyn P. Leffler, "National Security," *Journal of American History*, 77-1 (1990), p. 151.

59_ Farrell (2002), pp. 65-69.

60_ Buzan (1997), pp. 20-21.

61_ Theo Farrell, "Constructivist Security Studies : Portrait of a Research Program," *International Studies Review*, 4-1 (2002), p. 70. 예를 들어 스티븐 월트(Stephen Walt)의 '위협의 균형(balance of threat)'은 주관적인 요소가 현실주의 이론에 반영된 개념이라 할 수 있다. Stephen Walt, *The Origins of Alliances* (Ithaca : Cornell University Press, 1987). 구성주의 입장에서 권력의 변수를 고려하고 있는 연구로는 Jeffrey T. Checkel, "International Norms and Domestic Politics : Bridging the Rationalist-Constructivist Divide," *European Journal of International Relations*, 3-4 (1997), pp. 473-

495 ; Martha Finnemore, "Norms, Culture, and World Politics : Insights from Sociology's Institutionalism," *International Organization*, 50-2(1996), pp. 325-347.

62_ Alexander Wendt, "Constructing International Politics," *International Security*, 20-1 (1995), p. 75. 구성주의의 인식론이 실증주의에 가깝다는 주장에 대해서는 Jeffrey T. Checkel, "The Constructivist Turn in International Relations Theory," *World Politics*, 50-2(1998), pp. 324-348 ; Ted Hopf, "The Promise of Constructivism in International Relations Theory," *International Security*, 23-1(1998), pp. 171-200 참조.

63_ 구성주의가 비판이론과 가장 큰 차이를 보이고 있는 부분이 바로 방법론과 인식론이라는 점에 대해서는 학자들의 의견이 일치하고 있는데, 구성주의 학자들은 대부분 '정상과학(normal science)'의 범주를 벗어나려 하지 않는다는 점에서 비판이론과 대비된다. Hopf(1998), p. 182. 구성주의 관점에서 안보문제를 논하면서 주류의 과학적 방법론을 택하고 있는 대표적인 업적으로는 Peter J. Katzenstein, ed., *The Culture of National Security : Norms and Identity in World Politics*(New York : Columbia University Press, 1996).

64_ Williams(2003), pp. 524-526.

65_ Balzacq(2005), pp. 172-174.

66_ Buzan(1991b), p. 328.

67_ Lene Hansen, "The Little Mermaid's Silent Security Dilemma and the Absence of Gender in the Copenhagen School," *Millennium*, 29-2(2000), p. 290.

68_ 네트워크에 관한 본격적인 연구들은 비교적 최근에 들어와서 이루어지고 있다. 아직까지 네트워크에 관한 연구가 독자적인 학문영역을 형성하고 있지는 못하지만 학제적으로 다양한 연구들이 폭발적으로 이루어지고 있다. 네트워크 과학에 대한 개략적인 소개로는 Albert-Làszlo Barabási, *Linked : The New Science of Networks*, 강병남 · 김기훈 옮김, 『링크 : 21세기를 지배하는 네트워크 과학』(서울 : 동아시아, 2002) ; Duncan J. Watts, Six Degrees : *The Science of a Connected Age*, 강수정 옮김, *Small World*(서울 : 세종연구원, 2004) ; Mark Buchanan, *Nexus : Small Worlds and the Groundbreaking Theory of Networks*, 강수정 옮김, 『넥서스 : 여섯 개의 고리로 읽는 세상』(서울 : 세종연구원, 2003).

69_ McSweeney(1999) 참조.

70_ Martin Shaw, "There Is No Such Thing as Society : Beyond Individualism and Statism in International Security Studies," *Review of International Studies*, 19(1993), pp. 159-175.

71_ 안보 및 전쟁연구에 네트워크 시각을 도입한 최근의 연구사례로 다음과 같은 것

들을 들 수 있다 : Richard Matthew and George Shambaugh, "The Limits of Terrorism : A Network Perspective," *International Studies Review*, 7(2005), pp. 167-627 ; John Arquilla and David Ronfeldt, *The Advent of Netwar*(CA : RAND, 1996) ; John Arquilla and David Ronfeldt, eds., *Networks and Netwars : The Future of Terror, Crime, and Militancy*(CA : RAND, 2001).

72_ 안보 딜레마의 개념에 대해서는 John H. Herz, "Idealist Internationalism and the Security Dilemma," *World Politics*, 2-2(1950), pp. 157-180 ; Robert Jervis, "Cooperation Under the Security Dilemma," *World Politics*, 30(1978), pp. 167-214 참조.

73_ 분리재(divisible goods)는 다양한 행위자들 사이에 그 이익을 나누기가 용이하기 때문에 자발적인 협력을 달성하는 데 별 어려움이 없다. 따라서 이를 배분하기 위한 위계적 거버넌스 제도가 필요하지 않다. 사유재가 시장에서 자연스럽게 가격이 매겨져 거래되는 것도 바로 이러한 분리재의 속성을 지니고 있기 때문이다. 하지만 재화가 고도로 비분리적(nondivisible) 속성을 지닌 경우에는 그 이익을 분배하는 데 많은 거래비용이 소모되므로 구성원들 사이에 협력을 창출하기가 쉽지 않다. 지역적인 협력만으로도 충분치 않은 경우가 많은데, 예를 들어 제한된 지역 내에서만 안보협력이 이루어질 경우 이것이 외부의 행위자에게는 오히려 위협으로 간주될 수 있다. 그런 만큼 재화가 비분리적일 경우에는 시스템 차원의 협력을 이끌어내기가 어렵다. 많은 경우에 구성원들은 무임승차(free-riding)를 하려는 성향을 보이며, 시스템은 혼란에 빠져들면서 음(陰)의 총량(negative-sum)상태가 되고, 결국에는 이를 바로잡기 위한 권위주의적 제도를 만들어내게 된다. Philip G. Cerny, "The New Security Dilemma : Divisibility, Defection and Disorder in the Global Era," *Review of International Studies*, 26(2000), pp. 626-627.

74_ 써니는 21세기에 들어와 가속화되고 있는 재화의 분리성이 경제적 세계화, 이데올로기의 종언, 다문화주의와 탈근대주의, 그리고 초국가적 거버넌스라는 네 영역에 걸쳐 나타난다고 보고 있다. Cerny(2000), pp. 633-642.

75_ 이에 대해서는 Albert O. Hirschman, "Exit, Voice, and the State," *World Politics*, 31-1(1978), pp. 90-107 참조.

76_ 이러한 과정 속에서 특히 눈여겨 보아야 할 점은 바로 '지역'이 세계정치의 전면으로 등장하고 있다는 사실이다. 유럽연합은 이러한 점에서 가장 앞선 형태의 지역정치 단위체라 할 수 있다. 전통적인 국가의 한계를 뛰어넘어 집단적 특성을 유지하면서도 통합되고 일관성 있는 지역 '공간'을 창출해낸다는 점에서 신안보 딜레마의 새로운 기반이 되고 있다. 나아가 글로벌 도시들의 성장 역시 노동과정의 변화와 더불어 새롭게 부각되는 공간적 허브라고 할 수 있다. 이와 같은 단위

체들의 변화는 다중적이고도 중첩된 형태의 정체성을 야기하기도 하지만, 동시에 기존의 국가에만 안주할 수 없었던 많은 개인과 집단에게 공간적 '적합지(niche)'를 대안으로 제공함으로써 세계정치의 모습을 변화시키고 있다. Cerny(2000), pp. 643–645.

77_ 위험사회에 관한 울리히 벡의 논의로는 Ulrich Beck, Risk Society : *Towards a New Modernity*(London : Sage, 1992); "The Cosmopolitan Society and Its Enemies," *Theory, Culture and Society*, 19–1 · 2(2002), pp. 17–44 ; "The Terrorist Threat : World Risk Society Revisited," *Theory, Culture and Society* 19–4(2002), pp. 39–55 참조.

78_ 위험사회론의 관점에서 안보를 다룰 경우 구성주의 시각의 고질적인 문제인 배타적 인종중심주의(ethnocentrism)에 빠질 가능성을 줄일 수 있다는 것이 호이스만의 주장이다. Huysmans(1998), p. 501.

79_ Baldwin(1997), p. 23.

2

동아시아 인간안보와 글로벌 거버넌스

이신화(고려대학교 정치외교학과)

서론 / 인간안보의 이론적 논점 / 인간안보에 대한 동아시아적 관점
동아시아의 인간안보 문제 / 동아시아 인간아노에 대한 글로벌 거버넌스 / 결론

* * *

탈세계화가 급진전되어 가면서 사람들의 삶의 질이 전반적으로 크게 향상되었지만 경제적 · 정보기술적인 면에서의 불평등한 배분으로 인한 양극화 현상이 나타나고, 인신매매, 내전, 환경훼손, 기근, HIV/AIDS 등 소위 '인간안보(human security)'를 위협하는 제반 요소가 세계 도처에서 급증하게 되었다. 또한 국가의 폭압 혹은 실패로 인해 초래되는 인권침해, 내전, 환경훼손, 기근으로 인한 참사 등에도 불구하고 주권국가의 내부문제에 대한 국제사회의 개입은 현실적으로 매우 어려운데, 이는 주권국가 중심의 국가안보만으로는 개인의 안전과 복지를 보장할 수 없다는 현실을 인식할 필요성을 제기한다. 이를 반영하듯 최근 들어 "누구를 위한 안보인가?"라는 질문과 함께 국가 중심의 전통적 안보개념 대신 개인의 안전이 안보의 준거가 되어야 한다는 인식이 확산되었고, 인간안보의 개념이 국제사회의 주요 쟁점으로 부상하였다.

이렇듯 인간안보 이슈에 대한 대응책 마련을 위한 전 지구적 차원의 정책개발 필요성이 높아지면서 다양한 행위주체들 간 상호 협력과 조정과정을 통해 '인간안보의 거버넌스'를 이루어야 한다는 국제사회의 인식이 제고되었다. 이러한 변화는 동아시아지역에서도 예외가 아니어서 초국경적 마약밀매나 인신매매, 전염성 질병의 전파, 테러사건 등 다방면에 걸쳐 지역적 · 세계적 차원의 거버넌스 역할을 요구하는 현상이 점점 증가하고 있다.

이 논고에서는 인간안보에 대한 기존의 논의를 비판적으로 검토해 보고 왜 인간안보가 글로벌 거버넌스의 주요 이슈인가에 대하여 논의해 보겠다. 특히 동아시아지역이 직면하고 있는 인간안보 위협들을 규명하고, 국가적 · 지역적 · 국제적 차

원에서의 해결노력 성과와 한계를 고찰할 것이다.

주제어 : 인간안보, 글로벌 거버넌스, 주권, 유엔, 동아시아지역기구

1. 서론

가치배분과 질서관리를 의미하는 거버넌스(governance)의 개념은 접근시각이나 분석수준에 따라 국가, 시장, 시민사회, 혹은 국제체제를 중심으로 하는 거버넌스로 나누어질 수 있다. 기존의 사회관계가 지도자격인 정부와의 수직적이고 위계적인 관계 속에서 이루어져 온 반면, 새로이 부상하고 있는 거버넌스에서는 정부의 역할이 축소되고 다양한 이해당사자들이나 행위주체들과의 수평적 관계 속에서 사회가 관리 · 운영된다.[1] 국내정치적 차원에서 거버넌스의 개념은 국가 중심의 통치능력은 약화되고 있지만 효과적인 통치 및 관리요구는 높아지고 있는 상황 속에서 국정운영의 대안적 인식틀로 각인되기 시작하였다.[2]

한편, 글로벌 거버넌스(global governance)란 개별국가를 넘어선 가치배분을 의미한다. 세계화와 정보화의 확대 · 심화는 국가의 경계를 약화시켰고, 국가 차원뿐만 아니라 세계적(global) · 지역적(regional) · 지방적(local) 차원에서 각종 공공영역의 이슈들은 다차원적인 연관관계를 맺게 되었다.[3] 글로벌 거버넌스의 과정은 여전히 국가를 주요한 행위주체로 간주하고 국가 간 관계를 중시하지만, 세계가 다원화된 사회로 변화함에 따라 새로 출현하고 있는 국제제도나 규범은 국가를 단위로 하는 지배구조 및 국가의 역할을 재구성 혹은 재규정해야 할 필요성을 증대시켰다. 글로벌 거버넌스에 있어서는 국가뿐만 아니라 국가 간 기구들, 비정부기구(NGO)들, 풀뿌리조직

들, 다국적기업(MNC) 및 개인이나 그룹들이 중요한 행위자로 부상한 것이다. 대상영역도 전통적으로는 군사 · 정치 · 경제 문제에 국한되어 있었으나 환경, 노동, 빈곤, 복지, 난민, 인권, 마약밀매, 인신매매 등 초국가적 이슈들이 국제사회에 심각한 문제로 상정되었다.

이러한 지구촌 공동문제들은 개별국가에 의한 대응능력의 한계를 드러냈고, 국가 간 협력을 주도하고 공동대처방안을 마련하기 위한 다자주의적 접근법에 관한 관심이 높아졌다. 따라서 국경을 넘어서는 가치배분을 위한 국제질서 관할에 정부를 통하지 않고 직접적으로 참여하려는 행위자들이 나타나면서 '정부 없는 거버넌스(governance without government)' 혹은 '정부역할이 적은 거버넌스(governance with less government)'로서 글로벌 거버넌스의 개념이 필요하게 된 것이다.[4]

이렇듯 관할행위자를 국가, 정부 간 기구, 비정부단체, 인식공동체(epistemic community), 풀뿌리조직 등으로 다양화시키면서 이들의 복잡한 상호작용에 초점을 맞추어 다양한 지구촌 의제를 다루는 것이 글로벌 거버넌스의 주요 과제이다. 냉전종식과 더불어 급물살을 탄 글로벌 거버넌스 현상은 세계화(globalization) 현상과 더불어 국제관계의 규범과 어젠다를 재편성함으로써 인도적 개입, 새로운 제도주의, 국제자유주의, 집단정체성, 국제경제체제, 세계문화 등에 지대한 영향을 끼쳤다. 더욱이 9 · 11테러 사태 이후에는 탈냉전기 이슈들에 더하여 테러리즘에 대응하기 위한 세계적 전략, 동맹의 재정의 등의 문제에 있어 글로벌 거버넌스의 개념정의 및 이행방법 · 전략이 국제관계의 주요 어젠다가 되었다.

한편, 세계화가 급진전되어 가면서 사람들의 삶의 질이 전반적으로 크게 향상되었지만, 그 혜택은 세계화를 '주도한' 사람/국가들(globalizers)들과 세계화에 '편입된' 사람/국가들(globalizees)에게 차등적으로 주어졌다. 경제적 · 정보기술적인 면에서의 불평등한 배분으로 인한 극심한 수입양극화(income divide)나 정보격차(digital divide) 현상이 나타나고 인신매매, 내전, 환경훼손, 기근, HIV/AIDS 등 소위 '인간안보(human security)'를 위협하는 제반 요소가 세계 도처에서 급증하게 되었다. 또한 국가의 폭압 혹은 실패로 인해 초래되는 인권침해, 내전, 환경훼손, 기근으로 인한 참사 등에도 불구하고 주권국가의 내부문제에 대한 국제사회의 개입은 현실적으로 매우 어려운데, 이는 주권국가 중심의 국가안보만으로는 개인의 안전과 복지를 보장할 수 없다는 현실을 인식할 필요성을 제기한다. 이를 반영하듯 최근 들어 "누구를 위한 안보인가?"라는 질문과 함께 국가 중심의 전통적 안보개념 대신 개인의 안전이 안보의 준거가 되어야 한다는 인식이 확산되었고, 인간안보의 개념이 국제사회의 주요 쟁점으로 부상하였다.

인간안보 이슈에 대한 대응책 마련을 위한 전 지구적 차원의 정책개발 필요성이 높아지면서 다양한 행위주체들 간 상호 협력과 조정과정을 통해 '인간안보의 거버넌스'를 이루어야 한다는 국제사회의 인식이 제고되었다. 이러한 변화는 동아시아지역에서도 예외가 아니어서 남중국해와 동남아시아 해역을 중심으로 발생하는 초국경적 마약밀매나 인신매매, 난민문제, SARS나 조류독감과 같은 전염성 질병의 전파, 테러사건 등 다방면에 걸쳐 지역적 · 세계적 차원의 거버넌스 역할을 요구하는 현상이 점점 증가하고 있다.

따라서 본 논문은 인간안보에 대한 기존의 논의를 비판적으로 검토해 보고 왜 인간안보가 글로벌 거버넌스의 주요 이슈인가에 대하여 논의해 보겠다. 특히 본고는 동아시아지역이 직면하고 있는 인간안보 위협들에 대하여 살펴본 후, 동아시아 개별국가나 지역 차원의 인간안보 문제해결 노력이 보인 성과와 한계를 고찰할 것이다. 또한 국제사회, 특히 동아시아지역이 직면하고 있는 인간안보 위협들을 해결하기 위한 지역기구 및 국제기구의 역할에 대하여 평가 · 전망해 보겠다.

2. 인간안보의 이론적 논점

국가안보란 영토와 주권을 보존함으로써 그 구성원인 국민의 안전과 존엄성 및 정치 · 경제 · 문화적 권리를 보장하고 이에 대한 침해를 일으키거나 영속화시키는 대내외적 조건을 제거하는 것을 의미한다. 이런 측면에서 볼 때 국가안보는 곧 외부적인 위협에 대항하여 국민을 위한 안보를 달성하는 것을 의미하지만, 내전, 박해, 기근 등 한 국가 내에서 초래되는 제반 문제들로 인해 국민들의 생존과 복지가 위협받는 경우가 비일비재하다.

일례로 20세기 동안 자국 정부에 의해 살해(democide)된 사람들의 숫자가 1억 7천4백만 명에 이르는데, 이는 같은 시기 전쟁이나 혁명에 의해 희생된 사람수의 3-4배에 해당하는 수치이다.[5] 또한 르완다, 체첸, 수단 다르푸 사태 등에서 볼 수 있듯이, 탈냉전기 대부분의 분쟁은 국가 간 전쟁이 아닌 인종분쟁과 같은 내전형태를 띠게 되면서 민간인을 표적으로 삼는 대량학살(genocide) 및 난민사태가 더욱 심각해지고 있다. 한편 정부의 부패, 무능, 비효율성 등으로 인해 지구촌 곳곳에서는 자연재해, 경제불균형, 기아사태와 같은 문제를 제대로 해결하지 못하는 사례가 속출하고 있다. 유엔개발계획(UNDP)에 따르면, 전 세계 인구 중 20%에 달하는 13억 명이 하루 1달러 미만의 생계비로 살아가는 이른바 절대빈곤층이다.[6] 이렇듯 단순히 국방이나 국가의 정치적 안보를 통해서는 주권국가 내 각 개인이나 그룹의 안보를 보장할 수 없다는 것이 확인되면서 안보의 논점이 국가적 차원에서 개인적 수준으로 전환(혹은 확대)되어야 한다는 인간안보의 개념이 국제사회의 주요 쟁점으로 부상하였다.[7]

한편, 세계화가 경제 · 기술 · 정치적 측면에서 사람들의 삶의 질 향상에 지대한 공헌을 하고 인간안보의 진전에 기여한 것은 사실이지만, 세계화를 주도한 사람(국가)들과 이에 소외된 사람(국가)들 간의 간극이 더욱 뚜렷해졌다. 경제적 측면에서 볼 때, 1994년 우루과이라운드와 GATT 체제를 종식하고 새로운 WTO 체제를 출범시킨 마라케시 선언(Marrakech Agreement)으로 세계시장이 통합되는 주요한 계기가 마련되었지만, 그 여파는 개인 수준뿐만 아니라 국가 간 빈익빈 부익부 현상을 더욱 첨예화시키고 있다는 비판을 받고 있다. 기술적인 면에서는 통신과 교통의 급속한 발달, 특히 사용이 쉬운 인터넷 검색 프로그램의 개발 및 세계적 보급을 통해 정보축적, 접근, 상호 소통 등이 급속도로 발전하면서 지구촌은 한층 더 가까워졌다. 그러나 이러한 인터넷 혁명은 소위 정보 격차를 통해 이러한 정보에 접근하지 못하는 가난한 사람(국가)들을 더욱 더 소외시키고 주변화시키는 결과를 초래하고 있다.

정치적 측면에서 보면, 세계화로 인해 국경을 넘나드는 사람들 간 교류가 증가하고 각종 매체를 통한 정보공유가 많아지면서 인류의 보편적 가치추구 및 그에 따른 정치 · 사회적 변화를 위한 민주화 바람이 지구촌 곳곳에서 거세지고 있다. 그러나 9 · 11테러 이후 미국의 주도로 이루어지고 있는 민주화 · 자유화의 움직임은 미국(서양)가치를 일방적으로 주입시키려 한다는 비판과 더불어 중동, 아프리카, 남미, 아시아 여러 지역에서 반감을 가져오는 실정이다. 그 대표적인 예로 사회주의적 시장경제를 주창해 온 중국의 경제발전 모델은 정치적 자유화를 강요하지 않으면서 시장경제 요소를 최대한 도입한다는 소위 '베이징 컨센서스'를 형성하여 여러 개도국들에게 상당한 매력을 주고 있는 점을 들 수 있다.[8]

이러한 국내외적 요소들을 감안하여 인간안보를 개념화하려는 여러 학술적 혹은 정책적 시도들이 지난 10년간 지속되어 왔다.[9] 이와 같은 이론적 논의의 가장 대표적인 시발점은 1994년의 UNDP 연례보고서인데, 이 보고서는 인간안보를 '공포로부터의 자유(freedom from fear) 및 궁핍으로부터의 자유(freedom from want)'라고 정의함으로써 이 분야의 길잡이가 되었다. 또한 이 보고서는 경제, 식량, 건강, 환경, 개인, 사회, 정치의 7가지 영역에서 야기되는 위협을 막는 것이 인간안보를 가장 확실하게 보장하는 것이라고 제시한다. 그러나 인간안보 개념의 주창에도 불구하고 UNDP의 정의와 접근방법은 유엔에 의해 실용적인 개념으로 인정받지 못했다. 오히려 이 개념과 영역들은 지나치게 광범위하고 포괄적이어서 실행가능성에 대한 비판을 초래하였다. 대표적인 예로 캐나다를 중심으로 한 몇몇 국가들은 UNDP의 개념정의가 저개발에서 시작되는 광범위한 안보문제(즉 궁핍으로부터의 자유)는 지나치게 강조하고 있는 반면, 폭력적 분쟁으로 야기되는 위협(즉 공포로부터의 자유)은 간과했다는 점을 비판하고 있다.[10]

인간안보와 관련한 학술적이고 정책적인 논문들 대부분은 UNDP의 개념을 다소 수정 또는 축소하고자 하였음에도 불구하고 대체로 포괄적인 개념정의를 사용하고 있다. 학문적으로 볼 때 조지 네프(Jorge Nef)는 안보의 영역을 환경, 경제, 사회, 정치, 문화로 축소하고, 이 영역들 간의 연결고리에 초점을 둠으로써 UNDP가 내린 정의를 수정하고자 하였다.[11] 게리 킹(Gary King)과 크리스토퍼 머레이(Christopher Murray)는 개인의 수입, 건강, 교육, 정치적 자유, 민주주의 등 국민 개개인의 인간안보를 측정할 수 있는 영역을 수학적 방식으로 해석하여 보다 객관적이고 일관성 있는 정의를 내리고자 하였다.[12] 또한 칸티 바즈파이(Kanti Bajpai)는 인간안보 감시체계를 형성하여 인간의 신체적 안전과 자유를 위협하는 직 · 간접적인 요인들을 규명하고, 나아가 규범과 제도의 발전, 정책결정 과정의 민주화 등을 통해 이러한 위협들을 저지할 수 있는 능력을 향상해야 한다고 제안하였다.[13]

정책적 차원에서는 전 유엔난민고등판무관(UNHCR) 사다코 오가타(Sadako Ogata)와 노벨 경제학상 수상자 아마트야 센(Amartya Sen)을 공동의장으로 하는 인간안보위원회(Commission on Human Security : CHS)가 일본 정부에 의해 독립적인 단체로 2001년 설립되었다. 이 위원회는 개인에 대한 보호와 권한부여를 인간안보 확립의 두 가지 기본 접근방법으로 보았다. 2003년 발표된 『인간안보의 현재 : 인간

보호와 권한부여(*Human Security Now : Protecting and Empowering People*)』는 인간안보의 접근방법이 추구해야 할 여섯 가지 분야, 즉 1) 폭력적 분쟁 상태의 시민들에 대한 보호, 2) 분쟁이나 심각한 인권침해로 이주할 수밖에 없는 유민들에 대한 보호와 권한부여, 3) 분쟁 이후 상황에서 시민들에 대한 보호와 권한부여, 4) 경제불안정 해결, 5) 건강상태 보장, 6) 기본교육, 공공정보, 생활기술, 다양성 존중 등을 통한 지식의 함양에 대하여 논하고 있다.

이러한 시각에서 볼 때 인간안보라는 개념은 기아, 가난, 전염병, 자연재해, 인권침해, 내전 등 개인을 신체적 불안전으로부터 보호하는 것은 물론, 인간개발 증진과 인간 존엄성 확립을 위한 바른 정치의 구현을 직·간접적으로 방해하는 제반 문제의 해결을 포괄한다. 그러나 이렇듯 너무 포괄적인 개념을 강조하다 보면 인간안보의 개념을 분명하고 체계적으로 설명하기 어렵다. 인간생명에 대한 모든 위협요인들을 포함하는 광범위한 정의는 일반적인 논의에서는 일시적으로 주목을 끌 수 있지만 포괄성을 얻는 대신 정밀성이 떨어지고, 학술적 혹은 정치적 논의의 장에서는 심각성, 정밀성, 적실성의 부재로 인해 중요성이 간과될 가능성이 있기 때문이다.

인간안보의 모든 포괄적 개념정의에 대한 비판으로 더 엄격하고 명확한 개념정의가 개발되고 있다. 2000년 캐나다 정부의 지원으로 창설된 '개입과 국가주권에 대한 국제위원회(The International Commission on Intervention and State Sovereignty : ICISS)'는 유혈분쟁 상황에 처한 민간인들을 보호하는 데 초점을 맞추었다. 이 위원회가 2001년 발행한 『보호할 의무(*The Responsibility To Protect : RTP*)』라는 보고서는 보호의 의무를 "시민들의 안전, 즉 신체적 안전, 경제사회적 부, 인간의 존엄성과 가치에 대한 존중, 인권과 기본적 자유의 보호"라고 정의된 광범위한 인간안보의 개념과 구분하고자 했다. 보호의 의무라는 개념은 보호와 원조를 필요로 하는 사람들을 주 대상으로 한다. 캐나다 학자인 스베르 로가드(Sverre Lodgaard) 역시 인간안보를 구체적으로 정의해야 한다고 주장하였다. 그는 공포로부터의 자유에 중점을 두고 인간안보의 개념을 단지 개인의 신체적 · 사적 · 직접적 침해와 관련된 것으로 제한하였다.

ICISS나 로가드의 개념들은 포괄적 정의의 결점을 보완하기 위한 노력이지만 여기에는 빈곤, 군사적 대립으로 야기된 영양부족과 같이 개인의 신체적 조건에 어떤 방식으로든 위해를 가하는 모든 침해행위들이 포함되어야 할 필요가 있다. 실제로 개인이나 집단들은 유혈분쟁이나 전쟁뿐만 아니라 기근, 가난, 무력함, 차별상태에 의해서도 취약한 상태에 처하기 때문이다. 이러한 사실은 공포로부터의 자유와 궁핍으로부터의 자유라는 양 개념이 매우 밀접한 상관관계를 지니고 있다는 것을 명확히 보여준다.

광의와 협의의 인간안보 개념을 둘러싼 현재까지의 논쟁은 공포로부터의 자유만 포함시킬 것이냐 공포와 궁핍으로부터의 자유 모두를 고려할 것인가에 관한 내용이 주를 이루어 왔다. 그러나 가난, 자연재해, 강제적 이동, 신체적이고 구조적인 폭력 등과 같은 '특정 요인들로부터의 자유(freedom from)'는 개인을 보호하는 '최소한의 인간안보(minimum human security)'라는 점에서 협의의 인간안보 개념이라 할 수 있다. 이에 반해 광의의 개념은 부(富)나 자아실현을 위한 인간 개개인의 능력, 권리, 활동 등을 '실현할 자유(freedom to)'를 부여하는 '최대의(또는 긍정적) 인간안보(maximum human security)'로 정의할 수 있을 것이다. 최소한의 인간안보가 인간의 생존 자체를 보장하는 것이라면, 최대의 인간안보는 모든 개인이 자원의 자유로운 확보와 정치적 · 사회적 영역의 자격 확대로 삶을 최대한 즐길 수 있는 권리를 보장받아야 비로소 가능하게 된다. 인간안보의 광의적 정의가 최대 안보의 증대를 모색하는 반면, 협의적 정의는 개인에 대한 최소한의 안보를 어떻게 보장할 수 있는가를 강조하기 때문이다.

그러나 인간안보와 관련한 광범위한 정의는 너무 '느슨하고' 대중이나 정책가들의 관심을 끌기 위한 수사적 용법으로 사용되는데 그친다는 비판을 받을 수 있다. 더욱이 개념 자체의 명확성이나 활용성을 희석시켜 오히려 학계나 정책결정자들의 관심을 줄이는 결과를 초래할 수도 있다. 따라서 인간안보에 대한 논의에 활기를 주고 실행할 수 있는 정책안을 만들어 이를 국가의 주요 안보의제로 부각시키기 위해서는 무엇보다 개념의 광범위함과 모호함을 극복하는 것이 시급하다. 이를 위해서는 인간안보의 반대개념인 '인간불안보(human insecurity)', 즉 공포나 궁핍으로부터의 자유에 있어 최소한의 기준에 해당하는 인도적 위기상황의 경중도로 개인이나 집단의 권리와 능력수준을 구체화하고 규명하는 것이 가장 적절해 보인다.[14] 이러한 위기상황에는 한 개인이 희생자가 될 수 있는 직접적이고 신체적인 침해만이 아니라 차별, 올바른 정치의 부재, 개인이나 집단에 대한 억압 등 강제적 성격의 구조적 폭력 또한 포함한다. 따라서 이와 같은 상황에서는 조속하고 효과적인 대책이 요구됨과 동시에 궁극적으로는 빈곤과 공포에 시달리는 사람들에게 도움을 줄 수 있는 지방적 · 국가적 · 지역적, 그리고 국제적인 모든 수준에서의 협력을 통한 문제해결과 활동들이 필요하다.

인간안보의 개념화에 있어 또 다른 과제는 포괄적 안보와 인간안보를 어떻게 구별할 것인가의 문제이다. 이 두 가지 개념이 종종 같은 의미로 오용되기도 하는데, 포괄적 안보는 그 분석 수준이 국가라는 점에서 개인을 분석기준으로 삼는 인간안보와 확연히 구별된다. 아미타브 아차르야(Amitav Acharya)와 아라비나드 아차르야(Arabinad Acharya)는 포괄적 안보와 인간안보를 세 가지 측면에서 구별할 수 있다고 주장하였다. 첫째, 포괄적 안보가 인간의 필요(human needs)를 강조하는 반면, 인간안보는 인권을 강조한다. 둘째, 포괄적 안보는 "누가 또는 무엇이 안보를 위협하는가"라는 핵심적 질문에 대한 반응인 반면, 인간안보는 이에 더하여 "누구의 안보를 위협하는가"라는 질문에 대한 응답도 한다. 마지막으로 포괄적 안보는 국가 수준에서 질서와 안정에 중점을 두지만 인간안보는 개인 수준에서 정의와 해방에 치중한다.[15] 다시 말하면, 포괄적 안보의 개념은 국가와 체제의 안보가 정치적 질서와 안정, 그리고 빠른 경제성장을 확립함으로써 실현될 수 있다는 신념에서 비롯된 것이다. 따라서 포괄적 안보를 촉진하는 주요 행위자는 민족국가이다. 그러나 국가가 경제성장이 더욱 절박한 상황에서 개인의 권리와 안전을 책임질 수 없었다는 명백한 경험적 증거들이 존재한다. 이와 반대로 인간안보는 무엇보나 개인에 중점을 두면서 날성된다. 따라서 인산안보는 포괄적 안보가 다루는 범위들을 넘어 개인의 권리, 자유, 그리고 안전을 확보하는 데 주력한다.

서구와 동양의 관점 차이를 어떻게 이해할 것인가 하는 점도 인간안보의 개념을 논하는 데 있어 주요 논쟁거리이다. 이러한 차이는 주로 역사적 · 문화적으로 다른 동서양의 배경뿐만 아니라 가치관의 차이에서도 기인하는데, 서구 민주주의 사회에서는 이른바 시민적 · 정치적 권리, 즉 개개인의 자유권에 최고 가치를 부여하고 보편적인 인권의 개념에 비추어 전 세계가 공감하는 인간안보의 개념을 만들 것을 주장한다. 반면, 전통적으로 집단과 공동체적 가치를 중요시 여겨온 동양사회, 특히 여러 동아시아 국가들은 개인보다 공동체가 우선시되는 소위 아시아적 가치(Asian values)를 내세우며 인권의 개념은 문화 · 지리 · 역사 · 사회적 요건 등에 따라 달라질 수 있다는 특수성을 주장한다. 서구의 기준은 개인의 자유권에 대한 침해는 최우선적으로 수호되어야 할 인류보편적이고 절대적 기준인 인권에 대한 침해라고 판단하고 인도적 개입(humanitarian intervention)의 필요성을 역설한다. 그러나 이러한 개입에 대해 서구의 인권개념을 동양에 적용시켜 행동으로 옮기는 과정에서 동양적 가치 및 특수한 상황을 고려하지 않은 "부당한 간섭"이라는 반발이 심해졌고, 문화와 전통, 종교 등의 가치는 스스로 선택해야 한다는 이른바 "제3세계 인권" 개념이 등장하였다. 특히 1990년대 후반 아시아 금융위기 및 IMF 관리체제를 겪으면서 서구식 구조조정 및 신자유주의적 개혁이 과연 아시아적 가치를 배려하고 아시아에 부합하는 것이냐는 서구비판론이 더욱 가시화되었다.

그럼에도 불구하고 아시아 금융위기를 계기로 이제 아시아 국가들도 글로벌 기준(global standard)을 수용하여 바른 정치(good governance)에 역점을 두어야 한다는 각성이 일어났으며, 이에 따라 최근 전 세계적 차원에서 부각되고 있는 인권문제를 기존의 주권국가를 중심으로 하는 관점에서 이루어지는 통치의 문제가 아니라 다양한 행위주체들(국제기구, NGO 등을 포함한)이 연관된 국제적 차원에서 접근해야 한다는 점에 공감대를 형성하게 되었다.[16]

3. 인간안보에 대한 동아시아적 관점

국제사법재판소(ICC)의 창설이나 코소보와 소말리아에서의 인도적 개입 등 인권과 인도주의적 문제를 해결하려는 전 세계적 노력에 대한 동아시아의 반응은 다양한 모습으로 나타난다. 일본을 비롯하여 동아시아의 신생 민주주의 국가인 태국과 한국은 인간안보 문제에 대한 관심과 책무를 표명했는데, 특히 일본과 태국 정부는 인간안보의 개념정의와 실행을 촉진하는 데 있어 많은 활동을 실행하고 있다.[17] 일본은 인간안보 문제를 중요한 외교정책 목표 중 하나로 강조해 왔고, 태국 정부는 국내의 사회안전 문제들을 효과적으로 조정하기 위해 인간안보부를 설립했다. 반면, 중국은 인간안보와 관련된 문제들을 정의함에 있어 인간안보라는 개념을 공식적으로 사용하지 않고 대신 '인민의 안전'이란 용어를 사용하고 있다. 이는 안보에 대한 중국의 인식이 아직까지도 전통적 · 국가적 안보에 국한되고 있기 때문이다. 그러나 중국인들이 안보를 정치적 · 사회적 권리를 촉진하는 것과 관계된 것으로 인식하기 시작하면서 인간안보의 개념이 점차 대중화되어 가는 추세이다.[18] 이러한 변화는 최근 20년 동안 중국인들의 생활수준을 크게 향상시킨 전례 없는 경제발전의 영향으로 설명될 수 있다.

이밖에 다른 동아시아 국가들은 인간안보의 개념과 활동들이 소개되었을 때 직접적이고 즉각적인 관심은 표명하지 않았다. 그들은 인도적 개입이 개발도상국가의 국내문제에 간섭하려는 강대국들의 속임수에 불과하다고 판단하고 이를 거절해 온 측면을 보인다. 게다가 말레이시아나 인도네시아와 같은 몇몇 아시아 국가들은 과거 강대국들이 이 지역의 빠른 경제성장률에 위협을 느끼고 이를 저지하기 위해 인권을 구실로 간섭했던 경험 때문에 인도주의적 개입에 강한 반발을 나타냈다.[19] 이러한 불만은 1999년 10월 말레이시아 인권위원회 창설을 논의하던 중 말레이시아 외무부장관 스예드 하미드 알바르(Syed Hamid Albar)가 국가 주권에 앞서 '개인 주권'을 지지했던 코피 아난(Kofi Annan) 사무총장을 비판한 것에서 잘 나타난다. 알바르 장관은 개인 주권이 국가 주권 위에 존재한다는 생각은 "유엔이나 다른 나라들로 하여금 개인의 주권을 보호한다는 명분하에 국경과 국가의 주권을 침범하도록 정당성을 부여하는 결과를 초래할 뿐이다"라고 비판했다.[20]

이러한 맥락에서 동아시아 국가들은 어떠한 상황에서도 국가주권은 존중되어야 하며, 인권문제는 '비엔나 인권회의에서 규정된 객관성, 공평성, 투명성의 원칙에 입각하여 국가와 국경의 보전에 대한 완전한 합의가 이루어진 상태'에서 논의되어야 한다는 데 동의하고 있다.[21] 동아시아에서는 인간안보 문제가 경제성장이라는 목표와 충돌하는 부분들이 존재하기 때문에 국익을 저해할 가능성이 있는 인간안보와 관련한 협약은 완전히 합의되기 어려울 것이고, 만족스러운 결과를 이끌어내지는 못할 것이다. 예를 들어, 미성년자의 매춘이 성행했던 태국의 경우 인간안보와 관련된 대부분의 협약이 비준되었으나 여성과 아동매매, 그리고 아동매춘과 직접적으로 연관된 협약은 여기에서 배제되었다. 놀라운 사실은 인간안보의 선두주자로 알려진 일본 역시 국내법과의 양립성이 부족하여 국제사법재판소의 법령에 서명하지 않았다는 점이다.

이러한 사실들은 동아시아의 정책결정자들이 인간안보 개념을 어느 정도까지 받아들이려 하는가라는 질문을 제기하게 한다. 대체적으로 아시아의 국내외 연구자들은 인간안보를 정치적이기보다는 경제적 · 사회적인 개념(예를 들어, 인권의 신장)으로 인식하고 있으나, 일부 연구자들은 인간안보의 본질에 정치적 성격이 내재되어 있음을 지적함으로써 이것이 국가나 체제의 안보와 명백히 구분되어야 한다고 주장하기도 한다.[22] 동아시아에서 인간안보의 개념은 일반적으로 국내외 정책의 핵심 요소로 여겨진 적이 없으며, 동남아시아국가연합(ASEAN), ASEAN+3, ASEAN 지역포럼(ARF), 아시아태평양 경제협력체(APEC) 등 다양한 동아시아지역 기구에서 규범적 · 이론적 기반을 형성하지 못했다.[23]

앞서 논의한 바와 같이 1990년대 후반의 금융위기 이후 동아시아에서 인간안보의 시급성에 대한 인식이 증가하게 되었는데, 이는 아시아인들이 겪었던 고통이 단순히 경제적인 요인에 따른 것만은 아니었다는 데 기인하고 있다. 위기로 인한 경제적 불안정은 동아시아에서 무능한 정부가 통치하는 지역주민들의 삶의 조건을 악화시켰고 인간 불안전의 문제를 초래했다. 예를 들어, 금융위기 당시 정치적 · 사회적 · 경제적 인프라가 상대적으로 견실했던 홍콩과 싱가포르는 경제위기의 타격을 적게 받은 반면, 이러한 인프라나 바른 정치(good governance)가 부족했던 인도네시아와 필리핀은 외환위기의 결과로 인간안보에 있어 가장 심각한 희생자가 되었다.

한편, 동아시아 국가들은 IMF의 긴급구제조치 하에서 두 가지 중요하면서도 상이한 반응을 나타냈다. 경제위기로 나타난 가혹한 경기후퇴는 동아시아 국가들의 '아시아적 발전방식'에 대한 자신감을 떨어뜨렸다. 이는 '개인보다 사회 우선', '발전하는 국가'에 대한 신뢰, 근대화론 자체를 강조하는 아시아적 가치(Asian value)가 과연 생존 가능한 것인가를 재고하게끔 하였다. 이러한 신념의 위기를 경험함으로써 국가들은 시민들의 정치적 자유의 확대보다 정치 · 경제 · 사회적 발전 자체를 더 중요시하는 경향, 즉 개인 주권보다 국가 주권을 우선시하는 동아시아 안보의 특징에 한계가 있음을 깨닫게 되었다. 경제위기로 발생한 빈곤으로 심각한 정치 불안정과 난민 및 불법 이주자들의 대거 이동이 나타나면서 국가 간 긴장이 초래되기도 하였다. 그 결과로 아시아적 가치에 대한 회의가 깊어졌고 정책결정자들과 대중은 범세계적 규범, 즉 인권과 인간안보의 개념을 포함하는 규범에 대해 좀더 수용적인 자세를 취하게 되었다. 결과적으로 동아시아 국가들 내에 바른 정치, 지속적인 환경개발, 빈곤층을 위한 사회적 안전망 구축 등에 대한 인식이 확대되었다.[24]

다른 한편에서는 이와 상반되는 반응이 나타났다. 경제위기의 결과로 외국 세력의 유입이 확산되자 여기에 반대하는 쇼비니즘적(배외주의적) 반응이 등장했고, IMF의 구제정책이 아시아의 문화 또는 가치와 양립할 수 없는 것이라는 비판이 수혜국 내부에 만연하게 되었다. 한 예로 한국 국민들에게 1997년 아시아 금융위기는 'IMF 사태'로 더 잘 알려져 있는데, 이는 아시아의 금융위기가 서구(미국)

중심의 경제적 세계화 현상으로 인한 결과라고 인식된 데 따른 것이라 볼 수 있다.

다른 지역에서와 마찬가지로 동아시아에도 인간안보의 의미에 대한 다양한 개념이 존재한다. 그 중 하나는 폭력적 분쟁으로 인한 인류의 고통을 강조하는 입장이며, 또 다른 개념은 지속적 개발과정을 통해 인간의 필요를 충족시키는 것에 중점을 두는 입장이다. 세 번째 개념은 첫 번째와 유사한데, 이런 인간안보의 문제를 폭력적 분쟁으로 인한 고통에 결부시키기보다는 바른 정치의 부재(예를 들어 행정적 실패나 부패 등으로 인한 빈곤의 확산, 개인에 대한 국가의 폭력 등)와 관련하여 설명하고자 한다.

경제위기 이후 동아시아가 인간안보에 대한 국제적 규범을 받아들이는 데 있어 어느 정도 수용적 자세를 취하게 된 것은 사실이나, 외부 영향력의 개입이 제국주의의 새로운 형태라고 여겨진다는 점에서 여전히 강한 저항이 이어지고 있다. 따라서 대부분의 아시아 국가들이 정치적 구속이나 경제적 통제를 수반하는 인간안보의 개념을 받아들일 가능성은 매우 희박하다. 오히려 국민의 물질적 안전을 도모하는 것은 국가 자신의 직무임을 강조할 것이다. 그러므로 아직도 몇몇 동아시아 국가들에서는 인간안보가 신체적 혹은 억압적 성질의 폭력에 대한 두려움으로부터 자유로울 권리로 한정되어 있다.

이러한 점을 고려할 때, 동아시아에서 인간안보를 보다 정확하게 정의하는 것은 매우 어려울 뿐만 아니라 인간안보 의제의 범위가 제한될 가능성도 높다. 기껏해야 인간안보가 '폭력에 대한 두려움으로부터의 자유'에 국한될 수 있다는 것이다. 그럼에도 불구하고 동아시아의 인간안보 문제를 얼마나 효과적으로 다룰 것인가에 대한 논의는 계속되고 있다. 서구의 관점에서 인식된 개념과 문제의 일부분은 이 지역 국가들 간에도 공유되고 있지만 이들은 역사적 · 문화적 · 사회적 · 정치적 배경의 차이로 인해 각자 다른 관점을 갖고 있다. 따라서 각 국가는 인간안보를 증진하는 데 있어서 각자의 방법과 틀을 추구하는 경향을 보이는데, 동아시아 국가들의 문화와 가치에 부합하는 인간안보를 어떻게 정의할 것인가에 대한 통상적인 이해와 합의가 형성되어야만 할 것이다. 이를 위해서는 이 지역에 만연되어 있거나 새로이 발생하고 있는 인간안보의 위협요인과 척도를 자세히 파악하는 것이 중요할 것이다.

4. 동아시아의 인간안보 문제

동아시아 국가들이 직면하고 있는 인간불안보(human insecurity) 요소들을 규명하는 것은 인간안보의 개념을 보다 정확하게 이해하는 것뿐만 아니라 이 지역 인간안보 문제의 해결책을 모색하는 데에도 도움이 될 것이다. 동아시아의 지정학적 개념과 영역에 대해서는 의견이 분분하지만 여기서는 10개의 ASEAN 국가들 (브루나이, 캄보디아, 인도네시아, 라오스, 말레이시아, 미얀마, 필리핀, 싱가포르, 태국, 베트남)과 5개의 동북아시아 국가들(중국, 일본, 몽고, 북한, 한국)로 구성되는 동북아시아와 동남아시아 국가들을 포괄하는 동아시아지역에 있어서 인간안보의 위협요소가 되는 이슈들을 초국가적 · 국내적 차원뿐만 아니라 '국내외 연계(intermestic linkage)' 차원에서 종합적으로 고찰하고자 한다.

1) 초국가적 위협

대량살상무기(WMD)의 확산, 테러리즘, 초국가적 조직범죄, 국제적 마약거래와 같은 국경을 뛰어넘는 안보문제에 대한 국제사회의 관심이 증대되고 있다.[25] WMD, 화학무기, 그리고 불법무기거래 등의 확산은 물리적 충돌을 유발할 수 있기 때문에 전통적으로 군사적 안보 측면에서 주요 관심대상이 되어왔다. 따라서 이러한 요소들로 인해 인도적 측면에서 부정적인 결과가 나타난다면 이는 국가안보와 인간안보 모두에 위협이 되는 것으로 인식될 것이고, 이 경우 성공적인 무장해제(disarmament)는 두 수준의 안보상황을 개선하는 가장 이상적인 방안으로 해석될 수 있을 것이다.

그동안 동아시아 국가들은 생화학무기는 물론이고 경무기(light weapon)나 지뢰와 같은 재래식무기의 사용까지도 금지하려는 전 지구적 노력에 동참하여 왔다. 한 예로 브루나이, 미얀마, 싱가포르 3국을 제외한 모든 동아시아 국가들은 1925년 제네바 협정에 명시된 '전쟁 중 질식가스, 독가스 및 세균살포의 사용금지협정'에 서명 또는 비준을 하였다.[26] 또한 동아시아 국가들은 대량살상무기, 생화학무기, 재래식무기의 사용을 금지하는 조약이나 협정도 지지해 왔다.[27] 그러나 1993-94년에 이어 2002년 10월 재등장한 북한 핵문제는 동북아지역의 평화와 안전에 대한 중대한 위협일 뿐만 아니라 전 세계적 차원의 핵비확산체제에 도전하면서, 국가들이 이러한 국제적 협정이나 합의를 얼마나 잘 준수하고 있는가에 대한 논쟁을 불러일으켰다.

한편 9 · 11 사태는 국경 및 국가안보를 보호하는 것 못지않게 인간의 생존에 위협이 되는 제반 요소들로부터 개인을 보호하는 것이 중요하다는 것을 새삼 일깨워 주는 계기가 되었다. 세계 다른 지역들과 마찬가지로 동아시아 국가들도 국제적 테러리즘에 대항할 필요성을 인식하게 되었고, 9 · 11 사태 발생 후 2개월여 만에 개최된 ASEAN+3 정상회의에서 ASEAN 국가의 지도자들은 '반테러리즘을 위한 공동행동선언'을 공표하였다. 그러나 동남아시아 국가에 거주하는 회교도 인구의 규모와 영향력을 무시할 수 없는 이 지역의 국가들은 여전히 신중한 자세를 취할 수밖에 없는 실정이다.[28] 반면, 중국 신장지역을 제외하고는 이슬람의 영향을 거의 받고 있지 않은 동북아시아에서는 미국과 협력하여 테러리즘 퇴치를 위한 노력을 기울이는 것에 대해 대체로 동조하고 있다. 그러나 어느 정도까지 미국에 지지를 보내야 하는가에 대해서는 역내 국가들의 의견이 분분한 상황인데, 이는 각 국가와 미국이 맺은 안보동맹의 중요성 정도, 여론의 추이, 실익계산 등에 따른 차이 때문이라 할 수 있다.[29]

그러나 동아시아지역에는 테러리즘에 대항해야 하는 직접적 위협이 존재하고 있다. 특히 2002년 10월 발생한 인도네시아 발리 폭탄테러 사건을 계기로 동티모르와 홍콩, 싱가포르, 한국, 대만, 태국 등 동아시아 국가지도자들은 극단적 이슬람주의의 영향력 증대

에 대해 우려를 표명하고, 테러리즘에 대응하기 위한 지역협력을 강조하기 시작하였다.[30]

2) 국내외적 위협

국제적 문제와 국내적 문제의 상호작용에 의해 발생되는 '국내외적(intermestic) 위협'은 국가안보만을 침해하는 것이 아니라 개인의 사적 안전 또한 훼손시키고 외부(국제적) 파급효과를 갖는다. 이러한 국내외적 역학연구란 국내정치적 측면과 국제정치적 측면의 영향 및 양 수준의 상호 연계작용에 특히 주목하여 분석하는 방식을 의미하는데, 이는 국경선을 중심으로 한 정치영역의 분할이 점점 사라져가는 현 추세에 있어 필수불가결한 것이다. 인간안보 측면에서는 인신매매, 불법이민, 환경오염, 그리고 에이즈(HIV/AIDS)나 사스(Severe Acute Respiratory Syndrome : SARS)와 같은 질병문제 등을 국내외적 위협으로 고려할 수 있을 것이다.

① 인신매매

미 국무부 통계에 따르면 매년 80-90만 명의 사람들, 특히 여성과 아동이 국경을 넘나드는 인신매매의 희생자가 되고 있다고 한다.[31] 동아시아에서 인신매매는 1960년대에 태국 여성들이 빈곤의 속박으로부터 벗어나고자 서유럽으로 이주하면서 시작되었다. 2001년 동남아시아에서 인신매매된 여성과 아동의 수는 전 세계 총 70만 명 중 약 22만 5천 명에 달하였다.[32] 특히 성(性)산업으로 잘 알려진 캄보디아, 라오스, 베트남, 태국을 포함하는 메콩지역의 인신매매는 매우 심각하다. 베트남과 캄보디아의 국경지역에서는 인신매매가 꾸준한 증가추세에 있으며, 중국, 한국, 일본 등 동북아 국가들도 노동력과 성적 착취를 위한 인신매매의 제공자 및 운송자이자 정착지로 기능해 왔다.[33] 아시아의 인신매매 문제는 태국, 라오스, 필리핀, 중국에서 더 많은 여성과 소녀들이 서유럽과 미국 캘리포니아 지역에 매춘을 목적으로 불법 유입되는 현상으로 인해 이제 전 지구적 문제로 확대되고 있다. 피해자들이 정착하는 국가들이 때로는 동아시아 외부에 위치하고 있기 때문에 인신매매의 종결을 위해서는 지역적 차원뿐만 아니라 전 지구적 차원의 노력이 수반되어야 한다.

인신매매를 금지하기 위해 2000년 11월 유엔 총회의 결의안 A/RES/55/25에 의거하여 채택된 '유엔 초국가적 조직범죄 반대협약'은 초국가적 조직범죄에 대한 유엔의 법적 구속력 있는 첫 번째 조약이다. 같은 시기에 서명된 '유엔 초국가적 조직범죄 반대 보완협약 및 인신매매, 특히 여성과 아동의 매매를 예방, 금지, 처벌하는 협정서' 역시 인신매매 근절을 위한 국제법인데, 이 협정서는 인신매매를 범죄로 정의했다는 점에서 주목할 만한 성과를 거두었다 하겠다. 10개의 동아시아 국가(캄보디아, 중국, 인도네시아, 일본, 말레이시아, 필리핀, 한국, 싱가포르, 태국, 베트남)들이 첫 번째 협약에 서명하였고, 이 중 6개 국가(캄보디아, 인도네시아, 일본, 필리핀, 한국, 태국)들은 보완된 협정서에도 서명하였다. 지역적 차원에서도 2000년 3월 '아시아지역 여성과 아동의 인신매매에 대한 반대 모임'이 마닐라에서 개최된 바 있다. 이 모임에서는 인신매매를 예방 · 보호 · 기소하고, 피해자를 송환하는 조처를 실행시키기 위해 정부, 비정부 간 국제기구

(INGOs), 비정부기구(NGOs), 사적 영역, 시민사회, 언론의 협력과 연대를 증대하는 행동계획을 만들었다.[34]

② 에이즈(HIV/AIDS)

동아시아에서 에이즈 감염률은 현재까지는 그다지 높지 않은 편이다. 그러나 이 지역 정부들이 전염병에 대해 지극히 수동적인 태도를 취하고 있는 사실을 감안할 때, 동아시아는 아프리카 다음으로 위험한 에이즈 주요 발생지역이 될 가능성을 가지고 있다. 2005년 아시아에서 에이즈 관련 질병으로 사망한 인구는 52만여 명에 이르렀고, HIV 신규 감염자는 110만 명, 총 보균자수는 830만 명에 달했다.[35] 특히 총 감염자수가 2003년에 비해 120만 명 이상 증가하였다는 사실은 이 지역에서 에이즈의 확산이 급속도로 이루어지고 있음을 확인시켜 준다.[36] 아시아의 인구가 아프리카보다 훨씬 많다는 점과 구직, 무역, 여행과 같이 국경을 넘어서는 이동의 증가로 에이즈와 같은 전염병이 확산될 위험이 높아지고 있다는 것을 감안하면 이러한 문제점을 인식하고 해결책을 마련하는 것이 요구된다. 그러나 공식적으로 진행되었고 성공적인 성과를 거두고 있는 예방 프로그램에도 불구하고 위기의 심각성을 인식하지 못하는 정부들 때문에 에이즈의 확산을 통제할 수 있는 기회는 오히려 감소하고 있는 실정이다. 에이즈 감염률이 특히 높은 국가로는 성(性)산업이 활성화되어 있는 태국, 캄보디아, 미얀마 등이 있다. 가장 최근인 2004년의 공식자료에 의하면 중국은 국내적으로 (상대적으로) 낮은 발병률에도 불구하고 최대 150만 명의 감염자를 보유하고 있는 것으로 나타났다.[37]

인간안보에 막대한 위협인 에이즈는 감염에 가장 취약한 사람들을 보호하는 정부의 집중된 노력으로 퇴치되어야 한다. 국민들이 스스로를 전염병으로부터 보호할 수 있도록 필요한 교육과 서비스를 제공하고 서민들까지 접근할 수 있는 광범위한 프로그램이 요구된다.

③ 사스(SARS) 및 조류독감

2002년 말 새롭게 등장한 폐렴성 질병인 사스가 급속도로 확산되면서 국제사회는 건강안보의 중요성을 인식하게 되었다. 2002년 11월에 중국 광동의 남쪽지방에서부터 발생한 것으로 추측되는 사스 바이러스에 2003년 7월까지의 통계에 따르면 약 8,500명이 감염되었고, 이 중 900명 이상이 사망하였다. 2003년 7월 5일에 WHO는 세계적 발병을 선언하였다.[38] 2003년 3월에서 5월 사이 절정에 이르렀던 전체 8,422건의 사스 발병 중 약 96%, 그리고 전체 916명의 사망자 중 95%가 동아시아지역에서 발생했다는 사실은 사스가 '동아시아의 질병'이라고 불리도록 만들었다.[39] 사스는 전염이 빠르고 쉽게 이루어지며 예방백신이 아직 개발되지 않았기 때문에 2003년 9월 9일 싱가포르에서 감염증세를 보이는 환자가 나타나자 이 지역은 사스가 부활했을 수도 있다는 공포에 빠졌었다.

이러한 사스 위기는 세계화의 악영향을 보여주는 좋은 예가 된다. 재화, 정보, 사람들이 더욱 밀접하게 세계경제와 통신 네트워크로 통합되면서 전염성 질병도 개별국가에 거주하는 국민들의 건강을 해칠 수 있을 뿐만 아니라 무역과 정보의 흐름을 방해하여 지역과 세계경제에 타격을 줄 수 있다. 사스는 동아시아지역에는 전염병에 대처하기 위한 공동의 노력이 취약하고 부족하다는 것을 보여주었고, 인간안보에 있어 중심적이고 절대적인 부분으로서 일반 국민의 건강안보를 강조하는 계기가 되었다. 사스가 재발할 수 있다는 가능성이 제기되면서 동아시아의 각 국가들은 국내적 대처방안을 마련하고 지역적 협력을 증강하는 등 경계를 강화하고 있다. 2003년 6월 캄보디아에서 개최된 10개 ASEAN 국가의 보건부장관 회의는 전염병에 대처하기 위한 공동 노력으로 평가받고 있다.[40]

2005년에는 닭, 오리 및 야생조류 등에 감염되는 급성 바이러스성 질병인 조류독감(Avian influenza 또는 bird flu)이 전 세계적으로 발병했고, 세계보건기구(WHO)는 수백만 명이 감염될 수 있다고 경고하였다. 조류와 접촉하거나 익지 않은 가금류 요리를 먹을 경우 인간이 감염되어 사망할 수 있다는 사실은 이 질병에 대한 경계심을 확대시켰고, 특히 통제가 어려운 철새들의 이동을 통해 조류독감이 전염될 수 있다는 지적은 초국가적으로 다양한 수준에서의 협력이 필요하다는 것을 확인시켜 주었다. 한편, 조류독감으로 인한 사망자 발생은 동아시아 국가들에서 집중적으로 나타나고 있다.[41] 2006년 5월 인도네시아에서는 이 질병으로 인해 일가족 5명이 사망한 것으로 확인되었고, 이에 따라 조류독감의 인간 감염에 대한 공포가 다시금 확대되고 있다.[42] 이 전염성 질병도 사스와 마찬가지로 적극적이고 긴밀한 지역적 · 국제적 노력을 필요로 하고 있다.

④ 환경문제

환경안보(environmental security)는 자연생태계가 회복 · 유지되는 가운데 인간의 지속적인 발전과 삶의 질 향상이 가능하다는 인식하에 환경과 조화를 이루어 가는 것으로, 세계안보에 영향을 미치는 환경변화에 대한 예방과 관리를 의미한다. 이러한 개념은 1992년 6월 브라질의 리우데자네이루에서 열렸던 환경과 개발에 관한 유엔회의(United Nations Conference on the Environment and Development), 이른바 '지구회담' 이후 환경적으로 지속가능한 개발에 대한 국가적 관심이 고취되면서 구체화되었다.

환경파괴나 자원부족 현상 등은 인간의 생활에 직·간접적인 영향을 끼친다는 점에서 인간안보에 대한 중대한 위협이 될 수 있다. 아울러 월경성 오염물질 배출이나 수자원 확보문제 등과 같은 환경안보의 주요 이슈들은 지역적·국제적 갈등을 유발할 수 있다는 점에서 국가안보 및 국제안보와 중첩되기도 한다.[43] 2004년 초 미국 국방부는 향후 20년 안에 지구적 기상재난으로 인해 기근, 폭동사태가 세계 도처에서 일어나고 각국이 물과 식량, 에너지 자원 등을 확보하기 위한 전쟁에 휩싸이게 될 것이라는 비밀보고서를 작성한 것으로 밝혀졌다. 지구온난화 방지를 위한 교토기후협약의 이행을 거부해 온 부시 행정부가 애써 숨기려 한 이 보고서는 기후급변이 종교·종족갈등이나 테러와 같은 기존의 국가적 안보위협 요인보다 훨씬 더 심각한 위협이 될 것이라고 예측한 것으로 알려졌다.[44]

동아시아의 경우 환경친화적이지 못하거나 강제력이 결여된 입안과 법집행, 한정된 자원의 불평등한 분배문제, 성장위주의 경제발전 방식 등으로 인해 환경오염이나 자원부족에 대한 적절한 대응이 제대로 이루어지지 않은 사례가 많다. 특히 거주 및 생존과 관련한 인권, 식량, 에너지 등을 확보하는 데 있어 한계를 노정시키면서 환경문제와 관련한 인간안보에 대한 위협이 제기되고 있다. 더욱이 동북아지역은 급속한 산업화(특히 중국)로 인해 해양오염, 황사, 산성비 등과 같은 월경성 환경안보 문제에 직면해 있다. 유엔의 한 조사에 따르면, 지역 차원의 공동대응이 없을 경우 대부분의 동아시아 국가들이 2025년까지 심각한 물부족 사태를 겪게 될 것이라고 한다. 특히 동아시아에서 관개용수의 부족은 식량부족으로 이어지는데, 이는 동아시아가 쌀을 주식으로 삼고 있어 수리농업에 크게 의존하고 있기 때문이다.[45] 해양오염과 과도한 자원채취로 인해 발생하는 국가 간 갈등 등 동북아지역의 해양환경 문제는 점점 줄어드는 어장에 대한 각축과 함께 전통적 안보문제와도 밀접하게 연결되어 있다.

한편, 2004년 말 동남아지역 지진 해일과 같은 자연재해는 인간에게 직접적인 위협이 되고 있고, 이에 대한 제도적 · 정책적 대비가 미비한 동아시아 국가에서 자연재해는 인재(人災)로 전이되어 인간안보에 심각한 피해를 가할 수 있다. 또한 국경을 넘어서는 환경문제들은 인간 삶의 질을 저하시킬 뿐만 아니라 국가 주권의 범위를 위협하고 각 정부들 간 책임소재 및 배상문제 등을 둘러싼 논란거리를 제공하기 때문에 국가적 · 지역적 · 국제적 수준에 있어 새로운 경제적 · 사회적 · 정치적 긴장을 직 · 간접적으로 야기할 수 있다.

그러나 자원부족, 환경악화, 식량안보, 인권위기 등에 대해 동아시아 국가들이 취해온 대응은 매우 미비한 상태이다. 이러한 '비전통적 안보위기'가 이 지역 각국의 국익이나 넓게는 지역적 안정성에까지 위협을 준다고 인식되지 않는 한, 이들 문제는 부차적인 의제로 머물 수밖에 없다. 특히 동북아지역에서는 비전통적 안보 이슈가 역내 국가들에게 큰 위협을 줄 수 있다는 시나리오 혹은 분석틀을 만든다 하더라도 여전히 전통적 안보와 관련한 담론이 역내 안보 분석틀을 지배하고 있다.

3) 국내적 위협

한 주권국가 내 국민의 안보는 정치적 박해, 사회적 불안정, 민족분쟁, 빈곤, 경제적 불평등, 식량난과 같은 국내적 문제에 의해 위협당할 수 있다.

① 정치적 불안정

프리덤 하우스(Freedom House)에 따르면, 15개 동아시아 국가 중 8개 국가들이 '부분적으로 자유로운' 혹은 '자유로운' 국가로 분류되고 나머지 6개 국가는 '자유롭지 않은' 국가에 속한다.[46] 이는 2003-2004년의 조사에 비해 크게 진전된 것이기는 하지만 여전히 국가별 격차가 크게 나타나고 있다. 프리덤 하우스는 세계 거의 모든 국가의 정치적 권리와 시민의 자유 수준에 대한 연간 보고서를 작성하는 기구이다. 정치적 권리와 시민의 자유 수준은 각각 1부터 7의 숫자로 표기되는데, 1은 가장 자유로운 상태이고 7은 가장 억압적인 상태를 의미한다. 이 두 가지 지표가 조합하여 각 국가를 "자유로운 상태", "부분적 자유상태" 또는 "자유롭지 않은 상태"로 분류한다.

이 기관의 조사에 따르면 동아시아에서 한국과 일본만이 정치적 권리에 있어 완전히 자유로운 상태에 있다. 그러나 역내 국가 중

누구도 시민의 자유에 있어 완전한 자유상태를 달성하고 있지 못하다.[47] 이는 곧 15개 국가 모두가 시민들에게 완전한 정치적 권리나 시민의 권리를 부여하지 않았다는 것을 의미한다. 소수의 동아시아 국가들만이 민주적 정부를 설립하는 데 성공하였고, 그나마 성공한 이들 역시 아직 미성숙하고 취약한 상태로 쉽게 붕괴될 수 있다. 정치적 권리나 시민의 자유는 서구적인 척도이기 때문에 동아시아 국가들에게 부정적 인상을 심어줄 수 있다. 따라서 동아시아 국가들은 서구의 자유민주주의적 방식과는 구분되지만 오늘날 많은 국가에 현존하는 억압적 정치체제와는 다른 대안적 정치방향을 찾아야 할 것이다. 무조건 서구 민주적 모델을 따르려는 노력이 동아시아의 문화와 사회에 더 적합한 정치방안을 마련하는 데 방해가 될 수 있기 때문이다.

② 정치적 인종분쟁

다민족국가 내의 인종(종족)경쟁의 증대와 민족정치적 분쟁, 다시 말해 불만의 해소와 집단의 보편적 이익추구를 위해 정치적으로 결합된 민족집단 간의 표면적 갈등 또는 내란상태는 수많은 다민족사회들을 갈라놓고 세계 각국을 위태롭게 하고 있다. 역사적으로 부족 또는 민족 간 갈등은 새로운 현상이 아니다. 그러나 냉전의 종식과 함께 제3세계의 민족정치적 갈등이 빈도, 강도 그리고 지속성에서 증가해 왔다. 메릴랜드 대학교의 국제개발 및 분쟁관리센터(Center for International Development and Conflict Management : CIDCM)의 연구에 따르면, 1955년에서 2004년 사이에 민족적 자결을 추구하는 그룹과 소속국가 간의 무력충돌은 총 71건 있었고, 이 중 17건이 동아시아에서 발생했다.[48] 여기에는 1959년 시작된 중국의 티베트 독립 움직임 탄압, 1990년부터 이어지고 있는 위구르족에 대한 강권통치, 아체 · 동티모르 · 파푸아 인들에 대한 인도네시아의 억압, 라오스 · 미얀마 · 필리핀의 소수민족 인권유린 및 억압, 태국 정부에 의한 말레이계 회교도지역 통제 등이 포함되어 있다.[49] 이러한 동아시아에서의 종족 · 인종분쟁의 확대와 지속은 대량학살과 난민발생의 문제를 야기하여 인권의 위기상황을 초래하는 주요 원인으로 작용하고 있다.

③ 빈곤과 경제적 불평등

빈곤 역시 인간안보를 위협하는 주요 원인 중 하나이며, 빈곤을 퇴치하기 위한 지속적 노력은 생존에 필요한 조건 확보뿐만 아니라 삶의 질을 향상시키는 데 있어서도 매우 중요하다. 경제성장과 빈곤의 감소는 한국이나 중국의 경우에서 드러나는 것과 같이 국내정책에 주로 의존하지만, 부유한 국가의 원조 또한 가난한 국가들의 발전을 위해 필수적이다. 이어지는 경제발전에도 불구하고 동아시아에서 빈곤문제는 여전히 상존하고 있다. 중국의 경우만 보더라도 2억이 넘는 인구가 하루에 1달러 미만의 생활비로 살아가야 하는 절대적 빈곤상태에 있다.[50] 또한 몽고, 인도네시아, 캄보디아, 라오스, 말레이시아, 필리핀, 태국, 베트남은 국가별 빈곤 하한선 아래 인구가 전체의 10%를 넘어서고 있고 일부는 50%에 육박하기도 한다.[51] 빈곤은 자원에 대한 불평등한 접근권과 관련되어 있고 적정한 수준의 의식주를 확보하지 못할 경우 인간안보를 달성하는 데에는 한계가 있다. 그러나 경제적 발전이 이루어지고 전반적인 부의 수준이 증가한다고 하여도 종종 인간안보의 중요한 측면과 다양한 차원에서 충돌이 발생한다. 사실상 동아시아의 경제성장은 주로 값싼 노동력에 기반을 둔 것이었고, 이는 대부분 노동의 착취와 특정 그룹이 빈곤계층으로 고착화되는 현상과 병행되었다. 사회경제적으로 제도적인 불평등상황에 처한 그룹은 세대를 이어서 전반적인 경제발전에도 불구하고 충분한 수혜를 입지 못하는 모습을 보인다. 특히 이들은 발전의 직접적인 수혜자들에 비해 상대적인 박탈감을 느끼게 된다. 그러나 경제성장이 상당수 사람들의 인간안보에 있어 사실상 절대적 · 상대적 퇴보를 일으킨다는 것이 인식되지 못하면서 인권이나 환경 등과 같은 많은 문제들이 경제성장이라는 허울 아래 감추어지거나 간과되어 왔다. 한 가지 다행스러운 것은 동아시아 여러 국가들이 빈곤과 관련된 문제들을 퇴치하는 방안에 대해 논의하기 시작하는 분위기가 이제 조성되었다는 점이다.

④ 식량안보

동아시아의 거대한 인구와 끊임없이 이어지고 있는 인구증가에도 불구하고 지난 30-40년 동안 충분한 식량을 공급함으로써 영양결핍 인구의 수와 비율이 지속적으로 감소되고 식량수급과 공급에서의 안보유지에 성공했다는 점은 매우 흥미롭다. 그러나 이러한 성과에도 불구하고 식량의 불안정상태는 많은 동아시아 국가들에서 아직까지 심각한 문제로 남아 있다. 사실상 개별국가의 식량안보 상황의 현저한 차이는 동아시아 전반의 식량공급 증가에 의해 가려진 것에 불과하다. 유엔식량농업기구(FAO)의 연구에 의하면 중국, 베트남, 태국이 1990-92년, 1997-1999 사이의 기간 동안 가장 두드러진 성과를 거둔 12개 "최고의 성취국"에 속한 반면, 북한과 몽고는 다른 8개 국가와 함께 "최악의 성취국"으로 분류되었다.[52] 또한 기아 정도는 사하라 주변 아프리카지역에서 가장 심각한 반면, 만성적인 기아인구는 다른 어떤 지역보다도 동남아시아지역이 많다. 2001년의 경우에는 연속적인 자연재해로 동아시아의 캄보디아, 중국, 인도네시아, 필리핀, 태국, 베트남, 그리고 남아시아의 인도, 네팔은 "기아의 주요 문제지역(hunger hotspot)"이 되었고, 이로 인해 동아시아 전체의 영양부족 인구는 3천5백만 명 이상으로 증가했다.[53] 세계은행의 2005년도 보고서에 따르면 한국(2%), 중국(11%), 몽고(28%), 인도네시아(6%), 캄보디아(33%), 라오스(22%), 말레이시아(2%), 미얀마(6%), 필리핀(22%), 태국(20%), 베트남(19%)에는 상당한 사람들이 영양부족 상태에 처해 있다.[54] 인도네시아와 필리핀의 경우 식량불안 요인은 국내적 갈등과 관련이 있다. 라오스의 고원지대와 홍수다발 지역의 빈곤층은 만성적인 영양결핍에 처해 있고 외부의 원조를 필요로 한다.[55] 2030년까지 동아시아와 남아시아의 전체 인구가 10억에서 42억 2천만 명(전 세계 인구의 52%)으로 증가할 것이라는 통계대로라면[56] 아시아의 영양결핍 인구는 적절한 대응책이 제시되지 않는다면 높은 수준으로 유지될 것이다.

앞서 제시된 인간안보의 제반 위협요소들을 고려할 때 사람들의 안보를 악화시키는 요인들은 동아시아지역 전체에서 발견된다고 할 수 있다. 사실 동아시아 내에서도 경제불황, 환경문제, 높은 출생률과 이주로 인한 인구압박, 마약이나 인신매매, 건강안보 문제 등 지역에서 발생하는 모든 국내 또는 국가 간 수준에서의 인간안보에 대한 심각한 위협을 제거하기 위해서는 집단적 의무와 개별 국가의 노력이 요구된다는 것에 대한 인식 및 공식적인 합의가 넓게 확산되고 있다.

5. 동아시아 인간안보에 대한 글로벌 거버넌스

인간안보는 국제기구, 특히 유엔에게 매우 중요한 이슈가 되고 있다. 사실 1945년 창설 당시부터 유엔은 인권분야에서 선도적 역할을 해왔는데, 1948년 유엔 총회에서 채택된 세계인권선언(Universal Declaration of Human Rights)은 전 세계 사람들이 안전과 인간존엄성을 누리며 살아갈 권리를 보장하는 것을 목표로 인권에 대한 규범과 도덕적 틀을 마련하는 기반이 되었다. 이를 필두로 여성, 아동, 장애인, 소수민족, 이주노동자 및 기타 취약 그룹들을 보호하기 위한 여러 조약이나 법들이 유엔에 의해 제창되었다. 세계인권선언은 구속력이 없어 실질적 효과를 거두기 힘들었지만, 1966년 '시민적 · 정치적 권리에 관한 국제규약(International Covenant on Civil and Political Rights)'과 '경제적 · 사회적 · 문화적 권리에 관한 국제규약(International Covenant on Economic, Social and Cultural Rights)'이 제정되면서 각 규약의 체약국들이 정기적으로 이행 보고서를 제출하고 감시위원회의 심의를 받게 됨에 따라 국제인권법은 구속력을 지니게 되었다.[57]

한편 유엔헌장과 국제인권조약에 기초하여 여러 인권보호장치가 만들어졌는데, 헌장은 유엔의 주요 기관인 총회, 안전보장이사회, 경제사회이사회 및 사무총장이 인권보호와 증진을 위해 일정한 기능을 수행하는 것을 용인했고, 인권위원회(Commission on Human Rights)를 경제사회이사회 내 기능위원회의 하나로 두었다.[58] 또한 유엔은 1993년 비엔나 세계인권회의에서의 제안을 토대로 총회에서 인권고등판무관실(High Commissioner for Human Rights)을 신설함으로써 인권침해가 문제시되는 초기단계에 유엔의 통합적인 의사결정을 유도하여 인권보장제도를 전반적으로 개선하고 효율성을 증진시키고자 노력해 왔다.

1998년 7월 로마회의에서 유엔 다자 간 협약으로 통과되고, 2002년 7월 발효된 '국제형사재판소(ICC)' 조약은 민간인 학살, 집단강간, 재산약탈과 방화 등 주로 전시에 벌어지는 '반인륜범죄(crime against humanity)'의 근절을 목표로 하였다. 세계 최초의 상설 전범재판소인 ICC는 2003년 4월 미국의 반대에도 불구하고 헤이그에서 공식출범했다. ICC는 대체로 범죄가 발생한 국가나 기소된 사람의 국적이 조약 비준국일 경우에만 재판권을 행사할 수 있다는 한계가 있지만 대량학살, 전쟁범죄, 침략행위 등에 책임이 있는 개인을 기소할 수 있는 장치가 마련되었다는 데 의의가 있다.[59]

이에 더하여 2005년 3월 총회에서 코피 아난 사무총장은 『더 큰 자유 속에서(*In Larger Freedom : Towards Development, Security and Human Rights for All*)』라는 제목의 유엔개혁안을 발표하였는데, 이 개혁안에서 경제사회이사회 산하의 인권위원회를 안전보장이사회나 경제사회이사회 수준으로 격상시킨 인권이사회(Human Rights Council)로 대체함으로써 인권 · 안보 · 개발 문제를 동일한 비중으로 균형 있게 다룰 것을 제안하였다. 그리고 2006년 3월 22일 총회에서는 미국의 반대에도 불구하고 인권이사회 창설안이 통과되었고, 5월 9일 한국을 포함한 아시아 13개국 등 총 44개국이 초대 이사국으로 선출되었다.[60] 이로써 인권이사회는 비효율적 기능과 주요 인권유린 국가들이 회원국이라는 이유 등으로 인해 비판받아 온 유엔인권위원회를 대체하게 되었다.

이상과 같이 유엔헌장이나 국제인권조약을 근거로 한 기구들 이외에 유엔난민고등판무관(UNHCR), 유네스코(UNESCO), 유니세프(UNICEF), 국제노동기구(ILO) 등의 유엔 전문기구들도 각각 인권증진을 위한 제반 노력을 기울이고 있다. 대표적인 예로 1995년 세계여성대회(북경), 1993년 세계인권대회(비엔나), 2001년의 세계인종차별철폐회의(더반) 등 특정 이슈에 집중한 세계회의들도 인권증진을 위한 유엔의 주요 활동의 일환으로 전개되고 있다. 이러한 맥락에서 유엔이 인권개선 노력과 그 성과에 대한 공로로 6번에 걸쳐 노벨평화상을 수상하게 되었다는 사실은 그다지 놀라운 것이 아니다.[61]

2000년 유엔 새천년정상회의 연설에서 아난 총장이 언급한 바와 같이 유엔이 정의하는 안보의 개념에는 유엔의 새로운 당면 과제인 공포로부터의 자유, 빈곤으로부터의 자유, 깨끗한 자연환경을 물려받을 수 있는 미래세대의 자유보장 등 개인의 인권보호 및 복지문제가 포함되어 있다. 현재까지도 코피 아난 총장의 유엔개혁안에서는 인권문제와 인도주의적 위기상황을 예방하는 것이 최우선 의제 중 하나이다.

이러한 유엔의 노력은 동아시아에서 인간안보를 진전시키는 데 긍정적 역할을 했다. 유엔기관들은 북한, 캄보디아, 동티모르, 아체와 같은 문제지역이나 분열된 사회에 인도주의적 원조를 제공하는 데 힘써왔다. 한 예로, WFP는 북한 식량난을 완화시키기 위해 1995-2001년의 기간 동안 5억 달러에 상당하는 총 2백만 톤의 식량을 원조하였다.[62] 1999년에는 약 676만 명의 북한주민이 미국, 한국, 일본, 유럽연합 등을 주요 기여국으로 하는 WFP의 도움을 받았고, 2001년에는 그 수가 760만 명(북한 전체 인구의 약 1/3)으로 증가했다. WFP는 2001년부터 2004년 7월까지 금액으로 환산할 때 총 15억 달러에 달하는 360만 톤의 식량을 북한에 제공하였다.[63] 유엔아동기금(UNICEF), 유엔인도주의업무조정국(OCHA, 구 OHCHR), 세계보건기구(WHO) 등도 북한의 기아상태를 완화 · 방지하고 모자복지를 위해 꾸준히 노력해 왔다. 국제적십자사와 WFP에 의해 시행된 북한상황에 대한 현장조사와 식량분배 감시체계 구축은 구호사업의 내용과 성과에 관한 신뢰성 있는 정보를 제공함으로써 기부국가들의 의혹을 줄이고 식량원조의 양을 증가시키는 데 일조하였다.

1999년 8월 동티모르의 독립이 결정되고 두 달 후 설립된 유엔동티모르 과도행정기구(UNTAET)는 임시정부와 동티모르 국민을 지원함으로써 2002년 5월 독립적인 동티모르 정부가 출범하는 데 크게 기여하였다. 한편, 이 지역에서 지난 3-4년 동안 UNHCR, UNICEF 및 다른 인도주의적 기구에서 파견된 유엔직원들은 자신의 목숨까지도 아끼지 않고 난민원조를 위해 힘썼다. 이 난민들은 서티모르 국경지대에 거주하고 있는데, 이곳은 동티모르 군대의 무장습격 가능성이 도사리고 있는 위험지대이다.[64] 이에 더해 유엔총회와 안전보장이사회는 한반도 분단상황, 미얀마의 인권문제와 군부독재, 중국의 시민자유, 캄보디아의 정치분쟁 등 동아시아의 중심적인 인간안보 관련 사안들을 다루는 지휘자의 역할을 수행해 왔다.

이러한 노력에 대한 반응으로 대부분의 동아시아 국가들은 인권이나 인도주의적 문제와 관련된 유엔조약에 서명 · 비준하거나 유엔 인도주의적 개발기구 등에 경제적 · 행정적 원조를 제공함으로써 유엔의 노력을 지지해 왔다. 1990년대 후반, 특히 동아시아 경제위기 이후부터 일본은 유엔의 인간안보 과제를 해결하는 데 있어 주도적 역할을 담당해 왔다. 일본의 게이조 오부치 전 수상은 1998년 5월에 5Cs(용기-courage, 창조성-creativity, 동정-compassion, 협동-cooperation, 신뢰-confidence) 원칙을 제안했고, 이를 통해 인간안보에 위협이 되는 빈곤, 인권유린, 환경파괴, 소규모 전쟁의 확산, 마약과 인신매매, 전염병, 난민과 국내유민을 발생시키게 되는 분쟁에 대응할 수 있다고 강조했다. 이에 맞추어 오부치는 5억 엔(미화 420만 달러)의 최초 기부금을 시작으로 유엔사무국에 인간안보신탁자금을 설치하기도 했다. 2003년 4월에는 일본이 188억 엔(미화 1억 7천2백만 달러)을 인간안보신탁자금에 기탁하였고, 이는 유엔이 다양한 인간안보 위협을 해결하는 데 많은 도움을 주었다.[65] 앞서 언급하였듯이 태국 역시 인간안보 부서의 설립을 통해 인간안보의 개념을 구축하고 실천하는 데 앞장서 왔다.[66]

① 지역기구를 통한 인간안보의 촉진

앞서 논의한 바와 같이 동아시아 금융위기는 역내 국가들에게 지역의 평화, 발전, 그리고 번영을 추구하는 방법을 재검토할 수 있는 중요한 계기를 마련해 주었다. 그 결과 동아시아 국가들은 지역협력을 강화하고 제도화하기 위한 정부 차원 또는 비정부 수준의 지역적 대화에 적극적으로 나서게 되었다. 이러한 대화들에서 인권이나 인간안보와 관련된 사안들은 지역적 협력과정에 있어 주요 의제로 다루어지고 있다.

정부 간 회의(Track I)방식에 속하는 동아시아의 다자협력체제로 ASEAN, ASEAN+3, ARF, APEC과 같은 기구를 들 수 있다. 동아시아지역 협력의 효시라 할 수 있는 ASEAN은 동남아시아가 평화, 자유, 중립의 지역임에 대한 공동인식을 제고하고 역내 경제협력 활성화를 통해 지역 내 사람들의 삶의 질을 향상시킨다는 목적 아래 1967년 창설되었다. 1997년 한국, 중국, 일본 등 동북아 3국의 정상들이 콸라룸푸르에서 열린 ASEAN 정상회의에 초청된 것을 계기로 연례화된 ASEAN+3 회의에서도 인권신장과 관련한 의제들이 비중있게 다루어지고 있다. 한편, ARF는 국가 간 신뢰구축 방법에 대한 논의를 증진시키고 예방외교를 통해 포괄적 안보를 촉진하기 위한 목적으로 창설되었다. 이와 같이 인권과 인간안보는 Track I 차원의 지역회의 및 다자협력이 진행되는 근간이 될 뿐만 아니라 중요한 의제로서 자리매김하고 있다.

이밖에도 비정부 간 회의(Track II)방식의 다자협력은 '공식적 정부 차원 외의 외교방법'을 의미한다. 이러한 외교는 정부에 소속되지 않은 전문가들이나 민간 자격으로 참석하는 공직자들로 구성된 대표들에 의해 정책에 대한 논의나 연구를 토대로 학문적 · 비공식적 포럼의 형태로 이루어진다. 일례로, 아시아태평양 안보협력이사회(CSCAP)는 상이한 행위자들 간에 정보를 교환하고 새로운 이해를 창출함으로써 상호 대화와 전통적 · 비전통적 안보협력을 가능하게 하는 것을 목적으로 하며, 이를 통해 아시아태평양 지역의 정부 간 안보 관련 논의를 촉진시키고 국가 간 신뢰구축에 기여하고자 노력한다. CSCAP 산하 '포괄적 협력안보 연구그룹'은 환경파괴, 경제불평등, 인권유린과 같은 비전통적 문제들이 국가안보 의제를 설정하는 데 있어 중요한 위치를 확보하는 경우가 늘고 있다고 설명하면서 포괄적 안보의 명확한 개념정의를 시도하였다. 또한 '동아시아 비전그룹(EAVG)'은 1999-2001년 동아시아 공동체 설립이라는 비전 실행에 필요한 구체적 안을 마련하기 위해 활동하였는데, 이 지역이 평화, 번영, 진보로 표현되는 진정한 지역공동체를 달성해야 함을 역설하였다. ASEAN+3 국가에서 각각 2명의 비정부적 대표들로 이루어진 EAVG 위원들은 2001년 11월 브루나이에서 열린 ASEAN+3 정상회담에 『동아시아 공동체를 향하여 : 평화, 번영, 진보(*Toward an East Asian Community : Region of Peace, Prosperity, and Progress*)』라는 보고서를 제출하였는데, 이 보고서는 동아시아 공동체 설립을 위해서는 경제, 정치, 안보, 환경, 사회, 문화, 교육을 포함하는 모든 사회 영역에서 지역적 협력을 달성하는 것이 필수적인 조건임을 강조하고 있다.[67] 협력을 향한 국가들의 이러한 다자적 수준의 노력은 국민 개개인의 권리, 안보, 복지를 보장하는 단계적 발전을 의미한다.[68]

지역 수준에서 대화를 진행하고 인간안보 이슈를 다루기 위한 세 번째 다자적 방안으로는 NGO의 역할이 강조되는 Track III적 방법이 있다. 이는 환경보호, 군비통제, 빈곤퇴치, 인권신장 등 일반 대중의 이익과 연관된 사안을 다루는 비정부기구 차원의 대화와 노력을 의미한다. 이러한 Track III 방법들은 국가적 또는 초국가적 기구들의 활동과 연계되어 실행될 수 있고, Track I이나 Track II 수준과 병행되어 진행될 수 있다. 한국과 대만의 환경론자들, 일본의 핵 반대단체와 여성단체들, 태국과 필리핀의 시민사회단체들, 그리고 중국의 농민연합 등 풀뿌리조직(grassroots organizations)이 Track III 활동의 몇 가지 예이다.[69]

6. 결론

21세기에 진행되고 있는 인간안보의 강화는 단순히 군사적 · 물리적 위협으로부터 안보를 보장하는 것과 구별되어야 한다. 동아시아는 외환위기를 통해 극심한 빈곤과 불법이민 등으로 인해 많은 사람들의 삶이 위태로운 상황에 빠지게 되는 것을 경험하면서 인간안보의 필요성을 절실하게 인식하게 되었다. 아직 대부분의 동아시아 국가들에서 인간안보라는 개념이 상대적으로 익숙지 않은 것이 사실이지만, 새로운 접근법이 요구됨에 따라 역내 국가들은 안보위협이 되는 많은 요소들을 보다 구체적으로 평가하고 인간안보를 포함하여 넓은 의미의 안보를 추구하도록 요구받고 있다.

더욱이 인간안보가 인권과 민주주의 문제 등을 다룸으로써 정치적으로 민감한 사안들에 대한 논의까지 촉진할 수 있다는 지적이 제기되면서 인간안보를 새로운 정치적 패러다임으로 등장시키려는 움직임이 나타났다. 이 지역의 정부들은 인권이나 민주화에 대한 개방된 다자적 논의는 꺼려하면서도 이러한 이슈들을 통합하여 다루는 인간안보에 대한 논의에는 지대한 관심을 보였기 때문이다.[70] 동아시아의 보수적인 정치세력들 역시 인간안보 개념이 아직 낯선 것이고 광범위한 측면을 지니고 있다는 우려에도 불구하고 인간안보 논의에 적극적으로 참여하려는 의지를 보이고 있다.

실제로 동아시아 국가들은 다양한 인간안보 문제를 다루는 데 있어 각자의 입장과 전략을 명확히 하기 위해 노력해 왔다. 이러한 변화는 단지 인간안보의 중요성에 대한 인식제고 때문만이 아니라, 관련 논의를 진전시키는 과정에서 어떤 위치를 선택하느냐에 따라 자국의 외교적 입지가 결정된다는 현실적 깨달음이나 전략적 계산에 의한 것이기도 하다. 예를 들면, 일본은 유엔안전보장이사회의 상임이사국 자리를 확보하기 위한 노력의 일환으로 인간안보 영역의 주도자 역할을 자임해 왔다.

동아시아지역에서 인간안보의 개념을 보편화시키고 현실적인 위협에 보다 효과적으로 대응하기 위한 글로벌 거버넌스 체제를 구축하는 데 있어 유엔 및 다른 국제적 · 지역적 다자기구가 어떤 역할을 수행해야 하는지에 대해서는 아직도 논란이 많다. 특히 인권이 국가 주권보다 우위에 서게 되는 상황을 정의할 수 있는 기준이 무엇인가에 대한 의문이 남아 있다. 또한 인간안보와 관련된 문제들은 국가 간 상호 의존성을 증대시키고 지방, 국가, 지역, 그리고 국제적 수준에서 다자적 · 다층적 · 다차원적 노력을 진행시키는 것을 필요로 하지만, 인간안보의 인식방법 및 실행방식에 대한 상충된 견해들로 인해 국가 간 긴장이 이어지고 있다. 인간안보의 도덕적 개념(무엇이 옳고 무엇이 그른가)과 규범적 개념(무엇이 행해져야만 하는가)이 절대적이고 불가침적인 국가 주권이라는 전제 하에 형성된 현재의 국제법과 관례를 얼마나 변화시킬 수 있을지는 아직까지 미지수이다. 그러나 보편적 가치를 거스르고 개인의 기본적 권리와 안전이 위협받는 상황에서는 국제법과 국제규범이 개입의 여지를 제공하고 확대하는 역할을 할 수 있을 것이라고 생각된다. 유엔이 인간안보 개념을 도입한 몇 가지 사례 중에는 오타와 대인지뢰금지 조약(Ottawa Landmine Ban Treaty) 체결, ICC 창설, 분쟁에 대한 인도적 개입의 증가, 국제인도주의법 강화, 소형무기의 통제 등이 포함된다.

요컨대, 인간안보의 글로벌 거버넌스 노력을 더욱 진전시키기 위해서는 국가주권이나 체제에 대한 위협 여부와 상관없이 어떠한 경우에도 국민의 안전이 가장 중요한 사안이라는 점을 개별국가들이 깨달을 수 있도록 국제사회의 접근이 이어져야 한다. 유엔기구, 지역기구, 국제 비정부기구들 간에도 보다 긴밀하고 체계적인 공조를 통하여 인간안보의 위협을 제거할 수 있는 효과적인 방안을 개발하는 노력이 필요하다. 유엔은 주권국가 내에서 발생하는 인권유린 상황을 감시 · 예측하는 인도주의적 조기경보체제를 개선함은 물론, 위기상황에 처한 사람들에게 인도주의적 원조를 증대하고 지속가능한 개발을 위한 기술적 · 경제적 지원과 더불어 개발도상국가에 대한 인권교육 확대 등 다양한 현실적 노력을 감행해야 할 것이다.

동아시아 국가들은 이와 같은 유엔의 노력에 경제적이고 행정적인 지원을 제공하는 한편, 지역 내에 '동아시아 인간안보 포럼'과 같이 인간안보 전문가들로 구성된 인식공동체(epistemic community)를 제도화함으로써 유엔의 활동을 지원할 필요가 있다. 이러한 공동체는 구성원들 간 수행되는 연구나 토론을 토대로 인간안보를 촉진하기 위한 규범이나 지침을 제시하고 지역에 적합한 활동계획이나 전략을 논의하는 장을 마련함으로써 국제사회 혹은 지역공동체가 추구할 보편적 가치와 안건을 제시할 수 있기 때문이다. 또한 동아시아 각국 정부들은 역내 다른 정부들과의 다자적 협력 및 유엔과의 협력강화를 통해 당면한 초국가적 인간안보 문제를 효율적으로 해결하는 한편, 인류보편적 가치를 강조하는 국제사회의 규범과 행동양식을 문화와 지역에 따른 동아시아 사회의 특수적 상황에 적절히 접목시키는 전략을 추구해야 할 것이다.

(논문접수일 4월 21일, 심사완료일 6월 7일)

주

1_ Jon Pierre and B. Guy Peters, *Governance, Politics and the State*(New York : St. Martin's Press, 2000) ; Susan Strange, *The Retreat of the State*(Cambridge : Cambridge University Press, 1996).

2_ 곽진영, "뉴 거버넌스와 주요 이슈 · 행위주체," 김석준 외, 『뉴 거버넌스 연구』(서울 : 대영문화사, 2000).

3_ 김석준 "거버넌스의 분석 틀 : 21세기 한국사회와 정치의 뉴 거버넌스 모색," 김석준 외(2000).

4_ James Rosenau, "Citizenship in a Changing Global Order," in James Rosenau and Ernst-Otto Czempiel(eds.), *Governance Without Government*(Cambridge : Cambridge University Press, 1992); B. Guy Peters and Jon Pierre, "Governance Without Government? Rethinking Public Administration," *Journal of Public Administration Research and Theory*, 8-2(1998), pp. 223-243.

5_ R. J. Rummel, 2001. Saving Lives, Enriching Lives : Freedom as a Right and a Moral Good <http://www.hawaii.edu/powerkills>.

6_ UNDP, *United Nations Development Programme Annual Report 2003 : A World* of Development Experience(New York : Oxford University Press, 2003).

7_ Shin-wha Lee, "Human Security in East Asia : The Role of the United nations and Regional organizations," *Korean Political Science Review*, Vol. 37, No. 4, 2003, pp. 317-342.

8_ 전(前) 타임지 편집장이자 현 칭화(清華)대 교수인 라모(Joshua Cooper Ramo)에 의해 명명된 이 원칙은 개개국가들의 독자적 가치를 존중하고 기존 삶의 방식을 유지하는 가운데 세계경제 체제에 편입되어야 한다는 입장을 통해 미국 주도의 세계질서 형성에 분명한 반대의사를 표명한다. 이러한 중국의 입장은 세계화로 인한 폐해들을 고려하는 데 있어 여러 시사점을 제공하면서 서구의 가치에 대항하는 유용한 수단이 되고 있다. 뿐만 아니라 이는 중국에게 특유의 '소프트파워'를 부여하며 근래 아프리카 및 남미 국가들과의 긴밀한 외교적?경제적 협력을 촉진시키는 원동력으로 작용하고 있다. 이신화, "워싱톤 컨센서스와 北京 컨센서스," 『조선일보』, 2006년 5월 13일, A31.

9_ Ramesh Thakur, "From National to Human Security," in Stuart Harris and Andrew

Mack(eds), *Asia–Pacific Security : The Economics–Politics Nexus*(Sydney : Allen and Unwin, 1997) ; UNESCO, "What Kind of Security? Towards a Culture of Peace," April 1998 ; Astri Suhrke, "Human Security and the Interest of States," *Security Dialogue*, Vol. 30, No. 3(September 1999); William T. Tow, Ramesh Thakur and In–Taek Hyun(eds), *Asia's Emerging Regional Order*(Tokyo : United Nations University Press, 2000); UNESCO, Inaugural Speech by the Director–General Koichiro Matsuura, First International Meeting of Directors of Peace Research and Training Institutes, Paris, November 2000 ; Sverre Lodgaard, *Human Security : Concept and Operationalization*(Oslo : Norwegian Institute of International Affairs, 2000) ; Amitav Acharya and Arabinad Acharya, "Human Security in the Asia Pacific : Puzzle, Panacea, or Peril?" *CANCAPS Bulletin*, November 2000 ; Amitav Acharya, "Human Security : East versus West," Working Paper, Singapore, Institute of Defense and Strategic Studies, 2001.

10_ 캐나다 외교통상부, "Freedom from Fear : Canada's Foreign Policy for Human Security (공포로부터의 자유 : 인간안보를 위한 캐나다의 외교정책)" <http://www.dfair–maeci.gc.ca/foreignp/humansecurity/menu–e.asp> .

11_ Jorge Nef(1999), "Human Security and Mutual Vulnerability : The Global Political Economy of Development and Underdevelopment," (Canada : International Development Research Centre).

12_ Gary King and Christopher Murray(2001–2002), "Rethinking Human Security" *Political Science Quarterly* 116, No. 4.

13_ Kanti Bajpai(2000), "Human Security : Concept and Measurement," *Occasional Paper* No. 10, OP. 1, The Joan B. Kroc Institute, University of Notre Dame.

14_ Shin–wha Lee, *Promoting Human Security : Ethical, Normative and Educational Frameworks in East Asia*(Paris : United Nations Educational, Scientific and Cultural Organization, 2004).

15_ Acharya and Acharya(2000), "Human Security in the Asia Pacific : Puzzle, Panacea, or Peril?" *CANCAPS Bulletin*, November.

16_ 이신화, "인간안보와 여성 : 인도적 위기상황 및 개발문제를 중심으로," 『국가전략』, 10–2(2004), pp. 121–157.

17_ Paul M. Evans, 2003, "Human Security and East Asia : What Place in an Illiberal Era and a Rough Neighbourhood?" 9월 2일 동아시아 학회와 북미 고르바쵸프 재단의 후원으로 개최된 '동아시아의 평화, 개발, 그리고 지역화를 위한 국제회의' 에서

발표된 논문.

18_ Shulong Chu, *China and Human Security*(Vancouver : Program on Canada-Asia Policy Studies, North Pacific Policy Paper #8, 2002).

19_ David Cohen, 2002. "Seeking Justice on the Cheap : Is the East Timor Tribunal Really a Model for the Future?" *Asia Pacific Issues. Analysis from the East-West Center*, No. 61.

20_ "말레이시아 인권위원회 : 목표와 과제," 1999년 10월 28일 콸라룸푸르에서 다툭 세리 스예드 하미드 빈 스예드 자파르 알바르(Datuk Seri Syed Hamid Bin Syed Jaafar Albar) 말레이시아 외무부장관의 연설. Capie and Evans 발췌(2002 : 144).

21_ 이 소견은 2000년 4월 8-9일에 걸쳐 콜롬비아 카르타헤나 데 인디아스(Cartagena de Indias)에서 개최된 13번째 비동맹국가 외무부장관 회의에서 알위 쉬하브(Alwi Shihab) 인도네시아 외무부장관에서 의해 제시됨, <http://sajo.itu.ch/missions/Indonesia/>.

22_ Amitav Acharya and Arabinda Acharya, "Human Security in the Asia Pacific : Puzzle, Panacea, or Peril?" *CANCAPS Bulletin*, November 2000.

23_ Paul M. Evans(2003), Ibid.

24_ 2000년 7월 20일 방콕에서 개최된 ASEAN 2020 회의 개회연설에서 수린 피수안(Surin Pitsuan) 태국 외무부장관은 지역적 경제침체 상황에서 인간안보의 개념과 사회적 안정망의 필요성 사이에 연결고리가 필요하다고 강조했다(Acharya and Acharya 2001).

25_ Neal A. Pollard, "Terrorism and Transnational Organized Crime : Implications of Convergence" <http://www.terrorism.com/terrorism/crime.html>.

26_ Protocol for the Prohibition of the Use in War of Asphyxiating, Poisonous, or Other Gases, and of Bacteriological Methods of Warfare(Geneva Protocol), <http://www.nti. org/e_research/official_docs/inventory/pdfs/geneva.pdf>.

27_ 이 협정은 세균무기금지협약(Biological and Toxic Weapons Convention, 1972년 비준)과 화학무기금지협약(Chemical Weapons Convention, 1993년 비준)의 기반을 마련하였다.

28_ 말레이시아, 브루나이, 인도네시아와 같은 국가들은 이슬람 국가이고, 태국, 싱가포르, 필리핀 등은 주목할 만한 회교도 인구를 가지고 있다.

29_ 한국의 경우 미국의 일방주의적 외교정책을 비판하면서 비대칭적인 동맹관계를 재고해야 한다는 목소리가 높은 반면, 일본은 미일 군사동맹을 더욱 강화하는 실질적 조치들을 취하고 있는 것도 이러한 차이에서 비롯되는 것이라 하겠다.

30_ 실제로 극단론자들은 동남아시아지역을 장악하였고, 이 지역은 '이미 테러리즘의 온상'이라는 악명을 얻었다. "The War on Terror : When Local anger Joins Global Hate" 참조. The Economist, 2002년 10월 17일, <http://www.economist.com> .

31_ *U.S. Department of State, Country Reports on Human Rights Practices*–2002 (Washington DC : The Bureau of Democracy, Human Rights, and Labor, 2003).

32_ "Human Trafficking : Asia's Persistent Tragedy," Asia Times, 2002년 10월 10일, <http://www.atimes.com/atimes/>.

33_ UNIFEM에 의하면 일본에는 아시아에서 가장 큰 여성 성산업시장이 형성되어 있고, 주로 태국과 필리핀 출신의 10만 명이 넘는 여성을 수용하고 있다고 한다. "Human Trafficking : Asia's Persistent Tragedy," Asia Times, 2002년 10월 10일, <http://www.atimes.com/atimes/ > 참조.

34_ "The Asian Region Initiative Against Trafficking (ARIAT) in Women and Children," <http://www.humantrafficking.org/about/ariat.huml> .

35_ UNAIDS/WHO, AIDS Epidemic Update 2005 <http://www.unaids.org/epi/2005/doc/report_pdf.asp> .

36_ UNAIDS/WHO (2005).

37_ UNAIDS, "Epistemological Fact Sheets 2004 : China," <http://data.unaids.org/Publications/Fact-Sheets01/china_EN.pdf> .

38_ "WHO Warns of Resurgence of SARS, Other Diseases," Reuters, 2003년 9월 8일 <http://news.yahoo.com/news?tmpl=story2&cid=840&u=/nm/>.

39_ "East Asian Countries Now Fully Armed to Battle SARS," AFP, 2003년 9월 9일, <http://story.news.yahoo.com/news?tmpl=story&u=/afp/20030909/지_asia_afp/health_sars_asia_030909082040> .

40_ "ASEAN Countries Join Effort to Combat SARS," World News, 2003년 6월 10일, <http://www.vov.org.vn/2003_06_10/english/chinhtri2.html/>.

41_ 2006년 1월까지 조류독감으로 인한 사망자는 동아시아에서만 발생했다. "First human bird flu deaths outside East Asia," New Scientist, 2006년 월 5일, <http://www.newscientist.com/article.ns?id=dn8537> .

42_ "WHO : Bird Flu Kills Five Indonesians," AP, 2006년 5월 17일, <http://hosted.ap.org/dynamic/stories/I/INDONESIA_BIRD_FLU?SITE=NYROR&SECTION=HOME&TEMPLATE=DEFAULT> .

43_ 현인택, 김성한, "인간안보와 한국외교," 『IRI 리뷰』, 5-1 (2000/2001).

44_ 지난 30년간 미 국방부의 군사전략 수립에 종사해 온 국방부 자문관 앤드루 마셜

의 책임아래 진행된 것으로 알려진 이 펜타곤 보고서는 2020년까지 전 지구적 차원의 이상고온과 이상저온 현상으로 인해 세계 곳곳이 대가뭄, 대홍수, 기근, 폭동, 전쟁이 이어지는 무정부상태에 빠질 것이라 경고하고 있다. 특히 기후변화는 총을 겨눌 상대가 있는 것도 아니고 인간에게 완벽한 통제능력이 있는 것도 아니기 때문에 더욱 더 심각한 문제라고 역설하고 있다. "Now the Pentagon Tells Bush : Climate Change Will Destroy Us," Observer, 2004년 2월 22일, <http://observer.guardian.co.uk/print/0,3858,4864237-102275,00.html>

45_ Peter Chen, "Water and Food Shortages Pose Security Threat to Asia," <http://www.taiwan.com.au/Soccul/Services/Health/China>.

46_ 인도네시아, 일본, 몽고, 한국은 자유로운 국가에, 말레이시아, 필리핀, 싱가포르, 태국은 부분적으로 자유로운 국가에, 브루나이, 캄보디아, 중국, 라오스, 북한, 베트남은 자유롭지 않은 국가에 포함되었다(미얀마는 자료 없음). Freedom House, Freedom in the World 2006, <http://www.freedomhouse.org/uploads/pdf/Charts2006.pdf>.

47_ Freedom House(2006).

48_ Monty Marshall and Ted Gurr, Peace and Conflict 2005(College Park, MD : Center for International Development and Conflict Management, 2005).

49_ Monty Marshall and Ted Gurr(2005).

50_ Asia Pacific Bulletin, 2002.

51_ 세계은행은 동아시아에서 중국(5%), 몽고(36%), 인도네시아(27%), 캄보디아(36%), 라오스(39%), 말레이시아(16%), 필리핀(38%), 태국(13%), 베트남(51%)의 빈곤하한선 아래의 인구비율을 제시한다(2005년 보고서에서 한국, 북한, 일본, 브루나이, 미얀마, 싱가포르의 빈곤하한선 아래 인구자료는 누락). Worldbank, World Development Report 2005(Washington DC : World Bank, 2004) 참조.

52_ Global Information and Early Warning System on Food and Agriculture, *Food Outlook*, No. 3, Rome, July 2002.

53_ Bread for the World, *Hunger Report 2002*(Washington DC : Bread for the World and Bread for the World Institute, 2002).

54_ World Bank(2004).

55_ Bread for the World(2002).

56_ 2002년 6월 북경에서 개최된 동아시아 농업기술과 협력 포럼에서 FAO 대표 가말 모하메드 아메드(Gamal Mohamed Ahmed)의 연설 중. 샤오 후안신(Shao

Huanxin) 인용, "East Asia ponders farming issues" China Daily, 2002년 6월 26일, <http://www1.chinadaily.com.cn/cndy/2002-06-26/75284.html>

57_ 이 외에도 '모든 형태의 인종차별 철폐에 관한 국제협약' (1966), '여성에 대한 모든 형태의 차별 철폐에 관한 협약' (1979), '고문 및 그밖의 잔혹한, 비인도적인 또는 굴욕적인 대우나 처벌의 방지에 관한 협약' (1984), '아동의 권리에 관한 협약' (1989), '모든 이주노동자와 그 가족의 권리 보호에 관한 국제협약' (1990)이 대표적인 국제인권법이다. 자세한 사항은 Office of the High Commissioner for Human Rights(OHCHR), <http://www.ohchr.org/english/ >을 참조.

58_ 인권위원회는 유엔 회원국가들 중 지역적 안배를 고려하여 선출된 53개국 정부 대표들로 이루어지고, 그 산하기구인 인권소위원회는 26명의 민간전문가들로 구성된다. 자세한 사항은 OHCHR, <http://www.ohchr.org/english/ >을 참조.

59_ ICC는 상설기구라는 점에서 한시적 기구인 구(舊)유고전범재판소(ICTY)나 르완다 국제전범재판소(ICTR)와는 구별되며, 개인의 범죄를 다룬다는 점에서 국가 간 분쟁을 다루는 국제사법재판소(ICJ)와도 다르다. 미국 부시 행정부는 세계 분쟁지역에서 활동 중인 미군 장병들이 정치적 목적으로 기소되거나 미국 시민들이 불공정하게 목표물이 될 수 있다는 이유 등으로 ICC 창설에 반대해 왔다.

60_ Voice of America, "유엔, 새 인권이사회 47개 초대 이사국 선출-한국도 이사국 진출," <http://voanews.com/korean/2006-05-10-voa8.cfm> .

61_ 유엔난민고등판무관(UNHCR)은 1954년과 1981년 두 차례에 걸쳐 수상하였고, 유엔아동기금(UNICEF)은 1965년, 국제노동기구(ILO)는 1969년, 유엔평화유지활동(UNPKO)은 1988년, 그리고 코피 아난 유엔사무총장과 유엔이 공동으로 2001년에 각각 수상하였다.

62_ WFP, 2002, "Food Security : Overview," Country Brief Korea(DPR), ibid.

63_ World Food Programme, "World Hunger-Korea(DPR)-Food Security : Overview," July 23, 2004, <http://www.wfp.org/country_brief/indexcountry.asp?country=408> .

64_ UN Peacekeeping Department, "United Nations Transitional Administration in East Timor(UNTAET)," <http://www.un.org/peace/etimor/etimor.htm> .

65_ The Ministry of Foreign Affairs of Japan, "Chronology of activities related to Human Security by the Japanese Government," <http://210.163.22.165/policy/human_secu/chronology.html> .

66_ Paul M. Evans, 2003, "Human Security and East Asia : What Place in an Illiberal Era and a Rough Neighbourhood?" 9월 2일 동아시아 학회와 북미 고르바쵸프 재단의 후원으로 개최된 '동아시아의 평화, 개발, 그리고 지역화를 위한 국제회의' 에서

발표된 논문.

67_ 이 부분은 저자가 EAVG 자문위원으로 활동하면서 얻은 내용이다.

68_ East Asia Vision Group, *Towards an East Asian Community : Region of Peace, Prosperity and Progress*(Seoul : EAVG, 2001).

69_ David Capie and Paul Evans, *The Asia–Pacific Security Lexicon*(Singapore : Institute of Southeast Asian Studies, 2002).

70_ Amitav Acharya, "Human Rights in Southeast Asia : Dilemmas of Foreign Policy," *Eastern Asia Policy Papers* no. 11 (Toronto : University of Toronto ? York University Join Centre for Asia Pacific Studies, 1995).

3

세계정치와 동북아 안보 :
중 · 일 갈등을 통해 본 균형과 간극

박인휘(이화여자대학교 국제학과)

* * *

동북아 안보는 글로벌 수준의 안보 논의와 일정한 수준에서 유사성과 차별성을 보인다. 미국의 패권적 영향력, 세계 자본주의 체제에서의 분업적 기능, 미국 중심의 군사 네트워크 등은 유사성의 대표적인 예이고, 중국의 부상과 이에 따른 세력균형의 변화, 글로벌 테러리즘에 대한 차별적인 위협의식, 전근대 · 근대 · 탈근대 문제의 공존 등은 차별성을 보여주는 대표적인 사안들이다. 안보부재(insecurity)에 대한 인간해방의 추구, 폭력에 대한 절대 자유 등을 중심으로 한 안보연구의 외연적 확대와 함의의 변화는 다분히 유럽을 중심으로 안보연구의 활성화를 견인하였지만, 동북아의 경우 앞으로 상당 기간 동안에도 전통적인 안보논의 구조로부터 자유롭지 못할 것으로 전망한다. 중국과 일본 간 역내 전략적 경쟁은 동북아 전통 안보논의 한가운데에 위치한다. 중 · 일 경쟁의 특수성은 글로벌 안보논의와 동북아지역 안보논의를 차별화시키면서 동시에 적절한 균형을 유지토록 만드는 동북아 '안보복합체(security complex)'의 압축적인 표현으로 기능하고 있다. 최근에 더욱 두드러지게 발견되는 미 · 일 안보동맹의 강화와 중국의 군사현대화 가시화는 두 세력 간 경쟁을 통한 동북아 안보질서 파괴 가능성까지 점치게 만들고 있는 현실이다. 하지만 중국과 일본의 현재 군사력에 대한 객관적 분석 및 두 국가의 군사안보전략에 대한 평가는 앞으로 적어도 20–30년의 기간 동안에는 물리적인 직접 충돌을 회피할 것이라는 진단을 가능케 한다.

주제어 : 동북아 안보 딜레마, 세력균형, 세력극대화, 중국의 부상, 책임전가이론, 미일동맹

1. 머리말

냉전종식 이후의 탈냉전기와 9·11 이후의 소위 탈-탈냉전기를 거치면서 동북아는 국제사회의 가장 핵심적인 안보현안으로 등장하였다. 과거 미·소 대결종식 직후 서구문명적 관점에 뿌리를 맞대고 있는 관점에 의하면 동북아는 제도주의의 저발전, 효율적인 리더십의 부재, 국가 행위자 간 구조적인 차이의 심화 등으로 인해 역내 국가들 간 평화로운 국제관계를 이룩하기가 어렵다고 진단한 바 있다.[1] 동북아에 대한 이러한 부정적인 시각은 현 시점까지 크게 변하지 않고 있다. 다양한 분석의 수준과 대상들이 혼재하고 있음을 인정하고, 이러한 부정적인 시각은 중국의 부상, 일본의 군사강대국화, 한반도 및 대만문제의 불안정성, 미국의 지속적인 전략적 개입, 역내 특정 지역의 정치적 소용돌이 등을 그 구체적인 내용으로 한다.[2]

최근 10여 년 동안의 동북아 국제관계 연구에서 우리는 대체로 두 가지 중요한 결함을 발견하게 된다. 하나는, 동북아 역내 세력변화에 대한 분석이 다분히 객관적 분석을 간과한 예언적 차원의 전망에 그치고 있다는 점이다.[3] 여러 가지 제약요인이 존재함을 인정할 수는 있지만 그렇다 하더라도 객관적인 분석과 설명을 전제로 한 전망이 필요하다고 본다. 둘째는, 글로벌한 수준의 분석틀이 별다른 여과장치 없이 동북아 차원에 그대로 적용된다는 것이다.[4] 다시 말해, 글로벌 정치와 동북아 역내 정치 사이에는 일정한 유사성과 또 동시에 일정한 개별성이 존재하기 마련인데, 이러한 현상은 비단 동북아지역뿐만이 아니라 다른 지역 정치에도 보편적으로 발견되는 원칙일 것이다. 물론 동북아 국제관계 분석의 경우, 중국의 부상과 이와 관련한 미 · 중 미래 시나리오가 핵심 내용을 이루고 있어서 글로벌 수준의 분석틀이 범용되는 것이 일견 당연하다고 볼 수는 있지만, 그렇다고 하더라도 동북아지역 고유의 소위 "지역안보복합체(regional security complex)"에 대한 충분한 설명은 병행되어야 할 것이다.

물론 탈냉전기 안보연구와 그 이전 시기의 연구와 분석틀 및 분석대상에 있어서 다분히 차별적인 것은 주지의 사실이다. 특히 '안보부재(insecurity)'에 대한 인간해방의 추구, 폭력에 대한 절대 자유 등을 중심으로 한 안보연구의 외연적 확대와 함의의 변화는 다분히 유럽을 중심으로 안보연구의 급속한 발달을 견인하여 왔다.[5] 하지만 동북아의 경우는 앞으로 상당 기간 동안에도 전통적인 안보논의 구조로부터 자유롭지 못할 것으로 전망한다. 인간안보, 환경안보 등을 중심으로 한 비전통적인 안보연구에 대한 관심은 향후에도 지속적으로 증대하겠지만, 소위 현실주의 계열에서 설명하는 전통적인 안보위협을 중심으로 한 지역 안보구조의 통합성은 동북아지역에서 두드러지게 발견될 것으로 보인다.

이런 관점에서 동북아 안보구조와 글로벌 안보구조 간 차별성과 유사성에 대한 설명은 논의의 출발점으로서 매우 의미 있는 분석적 관심이라고 본다. 미국의 패권적 영향력, 세계 자본주의 체제에서의 분업적 기능, 미국 중심의 군사 네트워크 등은 유사성의 대표적인 예이고, 중국의 부상과 이에 따른 세력균형의 변화, 글로벌 테러리즘에 대한 차별적인 위협의식, 전근대 · 근대 · 탈근대 문제의 공존 등은 차별성을 보여주는 대표적인 사안들이다. 중국과 일본 간 역내 전략적 경쟁은 동북아 전통 안보논의 한가운데에 위치한다. 이와 관련하여 흥미로운 사실은 중・일 경쟁의 특수성이 글로벌 안보논의와 동북아지역 안보논의를 차별화시키면서 동시에 적절한 균형을 유지토록 만드는 동북아 '안보복합체(security complex)'의 압축적인 표현으로 기능하고 있다.

본 논문의 목적은 이상과 같은 문제의식에서 출발하여 중국과 일본 간의 전략적 대결에 대한 객관적인 진단과 궁극적으로 이것이 한국의 안보에 가지는 함의를 밝히는 것이다. 논문의 구성은 우선 경쟁관계에 있는 국가 간 충돌과 관련한 국제관계의 주요 개념들을 소개하도록 하겠다. 이를 바탕으로 중국과 일본의 군사적인 능력, 대결양상, 미래 충돌 가능성 등을 가능한 한 객관적으로 검증할 것이다. 마지막으로 이러한 분석 및 전망을 토대로 구체적인 미래 시나리오를 제시한 후 이것이 한반도 안보에 미치는 함의에 대해서 설명하고자 한다.

2. 동북아의 경쟁과 충돌 : 이론과 정체성

1) 동북아의 패권경쟁과 안보 딜레마

중국과 일본 간의 전략적 각축 및 미래 충돌에 대한 구체적인 분석에 앞서 경쟁관계에 있는 두 국가는 어떠한 국제정치적 조건 하에서 서로 물리적인 충돌로 이어지는지에 대한 개념적인 설명이 선행되어야 할 것이다. 여기서는 본 연구주제와의 직접적인 관련성을 전제로 국제정치의 중요한 몇 가지 개념적 지표(conceptual index)들을 정리해 보고자 한다.

제2차 세계대전의 종식 및 냉전구조의 전개와 함께 정착된 현대 동북아 국제관계는 미 · 중 · 일 3국 간 세력관계를 핵심으로 한다.[6] 미국은 역내 국가가 아님에도 불구하고 패권적 지위의 동북아적 확장이 이 지역 냉전구조의 심화와 맞물리면서 동북아의 가장 중요한 행위자로서의 지위를 확보하였다.[7] 하지만 90년대 이후 냉전 종식과 함께 미국 영향력의 상대적인 감소는 결과적으로 동북아 국제관계의 불안정성을 초래하는 중요한 요인으로 지적되고 있다. 각론 부분에서는 다소 차이가 있지만 대체로 안보 전문가들은 미국 영향력의 상대적 감소로 인해 발생하는 힘의 공백을 중국과 일본이 경쟁적으로 메울 것으로 전망한다.

이러한 배경에서 첫째, "무정부성"을 전제로 한 국제정치학적 분석에서 개별국가는 과연 얼마만큼의 힘을 확보하여야 자국은 안전하다고 생각할 수 있을 것인지, 더 나아가 최소한의 국가안보를 포함하여 자국이 만족하다고 느낄 만한 수준의 국력의 크기는 어느 정도인지 등의 문제를 판단하는 것은 지난한 과제이다. 여기에는 두 가지의 질문이 공존하고 있는데, 하나는 무정부적 질서에 놓인 국가 행위자는 국가들 간 힘의 분포가 어떠한 상황을 안전한 질서로 인식하느냐의 문제이고, 다른 하나는 그러한 질서를 확보하기 위해 개별 국가는 어떠한 노력을 기울이느냐의 문제이다. 이러한 질문을 현실적인 언어로 옮겨보면 상대적으로 보다 안정적인 국제안보 질서가 특정 세력 간 "세력균형"을 통해서 이루어지느냐 혹은 특정 개별세력의 "세력 극대화"를 통해서 이루어지느냐의 질문의 다름 아니다.[8]

개별국가가 세력균형정책을 추구할 것인지 혹은 세력극대화정책을 추구할 것인지의 논의는 전통적인 안보 딜레마 함의를 넘어서는 지정학적 특수성, 글로벌 헤게모니와의 관계, 국제정치적 힘의 분산양태, 세력확장 기회에 대한 해석 등의 요소를 결합한 복잡한 외교정책적 고민의 결과이다. 특히 동북아의 경우 미국이 오랫동안 세력균형자적 역할을 담당하였던 점, 21세기적 국제안보환경 하에서 미국과 일본이 지속적으로 동맹강화를 천명하고 있다는 점, 그리고 중국과 일본은 해양분쟁을 포함한 다양한 형태의 국경분쟁을 경험하지만 글로벌 수준의 헤게모니인 미국은 지리적으로 이들 국가와 멀리 떨어져 있다는 점 등을 고려한다면 상대적으로 '세력균형' 정책에 더욱 관심을 가질 것으로 전망된다.

둘째, 글로벌 정치와의 '연계성' 및 '독립성'이라는 관점에서 동북아지역적 차원에서의 지역 헤게모니가 가능할 것인가를 생각해 보자. 소위 "공격적 현실주의자(Offensive Realist)"들의 주장에 의하면, 특정 국가가 명백한 수준의 핵우위를 점하지 않는 한 완전한 의미의 글로벌 헤게모니는 존재할 수 없다고 설명한다.[9] 이러한 주장에 의하면, 모든 헤게모니 추구세력은 지역적 수준이라는 한계를 가질 수밖에 없다는 것이다. 한편, 분석의 시각을 조금 달리해 보면 세계화, 정보화, 제도화라는 오늘날의 일반적 추세는 글로벌 수준의 헤게모니적 영향력과 지역적 수준의 헤게모니적 영향력 간의 구분을 무의미하게 만들기도 한다는 주장이 있다.[10] 동북아적으로 해석하면 동북아 국가들 간 세력관계는 중국 혹은 일본으로 대표되는 지역 헤게모니 국가보다는 글로벌 패권인 미국에 의해서 결정짓게 될 것이라는 설명이다. 결국 이러한 설명들을 종합해 보면 중국과 일본이 미래의 어느 시점에서 헤게모니를 추구한다고 하더라도 유일한 글로벌 수준의 패권세력인 미국의 존재로 말미암아 지역적 성격에 머무르게 될 가능성이 크다. 이와 동시에 힘이 클수록 스스로의 세력을 더욱 확대하고 싶은 욕구에서 벗어나기 어렵다는 주장과 일정한 힘을 확보한 이후 더 이상의 모험은 스스로 자제하게 된다는 주장 사이에서 중국과 일본의 국가이익과 외교정책은 최적의 선택을 위해 끊임없이 고민할 것이다.[11]

셋째, 성장하는 잠재 지역 헤게모니의 세력확장 의지를 제어해 줄 지역적 혹은 국제적 차원의 제어장치가 존재하는가의 문제이다. 물론 고전적인 설명들에 의하면 기존 헤게모니 국가와의 균형 혹은 패권쟁탈 전쟁을 통해 새로운 강대국의 지위가 결정될 수 있지만, 역사적인 사례들을 살펴보면 과거 패권을 추구하였던 국가는 '세력균형(balance of power)' 보다는 상대적으로 지속적인 '세력확장(power maximization)'을 추구한 사례가 더 많다. 이 과정에서 지역적 차원의 제어장치가 성공한 사례도 있고 실패한 사례도 있음을 알 수 있다. 제1 · 2차 세계대전 직전의 독일 · 이태리 · 구소련 · 일본 등은 일정한 수준의 권력에 만족하기보다는 지속적으로 세력확장을 추구한 사례들을 보여주고 있다.[12] 특히 이와 관련한 유럽과 동아시아와의 비교는 의미 있는 대비를 보여주고 있는데, 유럽의 경우 오랜 산업화의 역사를 경험한 유사한 경제력의 국가들 간에 자연스럽게 지정학적 차원의 상호 억지력이 작용하였음을 알 수 있다.[13] 상호 중층적으로 얽혀 있는 국경, 서로 앞서거니 뒤서거니 하면서 경쟁한 자본주의 역사, 과학기술 수준의 일정한 균형 등은 자연스럽게 지역 자체의 세력균형을 확보하게 해주었고, 결국 이러한 전통이 오늘날의 유럽공동체 실험을 가능케 해주고 있는 중요한 원인이라고 본다.

하지만 동아시아의 경우 일본은 오랜 기간 동안 거의 유일하게 선진 산업화를 이룩한 국가였고, 향후의 중국 근대화 프로젝트가 성공한다면 중국과 일본은 동아시아에서 거의 유일한 맞대결 국가로서 존재하게 될 것이다. 따라서 지역 자체 차원의 세력확장 억지장치가 효과적으로 작동하지 않는다고 보아야 한다. 동아시아의 이러한 특징은 더 나아가 국제관계 제도화 저발전의 주요한 요인으로 지적될 수 있다. 제도주의 저발전의 구조적 요인, 문화적 요인, 역사적 요인 등을 종합적으로 고려해 볼 때, 동아시아에 일정한 외연의 제도주의가 정착된다고 하더라도 중국과 일본의 경쟁을 효과적으로 제어하기에는 한계가 있을 것으로 전망된다.[14)]

마지막으로, 중국과 일본의 전략적 경쟁이 심화되고 해양문제, 대만문제, 북한문제, 에너지문제 등 다양한 요인에 의해 전쟁이 발발하게 된다고 가정해 보면 전쟁의 조건과 국제정치적 구조의 특성 간에는 어떠한 상관관계가 있는지 생각해 볼 필요가 있다. 힘의 분배구조는 통상 '일극', '양극', '안정적인 다극', '불안정한 다극' 등으로 구분된다. 현 국제정치 힘의 분배구조는 불안정한 단-다극체제로 이해할 수 있을 것이다. 미국의 군사력을 정점으로 한 단극적 우위와 하위 정치영역에서의 유럽, 중국, 일본 등 차서(lesser) 이등 국가들 간의 불안정한 다극체제가 유지되고 있다고 보여진다. 이러한 체제적 특성은 당분간(2030년) 지속될 것으로 전망되는데, 중국 혹은 일본의 부상이 미국이라는 군사안보적으로 일극적 패권을 포함한 균형적인 다극체제에서는 상대적으로 효과적인 방법에 의해 맞균형(counter-balancing)세력의 제어를 받게 되겠지만, 작금의 경우처럼 힘의 불균형이 발견되는 다극체제에서는 맞균형의 주체가 결국 군사적 우위를 보유하고 있는 미국의 몫으로 고스란히 돌아갈 가능성이 크다. 이러한 배경에서 소위 "책임전가이론(buck-passing theory)"이 최근 일군의 학자들에 의해 설득력을 얻고 있는 것으로 보인다.[15] 물론 여기에도 보다 정교한 수준의 이론적 분석이 요구되는데, 예를 들어 중국이 공세적인 강대국화 정책을 추구하고 일본이 여기에 방어적으로 대응하는 수세적 강대국화 정책을 채택할 경우, 일본은 자력에 의한 대중국 맞균형(counter-balancing) 추구 정책과 미국으로의 포괄적 책임전가 정책 사이에서 어떠한 비율로 적절한 타협점을 찾을 것인가가 중요한 문제로 대두될 것이다.

2) 중국과 일본의 국가성과 동북아 안보

한편 중국과 일본 간 전략적 경쟁은 두 국가가 지금까지 국제관계 속에서 보여온 국가 정체성을 통해 설명될 수 있다. 국제정치학이 가지는 대표적인 학문적 속성 중의 하나를 "사건 선도적(event-driven)" 분석이라고 보았을 때, 중국과 일본의 강대국화 양상 및 그에 대한 상호 간의 대응전략을 정확하게 진단한다는 것은 지난한 일이다. 이런 배경에서 두 국가가 지금까지 보여온 국가 정체성은 미래를 전망하는 유용한 근거가 될 것인데, 즉 '경로의존적(path-dependent)' 설명이 도움이 될 것이라는 설명이다. 우선 중국의 경우, 주지하는 바 1990년대 이후 국제사회에 '협조적(Cooperative)'으로 기여하고 있다는 전망과 동시에 전형적인 '수정주의(Revisionist)' 성향의 국가라는 전망이 팽팽히 맞서고 있는 실정이다.[16] 전자의 시각에 의하면 중국은 특히 동아시아 국제관계에서 다양한 양자적 · 다자적 외교관계의 시도를 통해 국제사회의 규범과 법칙들을 준수하고자 노력하고 있다고 설명한다.

구체적으로 중국은 97-98년 동아시아 금융위기 당시 보여준 강대국으로서 책임감 있는 모습, ARF, ASEAN+3, 상하이협력기구(SCO) 등을 통해 동아시아 제도화에 적극 기여하는 모습, 북핵문제 등 역내 문제의 중재자로 적극 개입하는 모습 등은 전형적인 국제사회의 협조자적 위상으로 평가되어야 한다는 주장이다.[17] 특히 일반적인 추측과는 달리 미국, 일본, ASEAN, 인도 등의 국가들과 다양한 차원에서 협력의 수준을 높여가고 있는데, 협력의 수준이 증가하면 불가피하게 관련국들과의 마찰이 생기기 마련인 것이지, 일부 단편적인 현상들을 가지고 중국을 수정적 헤게모니로 간주하는 것은 바람직하지 못한 전망이라고 강조한다. 사실 1945년 이후 중국의 외교안보적 대외관계를 분석해 보면 한 가지 분명한 사실을 발견할 수 있는데, 중국은 어느 국가보다도 국제정치환경에 순응적이었다는 점이다.[18] 결과적으로 중국에 대한 이러한 평가는 중국을 상대하는 관련 국가들의 대중국 이미지 및 정책의 변화를 추구하여 궁극적으로 안정적인 동북아 국제관계를 정착시킬 수 있을 것이란 설명이다.

이와 상반된 입장에서 중국의 성장을 평가하는 사람들은 위의 동일한 현상들이 결과적으로 동북아의 현상유지 타파로 이어진다고 주장한다. 일부 현실주의 학자들은 '현상유지 편집증'에 경도되어 있는 경향을 보이긴 하지만, 중국의 부상과 관련하여서는 특히 과거 독일의 성장을 사전에 효과적으로 관여하지 않았던 결과가 치명적인 세계전쟁으로 이어졌다고 지적하면서, 언젠가는 중국이 자국의 국익 극대화를 위한 수정주의적 정책을 적극 추구할 것으로 보고 있다.[19] 다만 현재 중국은 철저한 손익계산의 결과로서 향후 15-20년 동안 경제성장이 일정한 궤도에 오를 때까지 국제정세에 순응하는 것일 뿐, 이러한 계획이 순조롭게 진행된 이후 국제정치 질서를 자국 중심으로 변화시키기 위해 적극 시도할 것으로 전망한다.

한편, 일본의 경우 국가 정체성과 관련한 논란은 적어도 두 가지 관점에서 다루어져야 할 것이다. 우선, 일본 국내적으로 '반군사문화(anti-militarism)'가 성공적으로 정착하였느냐의 문제이다. 90년대 중반 이후 일본이 추구하는 일련의 정상국가화 시도들은 보기에 따라 주변국에게 안보위협으로 인식될 수도 있는데, 이를 반박 혹은 변론하기 위해 등장하는 주요 주장이 바로 제2차 세계대전 이후 일본에 정착되었다고 간주되는 '반군사문화'이다.[20] 결론적으로 얘기하면 요시다 독트린 이후의 반군사문화는 국제정치적 환경의 변화에 따라 시기적으로 상이한 평가를 받는다. 우선 동북아 국제관계가 정착되고 데탕트가 시작되기 전인 소위 동북아 국제관계 제 1기 동안에는(1970년대 이전) 일본 안보정책에서 반군사문화가 두드러지게 발견된다. 하지만 이러한 전통은 1970년대 후반 이후에 들면서 상당히 상이한 국면으로 접어들게 되는데, 대표적으로 1970년도에 약 70억 달러에 머물던 일본의 군사비 지출은 10년 뒤인 1980년에 약 180억 달러에 이르게 된다. 다양한 배경요인이 있을 수 있겠지만, 일본이 인식한 소련 위협의 증가 및 자국 스스로의 군사력 확보에 대한 필요성 증대 등이 결합한 것으로 이해된다.[21]

이러한 시대적 변화에 따른 가변성은 일본의 대미국 안보관계에서 보다 분명하게 나타난다. 즉, 일본의 대미국 안보의존도 변화와 일본의 반군사문화 부침 사이에는 일정한 상관관계가 발견된다. 70년대 이전 상대적으로 자국이 안전한 국제환경에 놓여 있다고 판단하였을 시절에는 반군사문화의 사회적 정체성이 두드러지게 발견되어 미국에 안보를 적극 의지하였다. 반면, 70년대 이후 안보위협에 대한 위기의식이 고조되었을 때는 미일동맹의 상위 틀 아래서 일정한 군사력 확보를 위해 노력하게 된다. 한편, 80년대 후반부터 90년대 초반 사이 일본의 총 군사비 지출은 급속히 증가하였는데, 이러한 변화 역시 냉전종식기라는 국제안보 환경 불안에서 유래하였다기보다는 미국의 대일본 위기감의 고조에서 비롯된 반작용의 하나로 해석할 수 있을 것이다. 그러다가 95년 이후로 일본의 군사비 지출 규모는 일정한 수준에서 안정화되는데, 여기에는 이미 일본 군사비 지출의 절대액수가 엄청난 규모로 증가하였기 때문인 것으로 풀이된다. 미 · 일 관계라는 변수에 초점을 둔다면 냉전종식기를 전후로 한 미일관계의 위기의식이 상당 부분 해소되고 새로운 동맹 정체성을 확보하였다는 점에 주목할 필요가 있다.

3. 중국, 일본의 군사강대국화 : 현실과 평가

1) 중국의 군사력과 안보전략

우선 동북아의 최대 균형자(balancer) 역할을 담당하고 있는 미국을 중심으로 살펴보면 미국의 대동북아정책은 무엇보다도 중국을 세계경제 체제에 안정적으로 편입시킴과 동시에 중국의 '전략적 열망'을 적절히 억제하는 것을 목표로 삼고 있다. 이런 차원에서 미 · 중관계는 안정적 요인과 불안정 요인이 병존하고 있으며, 향후 양국관계는 이들 요인 간의 균형 여부에 의해 결정될 것이다. 미국의 입장에서 볼 때 중국의 대미교역, 기술이전 및 미국 시장에의 의존, 국제체제로의 점진적 통합 등이 안정적 요인인 반면, 중국 정권의 권위주의적 성향, 중국 내 민족주의 증대와 대만 복속의지는 불안정 요인이라고 할 수 있다.

미국 행정부는 대중 협력기조를 유지하되 중국이 넘어서는 안 될 한계선(redlines)을 설정하고, 이를 중국이 넘지 않도록 유도하는 정책을 펼 것이다. 부시 행정부는 '하나의 중국' 원칙에 입각하여 기존의 협력기조를 유지해 나갈 것이나, 중국이 대만을 위협하지 않도록 대만방위에 힘쓰고 중국의 군사적 확대를 저지하는 경쟁적 관계를 병행추진할 것이다. 미국의 고위관료들은 "하나의 중국정책"에는 앞으로도 변화가 없을 것이라고 거듭 강조하고 있다. 그럼에도 불구하고 중국이 현재와 같은 상태를 계속 유지할 경우, 미국에게는 도전적 행위로 받아들여질 것이라는 점을 동시에 밝히고 있다. 한마디로 중국의 행동 여하에 따라 미 · 중 관계가 적대관계가 될 수도 있다는 점을 시사하고 있는 것이다.

특히 주목해야 할 부분은 9 · 11테러 이후 미 · 중 간 국제공조체제가 효과적으로 작동하고 있다는 점이다. 물론 여기에는 다양한 해석이 가능하다.[22] 미국의 공세주의적 외교정책을 음모론적으로 이해하고자 하는 사람들은 9 · 11테러 이후 일련의 미국의 개입정책 팽창은 궁극적으로 미래의 시점에서 패권대결을 벌일 수 있는 중국을 사전에 효과적으로 견제하기 위함이라고 설명한다.[23] 한편, 부시 행정부의 일방주의 외교를 신보수주의 집단의 이념적 일체성을 강조하면서 대외 정책결정 요인들의 정치적 결합이라는 차원에서 이해하고자 하는 부류의 사람들은 국내 이념의 대외적 표출이라는 관점에서 설명한다.[24] 분명한 사실은 어느 쪽 입장의 설명을 따르더라도 미국 일방주의에 대한 중국의 우호적인 협조는 공통적으로 발견되는 특징이라는 점이다. 중국은 현실적으로 패권적 지위를 확보하고 있고, 단극질서의 중심국가인 미국과 불필요한 외교적 마찰을 초래하지 않으려고 노력하고 있다. 9 · 11테러 이후 ABM(Anti-Ballistic Missile Treaty)을 파기하는 과정에서 보인 중국의 입장, 그리고 미국이 국가적 에너지를 총동원하고 있는 테러와의 전쟁(War on Terrorism) 수행과정에서 중국이 보인 외교적 신중함은 중국이 현재의 경제성장 기조를 유지하고 동시에 스스로 설정한 국가 근대화 목표가 마무리될 때까지 미국의 도움과 주변 국가들과의 안정적인 국제관계 유지를 얼마나 갈망하고 있는지를 잘 보여주고 있는 것이다.

보다 구체적인 논의의 차원에서 중국의 군사력에 대한 객관적인 평가를 위해서 최근에 발생한 일련의 주요 사건들을 중심으로 분석해 보겠다. 우선, 2004년 8월 동산도에서 실시한 대규모 합동 군사훈련이 있었다. 통상 이 훈련은 대만해협에서의 제해권 장악을 목적으로 한 군사훈련으로 알려져 있다. 당시 러시아제 최신형 SU-27 전투기, 공격용 핵잠수형 미사일, 구축함 등 중국군의 최정예 부대와 최신 무기체계가 훈련에 투입된 것은 충분히 주목할 만하였다. 특히 2004년을 기점으로 중국은 원거리 투사능력이 어느 정도 실효성을 거두고 있다고 자체 평가를 내리고 있는 것으로 보인다. 현대전에 적합한 국방현대화에 박차를 가해왔던 노력이 가시적인 성과로 나타나고 있으며, 대외적으로 이러한 성과를 과시해도 무방하다고 판단하고 있다. 사실 중국의 군현대화의 기원은 다소 오랜 역사를 가지고 있는데, 중국이 선택한 구체적인 군사전략은 대체로 4가지 방향으로 압축된다. "대규모 병력감축", "조직정비", "훈련강화", "장비현대화"가 그 구체적인 내용이다.[25] 대표적으로 지난 20년 동안 병력의 약 45%(170만 명)를 감축하였고, 1989년 이후 15년 동안 전년 대비 국방비가 약 12-17%씩 증가하였으며, 무엇보다도 대양해군 및 최신예 공군력을 보유하기 위해 노력하고 있다.

특히 최근 2004년 국방백서는 후진타오 취임 이후 중국의 첫 공식 입장이라는 관점에서 의미가 크다. 본 국방백서가 추구하는 기본 목표는 주권수호, 종합국력 증강, 국방건설과 경제건설의 협력적 발전 및 국방현대화, 정상적 사회질서와 안정의 유지, 양호한 국제환경과 주변 환경으로 요약된다.[26] 각론적 분석에 앞서 우선 두 가지 점에 주목하게 된다. 하나는 그 어느 때보다도 대만문제에 대해서 강경한 입장을 피력하였다는 점이고, 다른 하나는 중국적 군사변혁의 의지가 표출되었다는 점이다. 소위 미국식 개념의 '국방변혁(military transformation)'을 통해 정보화, 연합작전 능력, 정예화, 장비현대화 등을 실현하고 이를 토대로 세계적인 군사변혁에 뒤지지 않겠다는 입장이다. 이를 위해서는 무엇보다도 신무기 확보와 작전 운영 능력이 동시에 이루어져야 하는데, 구체적으로 조기경보기, SLBM 타격능력, 핵추진 항공모함, 다목적용 이지스함, 개선된 MIRV 전략핵(Julang II) 등을 주요 무기력으로 제시하고 있다.[27]

중국 군사력의 역사적 변천이라는 관점에서 주지하는 바 과거 "인민전쟁전략"에서 "제한적 국지전쟁전략"으로의 전환은 큰 의미를 가진다. 이것은 80년대 이후 국제정세 변화에 대한 적응을 반영함은 물론 전쟁발발 가능성의 현실화라는 차원에서 국경 접근지역이나 근해에서의 군사작전 능력을 강조하는 계기가 되었다. "제한적 국지전쟁전략"을 성공적으로 수행하기 위한 가장 중요한 전제조건은 이동성과 타격성을 겸비한 신속대응군의 강화에 있고, 이것은 결과적으로 해군력과 공군력의 현대적 강화를 의미한다고 볼 수 있다. 그런데 문제는 중국의 군사과학기술은 아직까지 다분히 편중적으로 발전하고 있어서 일부 분야를 제외하고는 세계적인 수준에 미치지 못하고 있다는 평가를 받고 있다는 점인데, 이런 연유에서 결국 외부로부터 광범위한 첨단무기 수입과 기술 도입이 당분간 불가피한 것으로 보여진다. 특히 2004년 국방백서에서 강조되고 있는 "정보화시대 제한적 국지전쟁전략"은 천문학적 규모의 재원조달을 요구하고 있다. 물론 경제성장의 진전과 함께 중국의 군수산업 능력은 크게 향상되었고 러시아를 중심으로 한 무기수입은 광범위한 영역에서 지속적으로 증대하고 있다고는 하지만, 중국의 정치 · 사회

적 특징과 경제성장의 과도한 외부 의존성은 군사부분의 성장을 상당 부분 제한시킬 것으로 보인다.[28]

이상에서 약술한 중국의 군사력 강화에서 발견되는 가장 대표적인 특징과 함의는 무엇일까? 문제의 핵심은 중국이 과연 진정으로 군사강대국화를 추진하고 있으며, 이러한 연유에서 동북아의 안보위협이 발생하고 있는가 하는 점이다. 본 연구주제인 일본과의 전략적 경쟁이라는 관점에서 보자면 특히 중국의 해군력 증대는 분명 주목을 끈다. 2050년까지 원양해군으로 거듭난다는 목표 아래 SLBM 발사능력을 지닌 핵추진 잠수함, 이지스함 및 항공모함의 보유 등을 추진할 계획이다. 또한 미국 본토를 공격할 수 있는 ICBM DF-5는 2004년 기준으로 24기 보유하고 있는 것으로 알려져 있는데, 정확성이 크게 개선된 DF-31 및 여기에 SLBM 용도인 Julang II는 일부 배치에 성공하였거나 아직 실천 배치까지는 마치지 못한 상태인 것으로 알려져 있다.[29]

여러 가지 정황으로 볼 때 90년 이후 중국의 군사현대화를 의심할 여지는 명백히 없어 보인다. 하지만 일정한 성과에도 불구하고 거시적인 국가발전전략, 예산제약, 군사기술 한계, 경제성장에 대한 부담 등은 당분간(적어도 30년) 핵전쟁 및 재래식전쟁 모두에서 미국에 열세를 면치 못하게 만들 것으로 보인다. 소위 4세대 전쟁개념이 보편화될 향후의 군사력은 병사 개개인의 자질, 사회 전 부문과의 통합적인 시스템 구축, 첨단무기의 보유와 정교한 운영능력, 원거리로의 신속한 투사능력 등 다양한 차원에서의 요건을 필요로 한다. 한마디로 단기간에 미국과의 군사력 격차를 줄인다는 것은 명백히 불가능한 일이다. 특히 중국의 경제성장은 아직 충분한 자생력을 확보하지 못한 실정이다. 서방국가 투자자본에 대한 과도한 의존, 에너지 및 주요 원자재 수급문제, 부의 불균형의 심화, 세계 자본주의의 안정적인 성장 필요 등 무수히 많은 요소들이 지속적인 경제성장의 걸림돌로 작용할 것이다. 이러한 걸림돌은 결과적으로 수정주의적 군사강대국화 전략을 불가능하게 만들 가능성이 큰 것으로 평가된다.

2) 일본의 군사력과 안보전략

냉전 초기 이후 지속해서 구조적으로 재생산되어 온 소위 "Hub and Spoke"로 알려진 미국 중심의 동아시아 안보구조는 주지하는 바 "샌프란시스코 시스템을 통한 비대칭적 안보관계"를 특징으로 한다.[30] 현실적인 차원에서 샌프란시스코 시스템은 미 · 일 양자 간 안보동맹을 핵심 축으로 한다. 미국의 이러한 미일동맹 중심적 안보정책은 탈냉전기 이후에도 그대로 유지되고 있는 것으로 보인다. 특히 미일동맹은 최초의 성립 이후 국제안보환경의 변화에 따라 차별적인 정체성을 상호 인식적으로 공유하면서 새로운 목적을 설정해 오고 있다. 특히 9 · 11테러 이후 미일동맹은 국제안보 현실에서 일본의 역할을 점진적으로 확대시켜 주는 제도적인 창구로서의 역할을 담당하고 있는 상황이다. 미국의 입장에서 보자면 새롭게 설정되고 있는 대테러 국제안보 질서의 원활한 관리를 위해서는 주요 지역별 협력국가가 필요한데, 일본은 이러한 기능을 충실히 수행할 국가로 간주된다.[31] 미국의 군사력과 안보전략에 대한 평가는 이러한 이해를 전제로 보다 설득력을 얻을 수 있다.

일본의 군사력에 대한 객관적인 분석은 최근에 발표된 두 개의 자료에 의존하기로 한다. 2004년 12월에 발표된 〈방위계획대강〉(이하 방위대강)과 〈중기방위력정비계획〉(이하 중기방)이 바로 그 대상인데, 이 두 자료는 방위청이 원안을 작성하고 정부 및 여당과의 협의 · 조정을 거쳐 최종 각의 결정을 거치는 일본 군사정책과 군사력 발전방향을 살펴보는 가장 좋은 자료라고 볼 수 있다. 〈방위대강〉의 경우, 1976년에 최초 제정된 이후 1995년 개정되었고, 이번 발표가 두 번째 개정안인 셈이다. "중기방"의 경우 1986년 제1차 발표가 있어서 대략 5년 주기에 걸쳐 개정작업이 이루어지고 있다. 따라서 이번에 나온 5차 중기방은 향후 2010년경까지의 일본 군사력 방향을 결정짓는 중요 지침으로 기능할 것이다.[32] 이 두 문서는 공히 변화된 국제안보 환경, 군사안보적 관점에서의 일본의 국가이익 재정립, 탄력적 개념의 방위력, 다양한 안보위협에 대응할 수 있는 군사력 보유 등을 이번 개정작업의 핵심 요인으로 제시하고 있다.

〈방위대강〉에서 주목하여야 할 부분은 대개 3가지 사항으로 압축된다. 첫째, 일본은 동북아지역 안보에 대해서 새로운 접근을 시도하고 있다는 점이다. 특히 북한과 중국을 새로운 지역 불안정 요인으로 언급하면서 북한의 핵무기 개발과 중국의 영해침범 사건에 대한 대응전략은 동북아 안보환경에 대한 일본의 인식을 잘 보여주고 있다. 둘째, 일본은 자국의 안전보장을 확보하는 데에 있어서 자신의 노력, 미 · 일 안전보장, 국제사회와의 협력이라는 3가지 틀 속에서 적절한 정책을 추구하겠다고 밝히고 있다. 이는 미일동맹이라는 기존의 국가안보 틀은 유지하되 국제사회에서의 안보적 역할을 점진적으로 확대해 나가겠다는 의지의 표현으로 해석된다. 셋째, 구체적인 방위력의 개선에 있어서 육해공 자위대의 통합운영, 정보능력의 강화, 과학기술 발전 등을 강조하고 있다는 점이다. 특히 세 번째 사항과 관련하여서는 이지스 시스템 탑재호위함 보유, 초계기부대 창설, 특수전 부대 창설, 탄도미사일 방어를 위한 기간부대 창설 등의 구체적인 운영 계획을 밝히고 있다.

〈중기방〉의 경우 과거와의 의미 있는 차이점은 탄도미사일, 게릴라 및 특수부대전, 도서부 침략방어 등에 국가안보의 우선순위를 두고 대응능력 확보에 주력하겠다는 입장이다. 좀더 구체적으로 전반적인 군대규모와 무기체계 획득의 양적 규모는 축소하되 전투헬기 AH-64D, 이지스급 호위함 3척, 지대공 유도탄 패트리어트, 공중급유수송기 등의 개발 · 보유계획에서 알 수 있듯이 질적인 능력 향상이 도모되고 있는 현실이다.[33]

이상과 같은 〈방위대강〉과 〈중기방〉의 새로운 방향은 동북아 역내 국가들에게 기존의 "전수방위" 개념을 넘어서는 듯한 인상을 주고 있는 것은 사실이다. 두 문서의 공표 이후 중국, 북한 등은 다양한 채널을 통해 일본의 안보정책 방향이 동북아의 평화와 안정을 파괴하지 말아야 한다는 입장을 반복적으로 강조하고 있는 실정이다. 일본이 추구하고 있는 새로운 방위체제의 방향성과 군사정책이 궁극적으로 군사강대국화를 초래하고 있는 것이지, 그래서 중국과의 경쟁을 촉진시키고 동북아 안보를 파괴하는 결과를 가져올 것인지에 대해서는 다소 냉정한 사고를 필요로 한다. 연구자의 관심과 분석대상에 따라 상이할 수 있겠지만 '군사강대국화'란 일반적으로 주변국과 비교했을 때 군사력 우위를 보장할 수 있을 정도의 절대적 우세이거나, 혹은 방어적이기보다는 공격적인 군사정책을 추구하여서 주변국들에게 두려움의 대상으로 여겨지는 것을 말한다. 이러한 전제에서 일본의 최근 움직임을 토대로 군사강대국화를 추구하고 있다고 판단하는 데에는 무리가 있어 보인다.

전문가들 사이에서 일본 군사력이 이미 상당한 수준에 이르렀다는 평가에는 별 이견이 없어 보인다. 예를 들어 해상 및 항공 자위대의 경우 한국보다 우위에 있는 것으로 알려져 있으며, 특히 해상자위대, 즉 해군력에 관한 한 중국보다도 우세한 것으로 점쳐진다. 하지만 이러한 부분적인 평가가 동북아에서 패권을 장악하기 위한 기도라는 평가로 이어져서는 곤란하다. 가장 중요한 이유는 미사일 전력에 관한 한 일본은 중국에 절대 열세를 면치 못하고 있다. 중국의 제2공군이 보유하고 있는 대륙간탄도탄 및 잠수함발사탄도탄과 이와 관련된 핵전력은 현재의 일본으로서는 도저히 따라잡을 수 없는 현실이다. 일본이 추구하는 자위대 능력이 상당한 수준을 지향하고 있기는 하지만 동아시아 질서 전체적인 맥락에서는 아직까지 질서 순응적이라고 평가할 수 있다.

통상 일본의 강대국화 전략과 관련하여 과거 일본의 군국주의 경험을 바탕으로 미래 동북아 패권 추구 가능성을 전망하는 사람들이 있다. 이와 관련해서는 미일동맹의 역할에 대한 설명이 제시되어야 할 것이다. 과거 일본 군국주의 출현의 많은 요인 중에서 동북아적 및 국제적 수준에서의 제어장치 부재가 특히 문제가 되었다고 생각한다. 하지만 현재의 경우 공고한 기반의 미일동맹은 두 가지 기능을 수행하고 있다고 해석되는데, 우선은 미래 미일 양자동맹은 동아시아지역 안보뿐만 아니라 일본이 국제안보를 위해 기여할 수 있는 길을 열어주는 제도적 장치로 알려져 있다. 이와 함께 또 하나의 중요한 기능은 일본의 군사강대국화를 억제하고 동북아 안보질서를 파괴하지 않도록 하는 적절한 제어장치로서의 기능도 담당한다는 점이다. 미국적 관점에서 보자면 현상유지전략이고, 동시에 미국의 동아시아적 이익을 원천적으로 보장받기 위한 전략적 선택일 수 있지만, 한편으로 이는 일본 보수주의의 군국주의 부활을 사전에 예방하는 가장 효과적인 수단이라는 특징을 가진다. 이러한 배경에서 90년대 이후 일본의 대외 군사안보정책은 미일동맹을 최우선으로 하고 이를 축으로 다자주의 및 다양한 외교적 수단을 강구하는 모습을 보이고 있다.[34] 특히, 현 부시 행정부와 일본 고이즈미 총리 간의 외교적 유대는 과거 80년대 레이건-나카소네 밀월관계에 견줄 수 있을 만큼 우호적인 관계로 발전하였다. 따라서 현 부시 행정부는 그들의 대동북아전략의 밑그림에서 가장 중요한 안보축으로 삼고 있는 전략적 시렛대는 바로 미일동맹이라고 말할 수 있다. 다만 중국의 부상이 미국적 관점에서 효과적으로 관리될 수만 있다면 이러한 안정적인 미중관계는 여러 가지 이유로 인해 미국의 국가이익에 많은 도움이 된다고 판단하므로 미국의 입장에서는 미일동맹의 강화가 중국과의 외교관계를 저해시키는 범위를 넘지 않겠다는 것이 미국의 전략이다.

4. 중 · 일 경쟁과 한반도적 함의

1) 중 · 일 경쟁의 미래 시나리오

지금까지의 분석을 근거로 중 · 일 전략적 대결양상에 대한 미래 전망을 해보겠다. 중 · 일 경쟁에 대한 분석적 전망은 두 국가의 군사적 충돌을 가능케 할 구체적인 정황의 근거가 무엇인가에 대한 설명을 필요로 한다. 대체로 2가지 거시적인 요인을 지적할 수 있다. 첫째, 중국의 새로운 해양전략은 두 국가 간 충돌의 가능성을 높여준다.[35] 중국은 80년대 후반 이후 "연안방어"에서 "근해방어"로 전략적 목표를 전환하면서 남북으로는 블라디보스톡에서부터 일본, 필리핀을 지나 말라카 해협에 이르는 지역을, 그리고 동쪽으로는 소위 제1도련까지의 해역에 대한 안보를 강조하고 있다. 여기에는 우선 1982년 유엔해양법에 근거한 200해리 경제수역(EEZ)을 적극적으로 확보하는 한편, 중국 경제성장의 필수적 전제조건인 중동으로부터의 원유수급의 안정적인 확보를 위해 전략물자의 해상수송로를 지키기 위한 것으로 해석된다. 이러한 근해방어로의 개념 전환은 중국 해군력의 투사능력을 증대시킴으로 인해 첨단기술에 의해 견인되는 군사력의 확보를 필수조건으로 한다. 장기적으로는 2050년을 목표로 제2도련 해역지역에서까지 작전할 수 있는 능력을 갖춘 진정한 대양해군 건설을 계획하고 있다.[36]

둘째, 일본의 경우 해군력의 증대를 중요한 외교정책의 수단으로 활용하고 있다는 점이다. 소위 레이건-나카소네 밀월시절인 1983년부터 소위 "1000해리 해상교통로 방위"는 일본의 공식 정책이 되었다. 해양전략 실현을 위한 해상자위대의 군사력은 지속적으로 증강되었고, 특히 일본은 유엔의 PKO 활동이나 인도주의적 구호활동 등에 참여하는 것을 주요한 국가이익으로 설정함으로써 군사력의 해외파견을 적극 추진하고 있는 실정이다.[37] 결과적으로 센카쿠 열도 등지에서 중국과의 마찰이 야기될 수밖에 없는 지정학적 특수성을 고려하면 일본의 이러한 외교화된 해양전략은 동북아 긴장의 핵심 요인으로 지목되고 있다.

지금까지 살펴본 국제관계 개념적 점검 및 중일의 군사전략을 바탕으로 두 국가행위자를 중심으로 한 미래 동북아 세력관계에 대한 시나리오를 상정해 볼 필요가 있을 것이다. 여기에는 두 가지 중요한 전제가 필요한데, 우선 본 글은 가까운 장래에(적어도 2030년경까지) 중국에 시민사회의 등장이 가능하고 이로 인한 민주주의 정치체제로의 전환이 이루어질 것이라고 전망하지는 않는다. 또 하나의 전제는 미국은 당분간 유일한 세계적 수준의 패권국가로 존재할 것이고, 또한 동북아지역에서 자국의 이해관계를 실현하기 위해 지속적으로 개입전략을 전개할 것이라는 점이다. 이 두 가지 전제는 향후 동북아 국제관계 시나리오 설정에 상당히 중요한 의미를 가지는데, 예를 들어 중국의 민주화가 진행된다면 일종의 mini-NATO 같은 지역질서가 출현할 수도 있을 것이며, 한편 미국이 특정한 사건을 계기로 전 지구적 영향력을 상실하게 된다면 중국 혹은 일본을 중심으로 한 동아시아 질서 재편은 급속하게 이루어질 것이기 때문이다.

중 · 일 간 미래 대결구도에서 상정해 볼 수 있는 시나리오는 대체로 4가지 정도로 요약된다. 전통적인 세력균형, 특정 시점에서의 군사적 충돌, 일정한 군사적 투명성이 동반된 평화로운 공존, 일본이 철저하게 미국에게 대중 대결을 의존하는 경우 등이다. 각 시나리오를 상호 비교해 보면 다음의 표와 같다.

<표 1> 중 · 일 경쟁과 미래 동북아 세력 변화

	1. 세력균형	2. 지역 패권경쟁	3. 평화로운 공존	4. 미국에게 의존
군사력 증대	일정한 수준에서 유지	지속적인 군비경쟁	안보영역의 다자주의 출범 가능성	미일동맹 강화, 중국의 지속적인 군사력 강화
사회 · 경제적 관계	정경분리원칙, 경제성장 동인 유지	일정한 주기 거치면서 교역규모의 사이클링	경제적 통합 가속, 동아시아 성장 구심점	현상유지적 특징, 중국 성장을 전략적으로 활용
주변국 관계 (한국)	한반도를 자국의 영향권에 두고자 노력	한국, 대만은 중일 충돌의 대상 지역	지역공동체, 한반도 평화정착에 협조적 노력	신한미일 연대, 중국의 적극적인 한반도 정책
패권국가 (미국)와의 관계	미국의 중재자 역할 인정	미국 영향력 감소, 미일 동맹은 상당히 제한적 수준	미국을 중심으로 한 변형된 형태의 강대국 협조체제	중국이 주도하는 반미 글로벌 연대

위의 가상 시나리오 중에서 가까운 장래(2030년 무렵)에 발생할 가능성이 가장 큰 중 · 일관계는 결국 시나리오 1과 4가 결합된 형태가 될 것으로 전망된다. 시나리오 2의 경우 중국의 경제성장에 대한 절박한 필요성, 미일동맹에 의한 일본의 군사강대국화 제한, 차별적인 경제구조로 인한 효율적인 분업구조 등으로 인해 실현 가능성이 높지 않을 것으로 전망된다. 시나리오 3의 경우 역시 중국이

사회주의 정치체제를 포기하지 않은 상태에서 실현 가능성이 상당히 낮아 보인다. 특히 동북아의 지정학적 특성상 인접한 국경, 북한 · 대만문제 등에 있어서 근본적인 시각 차이, 미국의 동아시아적 정체성에 대한 시각 차이 등으로 인해 또한 실현 가능성이 없어 보인다.

결과적으로 미래 중 · 일 간 전략적 대결양상은 두 국가가 일정한 수준까지의 군사강대국화를 추구하겠지만 양국 간 전쟁으로 치달을 정도의 군비경쟁으로 이어지지는 않을 것으로 전망한다. 적대적 관계에 있는 국가가 전쟁이라는 극단적인 외교수단을 선택하기에는 많은 추가적인 조건들이 필요한데, 중 · 일 간 경쟁은 적어도 가까운 장래에는 전쟁이라는 파국으로 치닫지는 않을 것이다.[38] 왜냐하면 전쟁은 객관적인 군사력 변수뿐만 아니라 리더십의 공격성, 지정학적 특징, 전쟁을 회피할 대체 외교수단, 국제적인 제어장치 등의 총체적인 변수들을 고려한 선택이어야 한다. 이러한 배경에서 적어도 중국의 산업화가 새로운 단계로 진입할 2025년 전후까지는 중 · 일 간 전략적 대결이 군사적 충돌을 동반한 양태로 전개될 것 같지는 않다. 시나리오 1과 4가 결합될 구체적인 이유는 다음과 같다.

첫째, 미일동맹의 기능은 중일전쟁 발발 가능성을 억제한다. 중국은 동아시아지역의 외국군대 주둔에 대해서 반대입장을 분명히 하고 있지만 미일동맹에 대해서는 차별적인 입장을 보이고 있다. 미일동맹의 기본 임무는 동아시아 세력구도의 현상유지를 추구하고 있는데, 여기에는 일본의 군사강대국화를 미국이 적절히 제어해 줄 것이라는 기대가 포함되어 있다. 미국의 대리인 자격으로서 일본이 중국과 소위 "대리패권전환전쟁"을 치를 수도 있겠지만, 기본적으로 미국은 일본이 독자적으로 일정한 능력 이상의 군사강대국이 되는 것은 자국의 국가이익에 도움이 되지 않을 것이라고 예상한다. 미일동맹은 일본이 적절한 수준에서 세력균형 역할을 담당하되 최악의 대결구도는 미국과 중국 간 대결이라는 전제로부터 자유롭지 못하다. 일본의 입장에서 본다면 미중 관계가 평화롭게 유지되어서 일본의 전략적 가치가 떨어지는 것도 원치 않을 것이고, 미중 관계가 악화되어서 두 국가 간 대결의 대리전을 담당하는 것도 원치 않을 것이다.[39] 이러한 목적을 위해서는 현재와 같이 일정한 자율성을 부여받은 미일동맹 체제를 선호할 수밖에 없을 것으로 본다.

둘째, 소위 "책임전가이론(buck-passing theory)"에 의하면 책임을 전가받는 국가가(미국) 잠재 패권국가(중국)와 국경이 멀리 떨어져 있고, 특히 두 국가 사이에 바다가 존재하는 경우 특히 책임전가 정책이 채택될 가능성이 높다고 설명한다.[40] 만약 전 지구적 수준에서 미국이 유일한 패권력을 행사하되 비군사적인 부분에서는 몇몇 이등국가 간 다소 불안정한 다극체제가 유지된다면 일본은 중국의 부상을 맞이하여 자신이 직접 중국의 군사강대국화에 맞서기보다는 국제사회—특히 미국—에 맞균형의 역할을 전가하고 싶은 유혹에 빠지게 될 것이다. 일본, 중국, EU, 러시아 등을 중심으로 국제사회의 강대국 협조체제가 최소한의 규범을 가지고 유지된다면 일본은 중국과의 직접 대결을 가능한 한 피하고자 할 것으로 전망된다. 참고로 과거 1930년대 독일의 성장을 목도하면서 영국, 프랑스 등은 결과적으로 러시아에 책임을 전가한 사례가 있다. 결과적으로 실패한 정책이었는데, 러시아와 독일의 국경이 상대적으로 가까웠던 점,

러시아의 국력이 독일을 맞균형하기 충분하지 않았던 점, 독일의 국력에 대한 분석이 전망이 충분히 정교하지 못했던 점 등이 제2차 세계대전이라는 파국을 맞이한 요인으로 분석된다.

셋째, 다양한 연구에 의하면 리더십의 특징은 전쟁 결정에 중요한 변수로 작용한다. 과거 미일 간 군비경쟁 사례 중에서 오직 1934-41년의 경우만이 전쟁으로 이어진 데에는 당시 일본의 리더십이 보인 군국주의 정향 때문인 것으로 전해진다.[41] 중국과 일본은 모두 대외적으로 동북아의 평화와 안정을 위해 노력할 것을 적극 천명하고 있음은 물론, 실제로 군사안보정책에 이러한 의지를 반영하고 있다. 후진타오 주석 취임 이후 첫 공식 문서인 2004년 국방백서 및 최근 일본의 〈방위대강〉, 〈중기방〉 모두 동북아 패권국가로 부상하기 위한 군사적 준비단계로 보이지는 않는다. 다만 중국과 일본이 추구하는 근해 부속도서에 대한 주권실현, 지역안정을 통한 세계평화에 기여, 새로운 안보위협에 대한 포괄적인 국가이익 실현 등의 목표들은 일부 사안에 있어 첨예한 갈등으로 이어질 개연성이 존재한다. 결국 직접 대결과 미국을 통한 3자 간 세력관계가 복합적으로 추진될 것으로 보인다.

넷째, 통계적으로 보자면 1972년 10억 달러였던 중일 간 무역액은 2003년에 약 730억 달러에 달했다. 일본은 중국의 최대 무역상대국이고, 중국도 일본의 제2의 무역상대국이 되었다. 또한 한국을 포함하여 한중일 자유무역협정이 활발하게 논의되고 있는 실정이다. 이러한 점진적인 지역공동체의 형성은 중일 간 직접적인 무력충돌의 가능성을 희석시키기에 충분하다고 본다. 물론 과거 중일전쟁 및 태평양전쟁 직전에도 중국과 일본 간, 그리고 미국과 일본 간 무역 거래량은 상당한 수준에 도달하였다. 경제적 상호 의존에 대한 국제정치학적 해석은 다양하지만 공격적 현실주의자들에게 있어서도 경제적 상호 의존의 심화와 이로 인한 관계의 제도화는 무력충돌을 회피하는 대체 외교수단을 개발케 만드는 중요한 조건으로 이해되고 있다.

2) 한반도 안보에 주는 시사점

우리의 국가안보적 이익은 첫째, 남북한 갈등구조를 영구히 청산하여 한반도에 민족통일의 염원을 이룩하고, 둘째 주변 강대국들이 한반도에 대한 영토적 야욕을 갖지 못하게 할 정도의 국력을 갖추며, 셋째 이를 바탕으로 동북아 국가들 간 공존과 번영을 함께 추진할 수 있는 지역안보구조를 정착시키는 일이다.

주지하는 바 한반도 안보 불안의 가장 근본적인 원인은 남북한 관계의 불안정성에서 야기하는데, 한반도 평화정착을 위한 가장 중요한 선결과제는 주변 강대국들 간 관계의 안정적인 운영이다. 미일동맹의 효율적 작동이 당연시되고 2001년 9 · 11테러 이후 미중 간 외교적 협력이 강조되는 이즈음이 남북한 대결구도를 청산할 수 있는 최적의 시기라고 본다. 다만 미국이 대테러전쟁이라는 탈근대적 국제질서 수립에 몰두해 있다는 점이 다소 걸림돌로 작용하고 있긴 하지만, 전 세계적인 규모의 반미연대의 가능성이 희박하고, 중국의 근대화전략이 국가 최우선 과제로 다루어지며, 일본의 대미 및 대중 외교관계에서 독자적인 목소리를 내는 것이 아직은 부담스러운 상황이 한반도 평화정착의 적기라고 생각한다. 구체적으로 지금부터 향후 10년간 약 2015년까지가 어떤 형태로든 남북한 대결구도를 청산하는 시점이 되어야 한다고 생각한다.

위에서 살펴본 향후 중 · 일 세력관계 시나리오와 관련하여 두 국가관계가 '세력균형'과 '책임전가이론' 사이에서 정책적 균형점을 찾을 때 한반도는 전략적으로 중요한 함의를 가질 것이다. 왜냐하면, 세력균형의 구체적인 표현의 하나로 한반도가 특정 세력의 독점적인 영향 하에 놓이지 않도록 외교전을 펼칠 것이고, 일본이 대중국 맞균형을 미국에 전가하는 경우 미일동맹은 한미동맹에게 일정한 수준에서 동맹관리의 '유사성'을 요구할 것인데, 이는 결과적으로 우리 정부가 중국과 미일동맹 사이에서 어려움을 겪게 되는 상황이 초래될 것으로 보인다. 특히 "책임전가정책(buck-passing policy)"은 미국과 일본의 관점에서 현상유지적 지향성이 가장 강한 선택이다. 한반도 안보환경과 관련하여 남북한 분단으로 대표되는 동북아 지역 질서를 그대로 유지시키고자 하는 의도를 가질 가능성이 크다는 얘기이다.

결국 상대적으로 약소국의 입장에서 거대 주변 강대국들을 상대로 한반도의 안정은 동북아 평화의 핵심 선결조건임을 지속적으로 설득하여야 한다. 통상 우리는 '외세활용'의 국가전략이 필요하다고 강조하곤 한다. 하지만 대부분의 경우 약소국에게는 선택지의 범위가 지극히 제한적일 수밖에 없다고 봐야 한다. 우리가 근대에 진입한 19세기 말 이후 한번도 국제무대의 주역으로 등장하지 못했음은 우리가 처한 지정학적 환경의 어려움을 잘 설명해 주고 있다. 향후 전개되는 동북아 세력구도에서 과거의 어려움이 반복되지 않으리라는 보장이 없으며, 특히 중일 간 전략적 각축은 우리에게 예상치 못했던 안보위기를 가져다 줄 수도 있을 것이다. 구체적인 국가 안보전략으로는 다음과 같은 정책들을 고려해 볼 수 있다.

첫째, 동북아 국가들 간 지역안보 유지를 위한 공동의 노력이 가시화되어야 한다. 물론 중국의 사회주의 정체성이 다른 행위자 국가들의 정치적 신념과 상충하는 경우 현실주의적 관점에서 지역안보협의체는 오히려 안보 딜레마를 야기할 수도 있겠지만, 상시 대화채널에 의한 효율적인 네트워크 관리가 이루어진다면 지역안보 논의기구 출범은 반드시 이루어져야 한다고 본다. 많은 국제정치학자들이 북핵문제 논의를 위한 현재의 6자회담이 좋은 출발이 될 수 있을 것이라고 설명한다. 심정적으로는 동조할 수 있지만, 현실적으로 6자회담의 대화 모멘텀을 지속적으로 유지한다는 것은 대단히 어려운 일이다. 따라서 미국의 포함을 전제로 군비경쟁 자제, 경제성장, 거시경제정책, 환경, 교육, 노동력 이동, 문화교류, 테러 등은 이들 국가 간 공동의 국가이익을 창출하는 좋은 아젠다가 될 수 있다고 본다.

둘째, 한미동맹의 기본 신뢰를 유지하기 위해 가시적 노력을 강화해야 한다. 만약 우리 사회 안팎으로 한미동맹의 필요성에 대한 근본적인 의구심이 지속적으로 제기된다면 미국은 궁극적으로 한미동맹을 포기할 개연성이 충분히 있다. 사실 주한미군 재배치에 따른 안보불안은 군사적인 것이라기보다는 정치적 갈등에서 기인하는 바가 더 크다. 주한미군은 한반도에 주둔하는 것 자체로도 의미가 있지만 그보다 더 중요한 부분은 유사시 한반도에 파견될 증원전력이라고 봐야 한다. 한미상호방위조약은 한반도 유사시 의회의 동의 또는 대통령 직권으로 증원을 규정하고 있을 뿐 자동개입 규정은 없다. 따라서 한국 방어에 대한 미 정책당국의 확고한 의지가 없으면 미국의 초기 대응에는 한계가 있을 수밖에 없다. 동맹국 간 신뢰 회복은 거대한 비용이나 정치적 수가를 필요로 하는 것은 아니다. 상대국의 가치, 이익, 제도에 대한 올바른 이해와 이를 바탕으로 한 양국 간 공동 이해관계의 재생산에 대한 지속적인 노력을 요구하는 것이다.

셋째, 한미동맹과 병행해서 자주국방 노력을 강화해야 한다. 2008년까지 주한미군 12,500명이 감축된다. 이는 결코 작은 숫자가 아니며, 줄어든 군사력만큼의 전력보강을 위해서는 이에 대한 질적 보완이 필요하다. 당분간 자주국방의 조기실현과 미군의 전력보강이 병행되어야 한다. 협력적 자주국방은 '배타적 독자국방'에 대치되는 개념으로 국가 간 협력관계를 안보의 주요 수단으로 활용하는 개념이다. 협력적 자주국방 구현을 위해서는 자국의 군사력뿐만 아니라 동맹관계의 효율적 운영과 상호 의존도를 제고시킬 수 있는 역량, 즉 안보협력 관계의 유지가 필수적이다. 자주국방의 목표는 자위적 방위역량을 기반으로 상호 보완적 한미동맹 관계를 발전시키는 것으로, 우리 군은 향후 10년 이내에 자주국방 역량 구축을 토대를 마련하는 것을 목표로 하고 있다.[42] 주한미군의 향후 3년간 110억 불 투자계획이 가급적 빨리 시행되어야 하며, 자주국방 달성 목표시기를 앞당겨 미군에 크게 의존하고 있는 정보전력, 조기경보, 무인정찰기, 이지스함 등 첨단전력 보강이 빠른 시일 내에 이뤄져야 할 것이다.

5. 맺음말

무릇 특정 '지역'의 안보연구는 '글로벌' 수준에서 진행되는 국제안보 작동원칙들과 일정한 수준의 '유사성'과 '차별성'을 동시에 보이기 마련이다. 동북아지역도 예외는 아니다. 유사성의 대표적인 예로는 미국의 역내 패권적 지위, 세계 자본주의 성장의 기능적 분화, 그리고 지역 동맹국(일본 · 한국 등)을 통한 군사 네트워크 등을 들 수 있다. 차별성의 예로는 안보제도화의 저발전, 미 · 중 간 대결구도의 심화, 중 · 일 역내 세력경쟁, 대테러전쟁에 대한 인식 차이 등을 들 수 있을 것이다. 이러한 유사성과 차별성 사이에는 세계정치와 지역정치 간의 "균형"과 "간극"이 작동하고 있다. 중 · 일 간 역내 대결구도의 전개는 동북아 안보가 세계정치와 맞닿아 있는 균형과 간극을 보여주는 가장 대표적인 표현방식으로 이해될 수 있을 것이다.

이분법의 무리를 전제로 적어도 중국의 근대화 프로젝트에 대한 평가가 일단락되고 여기에 대한 반작용의 하나로서 미 · 일 간 뉴가이드라인의 정신이 지속될 것으로 예상되는 2030년경까지는 중국과 일본이 무력충돌이라는 무리한 선택을 할 것으로는 보이지 않는다. 대신 중국과 일본의 국가이익상 지속적인 군사력 증대가 이루어질 것이고, 두 국가의 지역 내 세력대결은 전통적인 세력균형 형태에 일본의 "책임전가이론"에 의거한 정책적 선택이 결합되는 형국이 될 것으로 전망한다. 한반도와 관련해서는 특히 남북한 분단을 전제로 한 현상유지정책을 견지할 가능성이 크며, 만일 북핵문제가 순조롭게 해결되지 못할 경우 이러한 개연성은 더욱 높아질 것이다.[43]

동북아에서 의미 있는 국가 행위자로 살아남는 것은 결코 쉬운 일이 아니다. 한반도는 대양세력과 대륙세력이 만나는 완충지대로서, 또한 서구문명과 비서구문명이 만나는 문명적 경계선으로서, 그리고 동북아지역 국가들의 다양한 이해가 결집되는 전략적 요충지로서 이 지역의 평화와 번영 없이는 동북아지역 안보가 유지될 수 없음을 지속적으로 강조하여야 한다. 45년 이후의 동북아 국제관계는 세력 균형자로서의 미국의 역할, 미국과 중국을 축으로 한 패권대결의 가능성, 문화적 차별성을 극복한 미 · 일 간 동맹규범의 형성, 한반도문제와 대만문제에 대한 성공적인 해법찾기 등의 갈등요인들의 집합적으로 존재하는 안보복합구조라는 사실을 발견하게 된다. 우리나라는 이러한 과거 경로가 미래에도 일정한 시사점을 가짐을 명심하고 지속적으로 주변국들 간 세력관계 변화에 주목하여야 할 것이다.

(논문접수일 4월 20일, 심사완료일 6월 7일)

주

1_ 대표적으로 Richard Betts, "Wealth, Power, and Instability," *International Security*, 18-3(1993/4), pp. 34-77 ; Arron Friedberg, "Ripe for Rivalry : Prospect for Peace in a Multipolar Asia," *International Security*, 18-3(1993/4), pp. 5-33 ; Berry Buzan & Gerald Segal, "Rethinking East Asian Security," *Survival*, 36-2(1994), pp. 3-21.

2_ 참고, Friedberg, 위의 글 ; Thomas Christensen, "China, the US-Japan Alliance, and the Security Dilemma," *International Security*, 23-4(1999), pp. 47-80 ; Denny Roy, "Hegemon on the Horizon : China's Threat to East Asian Security," *International Security*, 19-1(1994), pp. 149-68.

3_ 대표적인 글로는 Amitav Acharya, "Will Asia's Past Be Its Future?" *International Security*, 28-3(2003/4), pp. 149-64 ; Morton Abramowitz & Stephen Bosworth, "Adjusting to the New Asia," *Foreign Affairs*, 82-4(2003), pp. 119-131 ; David Kang, "Getting Asia Wrong : The Need for New Analytical Frameworks," *International Security*, 27-4(2003), pp. 57-85 ; Paul Wolforwitz, "Bridging Centuries-Fin de Siecle All Over Again," *National Interest*, Spring 1997, pp. 3-16.

4_ 대표적인 글로는 David Shambaugh, "China Engages Asia : Reshaping the Regional Order," *International Security* 29, 3(2004/5), 64-99 ; David Kang, "Hierarchy, Stability, and Empirical Puzzles in Asian International Relations," *International Security* 28, 3(2003/4), 165-180. Alastair Iain Johnston, "Is China a Status Quo Power?" *International Security* 27, 4(2003), 5-56.

5_ 참고, Barry Buzan, Ole Waever, and Japp de Wilde, Security : *A New Framework for Analysis*(Boulder, CO : Lynne Rienner, 1998) ; Emanuel Adler and Michael Barnett, eds. *Security Communities*(Cambridge : Cambridge University Press, 1998) ; Bill McSweeney, Steve Smith, Thomas Biersteker, and Chris Brown, eds. *Security, Identity and Interests*(Cambridge : Cambridge University Press, 1999) ; Roland Bleiker, *Popular Dissent, Human Agency and Global Politics*(Cambridge : Cambridge University Press, 2000).

6_ 박인휘, "동북아 국제관계와 한국의 국가이익 : 미·중·일 삼국관계를 중심으로," 『국가전략』, 11-3(2005), pp. 5-31.

7_ Bruce Cumings, *Parallax Visions : Making Sense of American-East Asian Relations*

(Durham, NC : Duke University Press, 1998).

8_ 현실주의 계열 국제정치이론의 최근 논의를 분류해 보면 왈츠(Kenneth Waltz)와 영국학파의 변형을 포함하는 "구조적 현실주의", 길핀(Robert Gilpin), 자카리아(Fareed Zakaria), 미어샤이머(John Mearsheimer) 등에서 강조되는 "공격적 현실주의", 현실주의의 전통적인 주장들을 계승하고 있는 "방어적 현실주의", 그리고 구성주의적 시각과 일부 세계관을 공유하는 "신고전주의(일반적) 현실주의" 등으로 나눌 수 있다. 이들은 저마다의 이론적 진보를 추구하고 있지만 대체로 무정부적 구조에서 비롯되는 개별국가의 이기적 행위라는 문제의식은 공유하고 있다. 단순화의 위험을 무릅쓰고 이들 다양한 현실주의 계열 이론들의 가장 핵심적인 분석의 대상은 "세력균형"정책과 "지속적인 세력확대"정책 사이의 선택의 문제와 연관되어 있다고 볼 수 있다.

9_ John Mearsheimer, *The Tragedy of Great Power Politics*(New York : W.W. Norton, 2001), p. 145.

10_ V. Spike Peterson, "Shifting Ground : Epistemological and Territorial Remapping in the Context of Globalization," in Eleonore Kofman & Gillian Youngs, eds., *Globalization : Theory and Practice*(London : Pinter, 1998) ; Simon Dalby, "Crossing Disciplinary Boundaries : Political Geography and International Relations after the Cold War," in Kofman & Youngs, eds.

11_ 여기에 대한 전통적인 이론들로는 Hans Morgenthau, *Politics Among Nations : The Struggle for Power and Peace*(New York : Alfred A. Knopf, 1948), ch. 1 ; Arnold Wolfers, *Discord and Collaboration ; Essays on International Politics*(Baltimore : John Hopkins University Press, 1962), 84 ; Kenneth Waltz, "The Origin of War in Neorealist Theory," in Robert I. Rotberg and Theodore K. Rabb. eds., *The Origin and Prevention of Major Wars*(New York : Cambridge University Press, 1989), 40 ; John J. Mearsheimer, "Back to the Future : Instability in Europe after the Cold War," *International Security*, 15-1(1990), pp. 5-56.

12_ Mearsheimer, *The Tragedy of Power Politics*, 168-70.

13_ 박인휘, 앞의 글, 12-13 ; 장달중 · 임수호, "부시행정부의 패권전략과 동아시아 안보딜레마," 『국가전략』, 10-2(2004), pp. 19-20.

14_ Etel Solingen, "East Asian Regional Institution : Characteristics, Sources, Distinctiveness," in T.J. Pempel, ed., *Remapping East Asia : The Construction of a Region*(Ithaca : Cornell University Press, 2005) ; John S. Duffield, "Asia-Pacific Security Institutions in Comparative Perspective," in G. John Ikenberry & Michael Mastanduno, eds.,

International Relations Theory and the Asia-Pacific(New York : Columbia University Press, 2003).

15_ Jennifer M. Lind, "Pacifism or Passing the Buck," *International Security*, 29-1(2004), pp. 92-121 ; Glenn H. Snyder, "Mearsheimer's World Offensive Realism and the Struggle for Security : A Review Essay," *International Security*, 27-1(2002), pp. 149-173.

16_ 가장 대표적인 최근의 소개로는 David Shambaugh, "China Engages Asia," *International Security*, 29-3(2004/5), pp. 64-99 ; Alastair Iain Johnston, "Is China a Status Quo Power," *International Security*, 27-4(2003), pp. 5-56.

17_ Shambaugh, 앞의 글, pp. 72-78.

18_ 박인휘, "중국과 동북아 국제관계 : 중국의 대외정책 분석과 지정학적 특성," 『중소연구』 25-1(2001), pp. 57-83.

19_ Avery Goldstein, "An Emerging China's Emerging Grand Strategy : A Neo-Bismarckian Turn?" in Ikenberry & Mastanduno, 앞의 책 ; Edward Friedman, "The Challenge of a Rising China : Another Germany?" in Robert J. Lieber, ed., *Eagle Adrift : American Foreign Policy at the End of the Century*(New York : Addison Wesley, 1997).

20_ 제2차 세계대전 이후 일본의 반군사문화와 관련한 설명에 대해서는 Thomas U. Berger, *Cultures of Antimilitarism : National Security in Germany and Japan*(Baltimore : Johns Hopkins University, 1998) ; Thomas Berger, "From Sword to Chrysanthemum : Japan's Culture of Anti-militarism," *International Security*, 17-4(1993), pp. 119-50.

21_ Lind, 앞의글, pp. 115-6.

22_ 장달중 · 임수호(2004),

23_ 대표적으로 Tom Barry and Jim Lobe, "The Men Who Stole the Show," *FPIF Special Report*, October 2002.

24_ 대표적으로, 백창재, "미국 외교정책의 일방주의의 기반," 『국가전략』, 9-1(2003), pp. 111-34.

25_ 조선일보, 2004년 8월 28일, 6면.

26_ 하도형, "중국 2004 국방백서 분석," 『정세와 정책』, 2005년 2월호.

27_ 김흥규, "중국의 신군사전략 및 군사력 변화와 지역 안보," 『주요국제문제분석 2005』(서울 : 외교안보연구원).

28_ 김흥규, 앞의 글, 12.

29_ 김흥규, 앞의 글, 13, 14.

30_ Michael Schaller, *Altered States : The United States and Japan since the Occupation*(New

York : Oxford University Press, 1997).

31_ Ellis S. Krauss & T. J. Pempel, *Beyond Bilateralism : US-Japan Relations in the New Asia-Pacific*(Stanford : Stanford University Press, 2004), p. 35-40.

32_ <방위대강> 및 <중기방> 에 대한 대표적인 소개와 분석은 박영준, "일본의 신방위계획대강과 중기방위력정비계획," 『군사논단』, 42호(2005) ; 이면우, 『2005년 이후 일본방위정책 : 신방위대강과 중기방의 분석 및 자료』, 정책보고서 2005-1, 성남 : 세종연구소 ; 박철희, 『일본 신방위계획 대강의 평가』 주요국제문제분석, 외교안보연구원(2005).

33_ 박영준, 앞의 글, 179, 180.

34_ Christopher W. Hughes & Akiko Fukushima, "US-Japan Security Relations," in *Beyond Bilateralism : US-Japan Relations in the New Asia-Pacific*, edited by Ellis S. Krauss & T.J. Pempel(Stanford University Press, 2004).

35_ 이서항, "동북아 해양안보강화 협력방안 연구," 정책연구시리즈 2003-10(서울 : 외교안보연구원).

36_ 김덕기, 『21세기 중국해군』(서울 : 한국해양전략연구소, 2000).

37_ 이서항, 앞의 글, pp. 33, 34.

38_ 전쟁의 조건, 과정, 관점 등과 관련한 포괄적인 소개이론으로는 Richard K. Betts, *Conflicts After the Cold War : Arguments on Causes of War and Peace*(New York : Longman Publisher, 2002) ; Michael W. Doyle, *Ways of War and Peace*(New York : Norton 1997).

39_ Mike M. Mochizuki, "Terms of Engagement : The US-Japan Alliance and the Rise of China," in Ellis S. Krauss & T.J. Pempel, eds., ibid.

40_ Snyder, 앞의 글, 161-63.

41_ 한용섭, 박경우, "해군 군비경쟁과 전쟁의 상관성 : 미 · 일간 사례를 중심으로," 『국방연구』 47-2(2004), pp. 173-98.

42_ 윤광웅 국방장관, 『한미동맹과 협력적 자주국방』, KIDA 국방포럼 04-2호, pp. 10-11.

43_ 동북아시대위원회 연구보고서, "주변4국의 중장기 동북아 안보전략 분석," 2005년 4월 1일.

4

문화상대주의, 주권원칙과 북한 인권

김수암(통일연구원)

* * *

탈냉전 이후 인권은 국제사회의 주요 이슈로 부상하고 있다. 그렇지만 인권을 어떻게 규정하고 보장할 것인지를 두고 정치적 · 문화적 전통에 따라 각자 다른 시각을 내세움으로써 현실 국제정치에서 갈등이 발생하고 있다. 이러한 갈등은 미국 등 서방세계와 다른 지역 및 국가 간에 전개되고 있다. 먼저, 근대 국제질서가 형성되는 과정에서 절대원칙으로 받아들여지고 있는 주권의 원칙과 인권과의 관계를 중심으로 논쟁이 전개되고 있다. 다음으로 인권개념의 규정과 해석을 둘러싸고 문화상대주의 관점에서 다른 시각을 제기하면서 보편성 해석 논쟁이 전개되고 있다. 문화상대주의 논리는 아시아적 가치를 바탕으로 동아시아, 특히 중국과 북한에서 강하게 제기되고 있다.

이 글에서는 주권원칙과 정치적 활용론, 문화상대주의를 중심으로 북한의 인권관이 어떻게 정립되고 있는지 분석하고 있다. 또한 국제사회의 직접 개입이라는 압박전략에 대해 북한은 어떻게 인권을 규정하고 어떠한 의미를 부여하고 있는지 살펴보고 있다. 북한의 인권에 대한 인식은 전반적인 세계정치 논쟁의 연장선상에 정립되고 있다는 논지 아래 전반적인 유사점과 특수성을 드러내고 있다. 끝으로 북한이 인권에 대한 인식을 정립하는 과정에서 중국이 지대한 영향을 미치고 있는 바, 일정 부분 중국과 비교 · 검토를 시도하고 있다.

주제어 : 북한 인권, 주권원칙, 문화상대주의, 우리식 인권, 보편성

1. 머리말

동서가 이념적으로 대립되었던 냉전시기 미국은 전략적 이해를 우선적으로 고려하여 동맹 혹은 우호관계에 있는 국가의 인권유린에 대해 유보적인 태도를 취하였다. 그런데 탈냉전 이후 인권은 세계정치의 핵심 이슈로 부상하고 있다. 인권이 보편적 가치라는 점에 대해서는 이론의 여지가 없다. 그런데 현실 국제관계에서 인권이 논의되는 경우 인권은 국가주권, 정치적 역학관계, 국가이익, 문화적 정체성 등의 변수로 인해 국가 간, 지역 간 갈등을 유발하는 요인으로 작용하고 있다.

특히 인권의 보편성과 주권원칙 간의 상호관계에 대한 시각의 차이로 인해 특정 국가의 인권유린 현상을 개선하기 위한 방식을 둘러싸고 갈등이 발생하고 있다. 특정 국가 내에서 발생하는 인권유린은 인권의 보편성에 비추어 국가의 관할권과 내정의 범위를 초월하는 현상으로 보아야 할 것인가? 인권 관련 국제규범에서는 인권을 보호하고 실행하는 주체를 국가로 설정하고 있다. 대부분의 국가들은 인권을 보편적 가치로 인정하고 인권의 보호와 증진에 대해 공언하고 있다. 그러나 이러한 공언에도 불구하고 국제정치의 현실에서는 인권이 유린되는 사례가 비일비재하게 발생하고 있다. 여기에는 국가 중심 사고가 핵심 요인으로 작용하고 있다. 인권을 실행하는 주체인 국가가 인권을 유린하는 행동을 할 때, 외부에서 이를 개선하려는 시도를 할 경우 국가의 주권으로 인해 제약을 당하게 된다.

탈냉전 이후 국제정치 현실이 변화하면서 인도적 개입에서 보듯이 특정 국가의 심각한 인권유린 현상을 위해서는 주권을 초월하여 개입이 허용되어야 한다는 논의가 전개되고 있다. 그렇지만 현실적으로 여전히 국가 중심 사고로 인해 주권의 원칙과 갈등을 빚는 현상이 지속되고 있다. 특히 특정 국가 혹은 특정 지역이 다른 국가의 내정에 관여하고 자신의 가치를 전파하려는 정치적 수단으로 인권을 활용한다는 주장이 여전히 강하게 국제여론을 형성하고 있다.

국가 중심 사고는 인권의 보편성에 대한 해석을 둘러싼 논쟁의 전개과정에서도 핵심 요소로 작용하고 있다. 보편적 개념은 무엇이며 누가 그러한 보편성을 규정하는가? 이러한 물음과 관련하여 각자의 전통과 문화에 따라 인권에 다른 방식으로 접근할 수밖에 없다는 주장들이 제기되고 있다. 아시아적 가치로 표현되는 동아시아 국가들의 인권에 대한 해석이 대표적인 예라고 할 수 있다. 이러한 논쟁은 인권의 보편성을 주장하는 서방진영과 역사적 · 문화적 특수성에 따라 다르게 접근해야 한다는 문화상대주의 논쟁으로 귀결된다고 할 수 있다.

이상에서 살펴본 주권원칙과 문화상대주의를 중심으로 전개되고 있는 인권논쟁을 잘 보여주는 사례가 북한 인권문제라고 할 수 있다. 21세기에 접어들면서 북한 인권문제는 한반도, 나아가 동아시아 질서에 영향을 미치는 요인으로 급부상하고 있다. 2003년부터 2005년까지 3년 연속 유엔 인권위원회에서 북한 인권결의안이 채택되었고, 북한이 비협조적 자세로 일관하면서 2005년 제60차 유엔 총회에서 최초로 북한 인권결의안이 채택되었다. 개별국가 차원에서 미국은 2004년 북한 인권법을 채택하는 등 미 행정부가 북한 인권문제에 직접 개입하도록 법적인 기반을 마련하였다.

국제사회의 직접 개입이라는 압박전략에 대해 북한은 어떻게 인권을 규정하고 어떠한 의미를 부여하고 있는가? 북한이 인권을 규정하고 해석하며 대응하는 데 미치는 세계 정치구조적 특성과 요인은 무엇인가? 이러한 문제의식 하에 이 글에서는 주권원칙과 정치적 활용론, 문화상대주의를 중심으로 북한의 인권관이 어떻게 정립되고 있는지 분석하고자 한다. 북한의 인권에 대한 인식은 전반적인 세계정치 논쟁의 연장선상에 정립되고 있는데, 전반적인 유사점과 특수성을 밝혀내고자 한다. 이와 관련하여 북한이 인권에 대한 인식을 정립하는 과정에서 중국이 지대한 영향을 미치고 있는바, 일정 부분 중국과 비교 · 검토하고자 한다.

2. 보편성, 문화상대주의 논쟁 및 북한의 인권인식

1) 문화상대주의와 아시아적 가치

인권의 보편성을 현실에서 어떻게 실현해 나갈 것인가? 이와 관련하여 인권개념, 인권개념에 대한 해석, 구체적 실행방도 등을 둘러싸고 논쟁이 발생하고 있다. 특히 인권을 누가 어떻게 규정할 것인지를 둘러싸고 격렬한 논쟁이 전개되고 있다. 이러한 논쟁과정에서 각자가 처한 문화적 · 정치적 입장에 따라 인권을 다르게 규정하는 현상이 나타나고 있다. '서구적'인 시각을 반영한 제1세대 권리인 시민적 · 정치적 권리, '사회주의적' 시각을 반영한 제2세대 권리인 경제적 · 사회적 · 문화적 권리, 자결권과 발전권을 강조하는 제3세대 권리로 인권 등 각자의 인식에 따라 인권을 다르게 규정하고 있다.[1] 그런데 인권개념에 대한 상이한 인식은 논쟁 차원을 넘어 인권의 보편적 가치를 현실 차원에서 실행하기 위한 국제인권규범을 형성하는 과정에서도 투영되고 있다. 자본주의 진영과 사회주의 진영이 인권에 대한 인식의 차이를 좁히지 못함으로써 단일 국제인권규약을 채택하지 못하는 대신 각자의 인식을 반영하여 시민적 · 정치적 권리에 관한 국제규약과 경제적 · 사회적 · 문화적 권리에 관한 국제규약이라는 별도의 규약을 제정하였다.

각자의 입장에 따라 자신의 시각을 반영한 국제인권규약에 우선순위를 두고 인권문제에 현실적으로 접근함으로써 갈등이 유발되고 있다. 이러한 우선순위 논쟁에는 문화상대주의라는 논리가 영향을 미치는 요소로 작용하고 있다. 특히 개인을 주체로 하는 자유권을 중심으로 접근하는 서구 중심 시각에 대해 동아시아 일부 국가를 중심으로 문화상대주의 시각에서 반론이 제기되고 있다. 문화상대주의는 현대 인권이론이 내포하고 있는 서구중심주의를 비판하고 문화와 가치의 다양성에 기반을 둔 인권의 다원주의를 주장하는 이론이다. 즉, 사회형태나 발전단계의 다양성에 따라 인권의 다양성 또한 인정되어야 한다는 인식이다. 문화상대주의에 따르면, 서로 다른 문화권에 속한 민족들과 개인들은 인간의 기본적 권리에 대해서도 다르게 이해하고 있다는 것이다.[2]

이 글에서는 도널리의 이론을 원용하여 인권의 보편성에 접근하는 시각을 크게 네 가지로 구분하여 북한의 인권인식을 살펴보고자 한다. 첫째, 급진적 상대주의(radical relativism)[3] 시각으로 문화만이 모든 가치의 궁극적 기원이라고 보는 극단적인 입장이다. 단순히 사람이라는 사실만으로 모든 사람이 동등하게 자격을 부여받은 권리란 존재하지 않는다고 보기 때문에 인권이라는 개념 자체를 부인하는 시각이다. 둘째, 급진적 보편주의(radical universalism) 시각으로 인권을 포함한 모든 가치들은 전적으로 보편적이며, 문화나 역사적 차이에 비추어서도 어떤 방식으로든 수정될 수 없다는 시각이다. 셋째, 강한 상대주의(strong relativism) 시각으로 인권은 전적이라고 할 수는 없겠지만 원칙적으로 문화와 다른 환경에 의하여 결정된다고 주장한다. '보편적' 인권은 단지 문화적으로 특정한 가치들을 점검해 보는 의미를 가질 뿐이라고 보며, 가치들의 변화와 상대성에 강조점을 둔다. 약한 상대주의(weak relativism) 시각으로 보편적 인권을 제1차적인 것으로 보고 문화에 따른 수정은 일정 정도 허용된다는 시각이다. 즉, 권리를 실현하는 방법에 있어서는 역사적 · 문화적 다양성을 인정할 수 있다는 입장이다.[4]

문화상대주의에서 인권문제에 접근하는 인식태도는 동아시아 지역에서 강하게 나타나고 있다. 대부분의 동아시아 국가들은 서구 중심의 인권비판에 대해 내정간섭이론, 문화적 다원주의론, 발전단계설 등을 내세우며 반박하고 있다.[5] 도널리의 구분을 원용할 경우, 상당수 동아시아 국가들은 강한 상대주의 시각에 가까운 관점에서 인권문제에 접근해 오고 있다. 특히 싱가포르를 중심으로 '아시아적 가치(Asian Values)'로 표상되는 문화상대주의 시각이 강하게 표출되고 있다. 아시아적 가치론은 일반적인 문화상대주의에서처럼 인권의 주체, 인권의 우선순위 등의 변수를 기준으로 서구에서 제기하는 인권접근에 대해 비판하고 있다. 특히 동아시아 국가 중 중국 · 북한 · 싱가포르 등이 아시아적 가치의 연장선상에서 서구의 인권 제기에 비판적으로 대응하고 있다.[6]

리콴유 전 싱가포르 총리는 "서구의 가치가 적용될 수 없는 곳에서 서구식 제도를 무차별적으로 강요하지 말라"고 주장한 바 있다. 즉, 서구의 가치를 보편적으로 규정하고 다른 지역과 국가에 강요해서는 안 된다는 것이다.[7] 그렇다면 구체적으로 아시아적 가치의 시각에서는 어떻게 인권에 접근하고 있는가? 먼저 인권의 주체 면에서 일정 수준 시각의 차이를 보이고 있다. 자율적인 개인을 주체로 하는 서구식 인권과는 달리 아시아적 가치에서는 집단, 특히 가족을 중심으로 집단 내 조화를 강조하고 있다. 개인을 권리의 주체로 설정하기보다는 가족을 주체로 설정하고 집단적 가치를 중시하고 있다. 인권의 주체에서 가족을 중시하는 인식태도는 인권을 규정하는 인권개념상의 차이로 연결되고 있다. 서방국가들이 개인의 권리를 존중한다고 주장하지만 개인의 권리 확대의 결과 총기, 마약, 폭력, 공공에서의 무례한 행동 등 사회질서의 불안정이 초래되고 결과적으로 인권유린으로 연결된다고 인식하고 있다. 반면, 동아시아에서는 질서와 안정을 중시하고 질서정연한 사회를 건설함으로써 개인들이 안전하게 생활할 수 있는 여건을 조성하여 나가고 있다고 주장하고 있다.[8]

개인의 자유권 확대는 사회적 무질서를 초래할 가능성이 높고, 이러한 사회적 무질서가 인권유린의 근본요인으로 작용한다는 인식이다. 즉, 총기, 마약, 폭력, 부랑인 등 사회악과 범죄를 인권유린으로 규정하고 있다. 서구의 시각에서 범죄는 인권유린의 범주에 들지 않지만 아시아적 가치론자에게 범죄로부터 보호받을 수 있는 권리야말로 가장 중요한 인권의 하나이며, 이러한 인권을 보호하는 것이야말로 국가와 정부의 존재이유이다. 서구사회의 높은 범죄율과 마약문제, 빈부격차 등이야말로 가장 심각한 인권유린의 사례로 규정하고 있다. 인권이란 의식주와 같이 가장 기본적인 생존권과 외부의 위협으로부터 자유로울 수 있는 안보권(right to security)으로 규정하고 있다. 생존권과 외부위협으로부터의 안보를 위해서는 질서와 안정을 토대로 경제성장을 해야 한다는 주장으로 이어지게 된다. 질서와 안정이 경제성장, 인간존엄을 증진시킬 수 있는 정치질서의 토대를 위한 성장의 전제조건이라는 것이다.

이와 같이 아시아적 가치론에서는 개인의 자유 대 질서와 안정을 대비하면서 인권문제를 인식하고 있다. 특히 아시아적 가치론에 입각한 인권인식은 국가의 역할론과 밀접한 연관을 갖고 정립되고 있다. 개인의 자유보다 질서와 안정 및 집단 내 조화를 중시함으로써 바람직한 사회란 정부의 역할이 최소화되고 시장의 자율성과 개인의 절대적인 권익이 보장되는 자유주의적 사회라기보다는 독립된 주권과 민족자결을 담보해 줄 수 있고 적극적인 경제개발을 통해서 민생의 문제를 해결해 주고 국력을 신장시킬 수 있는 강력한 국가와 정부가 존재하는 사회라는 주장으로 연결된다. 강력한 경찰력과 군대, 사법제도 등은 기본적인 사회질서와 기강을 유지함으로써 국민들에게 안정된 삶을 제공하여 주고 범죄 등의 사회 불안요소로부터 자유로울 수 있는 권리를 보호해 주는 기제로 인식되고 있다.[9] 동아시아나 동남아시아의 대중들은 '인권'이나 '민주주의'를 정부에 요구하기보다 안전과 기본적 생필품, 생활수준 향상을 위한 좋은 기회를 제공할 효과적이고 능률적이며 정직한 좋은 정부를 원한다는 것이다.[10]

그렇다면 아시아적 가치론에서는 국가권력으로부터의 억압을 벗어나려는 개인의 자유 자체에 대해서는 어떠한 인식을 보이고 있는가? 개인의 자유 자체를 부정하는 것인가? 아시아적 가치론에서는 급속한 경제발전을 달성하기 위해서는 국제적으로 승인된 개인의 자유와 권리는 사회집단 전체의 권리를 위해 유보되어야 한다고 주장한다. 다만, 이 경우에도 개인의 자유권에 기초한 인권의 이념 자체를 부정하는 것이 아니라 단지 우선순위를 양보해야 한다는 입장이다.[11] 중국도 개인의 권리를 부정하지는 않지만 여러 권리 중의 하나에 불과하고, 서구에서 주장하듯이 모든 권리를 대체하는 것으로 규정해서는 안 된다고 인식하고 있다.[12]

아시아적 가치라는 문화상대주의 시각에서 인권을 규정하는 인식론은 단순히 논쟁 차원을 넘어 유엔 회의에서 공식적으로 표명되고 있다. 비엔나 세계인권회의에 앞서 1993년 3월 29일부터 4월 2일까지 방콕에서 개최된 아시아지역 회의에서 대다수 국가의 찬성 아래 〈방콕선언(Bangkok Declaration on Human Rights)〉이 채택되었다. 중국이 이 과정에서 주도적 역할을 수행하였는데, 중국은 이 회의에 참석한 대다수 동아시아 국가의 협력을 끌어내어 자신이 선호하는 몇 가지 원칙에 기초하여 선언의 내용을 구성하였다. 이 선언에서 인권은 '본질적으로 보편적'이지만 국가와 지역적 특성, 다양한 문화적 · 역사적 · 종교적 배경의 맥락 속에서 고려되어야 한다고 규정함으로써 문화상대주의적 시각이 강하게 표출되고 있다. 그리고 모든 범주의 인권에 동등한 비중을 둘 것을 강조하면서 경제적 · 사회적 · 문화적 권리와 정치적 권리의 상호 의존에 대해 균형된 방식으로 대처되어야 한다고 주장하고 있다.[13]

〈방콕선언〉을 주도한 중국은 문화상대주의, 아시아적 가치의 관점에서 인권에 접근하고 있다. 특히 중국의 인권인식은 북한에 강하게 영향을 미치는 변수로 작용하고 있다. 중국은 인권의 보편성원칙은 반드시 각국의 사정과 결합되어야 한다는 점을 강조하고 있다. 인권관은 특정 사회의 정치 · 경제 및 문화의 산물로서 국가 간에 인권에 대한 의견 차이가 존재하는 것은 정상이며, 국제사회는 마땅히 각종 정치 · 경제 · 사회제도와 다른 역사 · 종교 · 문화적 배경을 가진 국가들의 인권관을 충분히 고려하고 존중해야 한다는 것이다. 또한 인권의 범주에는 시민적 · 정치적 권리뿐만 아니라 경제 · 사회 · 문화적 권리도 포함되어야 한다고 주장하고 있다. 개인의 인권뿐만 아니라 집단의 인권도 포함되며, 생존권과 발전권이 가장 중요한 인권을 구성한다고 강조하고 있다. 아시아적 가치의 연장선상에서 안정은 인권을 실현하는 전제이며, 발전은 인권을 실현하는 관건이라고 주장하고 있다.[14]

서구의 인권문제 제기에 대한 대항담론으로 제기되고 있는 아시아적 가치 관점에서 인권을 바라보는 시각에 대해 서구에서는 자국민을 억압하고 민주화를 지연시키며 권위주의 체제를 유지하기 위한 수단이라고 비판하고 있다. 아시아의 특수한 '문화전통'이라는 개념은 다른 한편으로 자국 내 민중들의 인권에 대한 반발을 호도하기 위해 내세우는 '선전용 구호'에 불과하다고 비판하고 있다.[15] 또한 부유해지고 강력해지기 위해 억압이 필요한 것은 아니라고 주장하고 있다. 뿐만 아니라 시민적 · 정치적 권리를 부정함으로써 치르게 될 경제적 대가의 문제도 발생하며, 타락이나 독단적 가능성이 있다는 것이다. 나아가 대부분의 아시아 나라들에서 권위주의가 경제적 실패로 귀결되고 있다고 주장하고 있다.[16]

또한 장기적으로 인권이 없는 좋은 정부가 가능할 것인가? 일국이 능률적이고 비교적 자비로우며 부패하지 않은 독재자나 지배엘리트를 가지고 있다고 하더라도 시민적 · 정치적 권리를 인정하지 않은 채 오랫동안 독재를 유지하는 것이 가능할 것인가? 경제성장으로 엄청난 부를 축적한 상태에서 독재유지가 가능할 것인가라는 반론이 제기되고 있다. 아시아적 가치가 개인주의 대 공동체라는 구도 아래 질서와 안정을 중시하는 '합의 추구(consensus seeking)'를 지향한다고 하지만 '합의 강요(consensus imposing)'가 보다 적절하다는 반론도 제기되고 있다. 합의 추구는 모든 시민이 합의에 도달하기 위해 자신의 견해를 표현할 수 있는 언론자유가 필수요소인데, 그렇지 못한 것이 현실이라는 것이다.[17]

2) 문화상대주의와 북한의 우리식 인권론

기본적으로 북한은 문화상대주의의 연장선상에서 인권문제를 인식하고 있다. 우리식 인권론으로 표상되는 북한의 인권관은 사회주의 일반과 마찬가지로 개인주의의 부정적 속성에 대한 비판에서 출발한다. '각자는 자기 자신을 위하여'라는 개인주의적 생활원칙이 지배하는 자본주의 사회는 개인의 이해관계와 사회의 이해관계가 근본적으로 대립되는 사회로서 개인의 이해는 다른 사람의 이해에 대한 침해를 통해서만 달성될 수 있다는 것이다. 즉, "인간의 자유와 권리는 그 본성에 있어서 집단적인 것이며 사회적인 것이다. 반대로 사회와 집단을 떠난 개인은 무력하며, 그러한 개인의 삶은 본질에서 짐승의 삶과 같다"는 논리이다.[18]

집단을 중시하는 인권관은 인권을 어떻게 규정하고 범주를 어떻게 설정하는가라는 차이로 연결된다. 집단주의적 사회가 와해될 때 실업, 빈궁, 범죄와 사회악의 희생이 되어 인권이 유린된다고 인식하고 있다. 범죄와 사회악을 인권의 범주로 설정하면서 질서의 와해로 인한 외부위협으로부터의 안보권을 중요한 인권으로 규정하고 있다. 특히 외부위협으로부터 발생하는 인권유린으로부터 인민대중의 인권을 지키는 방식을 '병영식'이라고 비판하는 것은 어불성설이라고 주장하고 있다.[19] 범죄와 사회악을 인권유린으로 규정하면서 질서와 안정을 중시하고 정부의 역할을 강조하는 인식은 아시아적 가치, 중국의 인식과 일맥상통하는 점이라고 할 수 있다.

북한은 집단주의를 바탕으로 다원주의와의 대비를 통해 자유민주주의, 시민적 · 정치적 권리에 대한 인식을 정립하고 있다. 우리식 사회주의는 집단주의에 기초한 사회로서 인민대중의 통일을 생명으로 하는 사회주의 사회는 사상에서의 '자유화', 정치에서의 '다당제', 소유에서의 '다양화'라는 다원주의와 양립할 수 없다는 것이 북한의 기본 인식이다.[20] 사상의 자유에 대해서는 "자본주의 사회에서 '사상의 자유', '개성의 절대적 자유'는 부르주아 반동사상을 강요하는 '자유'로서 돈 있는 자들이 자기 마음대로 인민들을 억압하고 방탕한 생활을 일삼는 부패타락의 '자유'에 불과하다"고 주장하고 있다. 특히 다당제와 의회제를 민주주의적 정치방식이라고 하지만 사실상 대독점자본가들의 조종하는 현실을 직시해야 한다는 것이다. 의회는 자본가들의 이해를 반영하는 법을 채택하는 '정책화'의 수단에 불과하다고 규정하고 있다.[21] 이는 중국이 1999년부터 매년 발간하고 있는 미국 인권실태 보고서에서 정치적 자유를 기술하는 접근방식과 일맥상통하고 있다. 이 보고서에서 중국은 미국이 민주주의의 모델이라고 자랑하지만 부자들을 위한 민주주의에 불과하다고 비판하고 있다. 부자들을 위한 게임으로 돈에 의해 선거가 실시되며, 미 의회와 행정부의 정책결정은 돈에 의해 크게 영향을 받고 있다는 것이다.

그렇다면 북한에서는 문화상대주의 시각의 연장선상에서 인권문제에 어떻게 접근하고 있는가?

> **지구상의 모든 나라들은 각이한 전통과 민족성, 서로 다른 문화와 사회발전력사를 가지고 있으며 매개 나라의 인권기준과 보장형태도 해당 나라의 구체적 실정에 따라 서로 다르다.[22]**

북한은 개별 국가별로 '인권기준'과 '보장형태'가 다르다고 주장하고 있다. 실천적 방안의 차이는 약한 상대주의적 시각이라고 할 수 있지만 인권기준 자체도 차이가 있다고 주장함으로써 강한 상대주의적 시각을 표출하고 있다.

북한은 1990년대 중반 사회주의권 붕괴라는 체제안보에 부정적인 국제환경이 조성되면서 강한 상대주의적 시각에서 '서방식'과 대비되는 우리식 사회주의, 주체사상을 반영한 '우리식 인권'이라는 독특한 인권개념을 제시하고 있다. 수령, 당, 대중이 일심단결된 인민대중 중심의 우리식 사회주의 제도 아래에서 모든 인민은 참다운 권리와 자유를 누리고 있다. 특히 전체 나라가 화목한 대가정을 형성하고 있는 우리식 사회주의 제도 아래에서는 인권문제 자체가 존재하지 않는다는 논리로까지 비약하고 있다. 아시아적 가치론에서 가족을 중심으로 질서와 안정을 중시하는 논리는 북한의 경우 전체 사회를 하나의 가족으로 규정하여 인권논리를 정립하는 특징을 보이고 있다.

북한은 자본주의 사회가 건설하겠다는 '인도주의적이며 민주주의적인 사회'의 핵심 요소를 다당제와 의회제로 규정하면서 '다당제'와 서방이 주장하는 '인권옹호'는 자본주의 사상과 정치방식의 수용을 강요하고 그것을 실현하는 공간으로 사회주의를 와해시키려는 의도라고 규정하고 있다.[23] 우리식 인권기준에 따라 인권이 잘 보장되고 있기 때문에 '우리식 인권기준'에 따라 인권을 보장해 나가면서 '서방식 인권'을 철저히 배격한다는 것이 북한의 기본 인식이다.[24] 이와 같이 우리식 인권론에 입각하여 체제안보적 관점에서 우리식과 서방식으로 이분화하고 배제의 논리로 접근함으로써 강한 상대주의적 시각을 표출하고 있다. 개념적 유연성이 사라짐으로써 국제사회, 특히 미국과의 대화와 타협의 여지는 상대적으로 줄어들 수밖에 없다. 중국도 주권의 원칙, 집단주의, 경제적 · 사회적 권리 우선 등 상대주의적 시각에서 미국의 인권개입정책에 대응하고 있다. 그렇지만 중국은 이분법적 사고를 벗어나 인권대화를 개최하고 시민적 · 정치적 자유를 상당 부분 수용하는 등 유연성을 보여주고 있다. 여전히 이분법적 사고를 중심으로 인권에 접근하고 있는 북한의 인식은 평등과 상호존중의 관계를 바탕으로 양자 간 대화를 통해 인권문제에 접근하려는 중국의 입장보다 더욱 경색된 수준의 상대주의 논리라고 평가할 수 있을 것이다.

그렇지만 북한은 시민적 · 정치적 권리에 관한 국제규약, 경제적 · 사회적 · 문화적 권리에 관한 국제규약, 아동권리협약, 여성차별철폐협약의 당사자라는 점에서 '국제적으로 공인된 인권기준'을 전면 부정하고 있지는 않다. 또한 당사자로 있는 국제인권규약에 따라 국가보고서를 제출하고 관련 위원회에서 심의를 받고 있다. 특히 1990년대 이후 형법과 형사소송법을 지속적으로 개정하고 변호사법 등 인권 관련 법률을 제정 · 개정하는 등 국제인권규범에 부합하는 방향으로 국내 입법화를 실천에 옮기는 모습을 보이고 있다. 이러한 북한의 태도를 볼 때 문화상대주의 입장에서 국제인권규범을 국제적으로 공인된 인권기준으로 수용하는 긍정적인 측면이 있기는 하지만 여전히 우리식 인권론에서 보듯이 '강한 상대주의적' 관점을 견지하고 있다.

3. 국가주권, 정치적 활용 논쟁과 북한 인권

1) 국가주권원칙과 인권의 정치적 활용 논쟁

냉전시기 미국은 정치 · 군사적인 전략적 이해를 고려하여 동맹과 우호관계에 있는 권위주의 국가들의 인권문제를 적극적으로 제기하지 않았다. 레이건 대통령 시절 외교안보보좌관을 지낸 커크패트릭(Jeane Kirkpatrick)은 가장 심각한 인권침해는 권위주의 독재정부가 아니라 전체주의적 공산주의에 의해 자행되고 있다고 주장한 바 있다.[25] 그런데 사회주의로부터의 위협이 서방국가들이 적극적으로 인권문제를 제기하면서 근대 국제관계의 핵심 원칙인 주권의 원칙과 현실적으로 충돌하는 현상이 발생하고 있다.

이 절에서는 북한의 인식 정립에 영향을 미치고 있는 중국의 대응에 대해 주권의 원칙을 중심으로 살펴보고자 한다. 소련 견제라는 공통의 전략적 이해가 소멸되고 미국이 중국의 인권을 제기하면서 중 · 미 양자관계에서 인권문제가 주요 현안이 되고 있다. 중국에서는 인권은 본질적으로 국내관할에 속하는 사안이며, 국제법의 가장 중요한 원칙인 주권원칙에 종속될 뿐이며 인권이 국가주권에 우선할 수 없다고 인식하고 있다. 구체적으로 어느 한 국가에 있어서의 공민의 권리와 의무, 소수민족의 보호, 여성과 아동의 보호에 대하여 법에 따라 범죄인을 처벌하는 행위는 국내관할에 속한다는 것이다. 이러한 인식에 따라 '인권에 국경이 없다'는 주장을 반박하면서 주권은 인권의 전제이며, 인권은 주권에 의지하여 그 실현이 보장된다고 주장하고 있다. 국권이 없다면 국제사회의 평등한 일원이 될 수 없으므로 근본적으로 인권을 향유할 수 없게 된다는 것이다. 특히 덩샤오핑은 "국가와 국가 간의 관계는 자국의 전략적 국가이익을 고려하는 것으로부터 출발한다"는 인식 아래 "국권이 인권에 비해 중요하다"고 주장하였다. 국가의 주권과 안전이 최우선 과제라고 강조하였다.[26]

이와 같이 주권의 원칙에 입각하여 인권을 내정의 소관으로 규정하는 인식은 미국이 인권을 정치적으로 활용한다는 인식으로 연결되고 있다. 중국에서는 서방국가, 특히 미국이 화평연변(和平演變)의 전략목표를 실현하는 중요한 수단으로 인권문제를 정치화하여 왔다고 주장하고 있다. 미국이 인권은 국경이 없다는 논리, 주권에 대한 인권우선론 등을 제기하면서 자국의 인권관과 의식구조를 다른 나라에 강요하고 있다는 것이다. 특히 세계 패권경쟁을 위한 새로운 전략으로 다른 나라의 내정에 간섭하는 주요 구실로 인권을 활용하고 있다고 주장하고 있다. 미국이 자신의 국가이익을 추구하기 위해 인권문제를 국제관계의 영역으로 끌어들여 세계적으로 미국의 인권관념과 인권기준으로 양자관계와 국제문제를 처리하려는 세계화를 수단에 불과하다는 것이다.[27] 이러한 인권에 대한 인식은 외교부 대변인 등을 통해 중국 정부의 공식입장으로 표명되고 있다. 미 국무부가 『인권 및 민주주의 증진 보고서』를 발간한 직후 가진 기자회견에서 중국 외교부 대변인은 인권의 구실 아래 타국의 내정에 간섭하는 행위를 중지하라고 주장하고 있다.

이상에서 보듯이 중국은 인권이 내정의 소관사항이며 미국이 정치적으로 인권을 활용하고 있다는 인식을 갖고 있지만, '평등'과 '상호 존중'을 바탕으로 인권문제에 대해 양자 간 인권대화를 실시하는 것에 반대하지는 않는다고 강조하고 있다. 이러한 입장에 따라 중국은 미국, 유럽연합과 양자 간 인권대화를 실시하여 오고 있다. 중국은 단지 인권을 구실로 다른 국가의 내정에 간섭하는 행위를 반대할 뿐이라는 점을 강조하고 있다. 역사, 문화와 발전수준에 따라 인권관과 개선방식이 다르다는 점을 인정하고 자신의 관점을 강요할 것이 아니라, 평등과 상호 존중의 원칙에 입각하여 대화와 협력을 통해 상호 이해를 증진하고 공동의 인식을 확대하며 시각 차이를 축소해 나가야 한다는 것이다.[28]

미국이 인권을 정치적으로 활용하고 있다는 인식에 입각하여 중국은 미국의 인권실태를 기술하는 보고서를 발간함으로써 미국의 도덕적 정당성의 부당성을 부각시키는 방향으로 적극적으로 대응하고 있다. 중국 국무원 신문판공실은 2006년 3월 9일 7번째로 *Human Rights Record of the United States in 2005*를 발표하였다. 이 보고서에서 중국은 미국이 세계의 '인권재판관'으로 자처하면서 연례 각국 인권보고서를 발간하고 있지만 미국의 인권실태는 열악하며, 스스로 주장하듯이 인권옹호자와는 크게 대조적이며 경제 · 사회적 발달수준과 국제적 지위에 부합되지 않는다고 주장하고 있다. 특히 자신의 이데올로기를 수출하려는 슬로건이나 자신의 정치적 필요에 따라 타자를 다루기 위한 외교도구로서 인권을 활용해서는 안 되며, 국제협력을 위한 주제가 되어야 한다는 점을 강조하고 있다.[29]

특히 중국은 미국이 인권을 정치화하기 위해 유엔 인권위원회를 활용하고 있다는 시각을 강하게 표출하고 있다. 미국이 서방과 제휴하여 인권을 명분으로 다른 국가의 내정에 간섭하는 방편으로 유엔 인권위원회를 활용하고 있다고 인식하고 있다. 특히 미국이 유엔 인권위원회에서 중국 인권결의안을 지속적으로 상정하자 중국은 유엔 인권위원회가 미국을 비롯한 서방국가들이 다른 국가의 내정간섭을 위한 일방적 포럼으로 전락하였다고 비판하고 있다. 예를 들면, 1996년 유엔 인권위원회에서 중국 인권결의안 채택이 좌절된 직후 중국당국은 공식 논평을 통해 "서구의 불순한 동기에서 자행되는 정치적 대치를 위한 산물"이라고 결의안을 규정하였다. 즉 결의안은 동기가 순수하지 못하고 중국의 내정문제에 간섭하기 위하여 인권문제를 활용하려는 수단이라고 비판하고 있다.[30]

뿐만 아니라 중국이 주도한 〈방콕선언〉에서도 주권의 원칙을 강조하고 서방이 인권을 정치적으로 활용하고 있다는 비판적 인식이 공식적으로 표명되고 있다. 동 선언에서 국가주권, 영토의 통합성, 내정불간섭 존중의 원칙을 재확인하면서 모든 국가는 자신의 정치체제를 결정할 권리, 자원을 통제하고 자유롭게 활용할 권리, 자신의 경제적 · 사회적 · 문화적 발전을 자유롭게 추구할 권리를 보유하고 있다고 강조하고 있다. 자결권이 국제법의 원칙이며 유엔에 의해 인정된 보편적 권리라고 주장하고 있다. 그리고 인권을 실행하는 과정에서 정치적 압력의 수단으로 인권을 활용하는 인권의 정치화가 지양되어야 한다는 점을 강조하고 있다. 또한 국제협력을 강화하기 위해 유엔 시스템의 민주화, 선택성 배제, 절차와 메커니즘의 개선이 필요하다고 주장하고 있다.

2) 주권의 원칙과 북한의 체제유지적 인권인식

전반적으로 국제사회의 인권개입정책에 대해 북한당국은 중국과 마찬가지로 인권의 정치적 활용론의 연장선상에서 인식하고 있다. 북한은 신식민주의 시각을 통해 인권의 정치적 활용을 보다 구체적인 논리로 제시하고 있다. 탈냉전 이후 제국주의 국가들이 정치·경제적 지배권을 행사할 수 있는 신식민주의적 국제질서를 관리하기 위해 '사상적 마취제'로서 인권과 자유를 활용하고 있다고 비판하고 있다. 서방제국이 서방식 민주주의, 서방식 정치모델의 확산을 통해 북한의 제도를 서방화시키기 위해 인권을 제기하고 있다는 것이다. 제국주의자들이 '서방식 민주주의', '서방식 정치모델'을 거론하며 자신들의 반동적 정치체제가 '우월'하다고 다른 나라들로 하여금 받아들일 것을 강요하고 있다는 것이다. 인권개입정책에 대해 숭고한 보편적 가치인 인권을 개선하려는 순수한 동기가 아니라, 압력과 제재를 가하고 타국의 제도를 전복하려는 불순한 정치적 책동으로 규정하고 있다.[31]

이와 같이 북한의 경우 인권의 정치적 활용론은 중국과 비교할 때 '체제전복' 기도로 강화되는 특징을 보이고 있다. 북한은 안보위협, 즉 체제안보의 관점에서 인권문제가 북한 제도를 전복하려는 '반공화국 적대행위의 공간'으로 악용되고 있다고 기본적으로 인식하고 있다. 이와 같이 약소국으로 체제유지를 핵심 목표로 설정하고 인권문제를 인식하고 있기 때문에 강대국인 중국과 같이 대화를 통해 갈등을 해소하고 이해의 공간을 확대하는 유연한 정책을 추진할 수 있는 여지는 축소될 수밖에 없다.

체제유지를 목표로 인권에 접근하고 있는 북한은 어느 국가보다 강력하게 주권의 원칙을 원용하고 있다. 북한당국은 국가가 관할권 내에 있는 인민들이 권리를 향유할 수 있는 법적 · 제도적 · 물질적 조건을 구비해 줄 때 인권이 보장된다고 주장하고 있다. 인권이 국가의 관할사안이라는 강력한 논리 아래 북한은 '인권은 국경을 넘어선 보편적 가치', '인권에 대한 간섭은 내정간섭이 아니다'라는 주장을 '강도적인 논리', '흑백이 전도된 논리'라고 반박하고 있다. 인권유린에 대해 국경을 넘어선 개입이 허용되어야 한다는 주장은 '인권보호'라는 미명 하에 약소 독립국가를 예속시키려는 불순한 정치적 목적으로 규정하고 있다.[32] 인권을 보장하기 위해 국경을 넘어선 개입을 허용해야 한다는 서방국가들의 주권재정의 주장은 정치적 목적을 갖고 있기 때문에 오히려 주권의 원칙을 보다 강화해야 한다고 주장하고 있다. 이러한 주권의 강화 주장은 인권은 곧 국권이라는 논리로 정립되고 있다. 주권은 모든 국가와 민족의 생명선으로 자주권을 상실한 인민은 그 어떤 인권도 향유할 수 없기 때문에 '인권은 국권'이라는 주장이다.[33] 인권을 명분으로 하는 개입을 수용하면 예속상태로 전락하고 이로 인해 인권 자체가 보장되지 않는다는 '국권=인권'이라는 체제안보 논리를 따를 경우, 국제사회와 인권대화를 통해 상호 이해를 재조정할 여지는 극단적으로 축소될 수밖에 없다. 이는 중국이 내세우는 국권논리보다 경직된 형태라고 할 수 있다.

북한은 유엔인권 레짐이 결의안의 형태로 북한 인권문제에 직접 개입하는 방식에 대해서도 체제안보의 관점에서 인식하고 있다.

1997년과 1998년 2년에 걸쳐 유엔 인권소위원회에서 채택된 북한 인권결의안에 대해 북한에 적대적인 세력이 B규약을 남용하여 북한과 투쟁할 목적으로 날조한 정치적 계략의 산물이라고 규정하고 있다. 이러한 판단에 따라 B규약으로부터의 탈퇴를 선언하였다.[34] 특히 유엔 인권위원회와 유엔 총회에서 채택된 북한 인권결의안에 대해 미국의 대북적대정책에 편승하여 '대조선 고립압살책동의 일환'으로 '제도전복'을 목적으로 채택되었다고 규정하면서 전면 거부하는 입장을 견지하고 있다.

북한은 유엔 인권위원회의 북한 인권결의안에 대해 중국과 마찬가지로 선택성, 이중기준 등 유엔 인권위원회의 행태를 들어 비판하는 입장을 취하고 있다. 냉전종식 이후 인권을 정치적으로 활용하려는 기도가 심화되고 있는 가운데 유엔 인권위원회마저 주권국가의 제도변경을 목표로 결의안을 채택하는 등 정치적으로 악용되는 기구로 전락하였다고 유엔 인권위원회의 '정치화'를 비판하고 있다. 또한 유엔 인권위원회가 서방국가들의 이해를 반영하여 '선택성'과 '이중 잣대'를 갖고 활동함으로써 '객관성'과 '공정성'을 상실당하고 있다고 비판하고 있다. 불순한 정치적 목적을 추구하는 세력들에 의해 신뢰성을 상실한 유엔 인권위원회가 채택한 결의안은 순수한 인권개선을 목적으로 하고 있지 않으므로 수용할 수 없다는 것이다.[35]

3) 미국의 북한 인권개입정책과 북한의 인식

미국의 인권개입정책에 대한 북한의 인식은 기본적으로 정치적 활용론의 연장선상에서 인식하고 있다. 그렇지만 북한의 경우 정치적 활용론은 북한의 제도를 '고립 압살'하려는 정치적 의도라는 체제안보관으로 정립되고 있다. 미국이 자신과 제도를 달리한다고 북한을 '억압정권'으로 규정[36]하고 안보에 위협적인 존재라는 미명하에 북한의 제도를 변경하려는 구체적인 전략의 하나로 인권문제를 활용하고 있다고 북한은 인식하고 있다. 특히 미국은 북한 인권법을 제정하여 막대한 재정을 투입하고 지원세력과 비정부기구를 포섭하여 압박전략을 구사하고 있다고 주장하고 있다.

> "
> 핵문제와 함께 인권문제를 우리에 대한 고립압살정책의 2대기둥으로 삼고 있는 미국은 인권을 구실삼아 우리의 제도변경을 한사코 실현해보려 하고 있다.[37]
> "

북한이 북한 인권법을 중심으로 한 미국의 대북인권 직접개입정책을 북한체제 붕괴전략으로 인식하는 것은 역사적 사례에 대한 평가에서 비롯되고 있다. 헬싱키 프로세스에서 현상유지 및 체제보장을 조건으로 사회주의권이 인권을 의제로 수용함으로써 결과적으로 사회주의 제도 자체가 와해되었다고 평가하고 있다. 미국을 비롯한 서방진영이 제도전복의 방식으로 정보(인권)유입과 대량탈출전략을 통해 체제붕괴를 유도하였다고 규정하고 있다.

> “
> 반공화국방송을 통한《자유민주주의》선전과 모략적인 국제적 고립과 압살을 골자로하고 있으며 동유럽 사회주의 나라들을 붕괴시킨 방법으로 우리 공화국을《붕괴》시키겠다는 것이다.[38]
> ”

그리고 미국이 인민대중 중심의 우리식 사회주의 체제를 부정하는 수단으로 인권을 활용하고 있다고 인식하고 있다. 이러한 북한의 인식은 2005년 3월 2일 외무성 비망록에 잘 나타나고 있다. 동 비망록에서 북한은 “미국은 응당 〈폭정의 종식〉 발언에 대해 사죄하고 이 발언을 취소하여야 하며 우리의 〈제도전복〉을 노린 적대시정책을 포기하고 평화공존에로 나올 정치적의지를 명백히 밝히며 그를 실천행동으로 보여주어야 한다”고 요구하였다.[39] 특히 2005년 3월 상하 양원에 ‘민주주의 증진법’에 상정되자 북한 내 반대세력의 지원과 육성을 통한 민주주의 확산전략을 경계하고 있다.[40]

이상에서 보듯이 북한은 미국의 인권개입정책에 대해 체제유지 관점에서 인식하고 있다. 그런데 북한당국이 정치적 활용론에 입각하여 인권문제를 인식하고 있지만 미국의 정책목표에 대해 체제붕괴(system collapse), 리더십 교체(leadership change), 체제변환(regime transformation) 중 어느 것으로 규정하고 있는지는 명확하지 않다.

북한은 중국의 미국 인권보고서에서 보듯이 미국이 미국식 인권기준을 보편적 것으로 규정하여 타국으로 하여금 수용하도록 강요하는 현상에 대해 '인권재판관'으로 개념화하여 비판하고 있다. 즉, 대외적으로 미국이 최대의 인권유린국이라는 논리로 미국의 인권개입정책에 대한 대응논리를 정립하고 있다. 인권유린국인 미국이 적반하장격으로 오히려 타국의 인권을 문제 삼으면서 '인권재판관' 행세를 하는 것은 언어도단이라고 대외적으로 선전하여 미국의 부도덕성을 부각시키려는 전략이라고 할 수 있다.[41]

북한이 미국을 인권유린국으로 규정하는 첫째 논거는 인권에 대한 접근의 차이에서 비롯되고 있다. 특히 인권의 개념과 범주에 대한 중국의 규정과 일맥상통하는 면을 보이고 있다. 북한은 미국 내에서 종교와 인종차별, 총기류 범람, 폭력과 마약범죄 등 심각한 인권유린이 자행되고 있다고 주장하고 있다. 이러한 북한의 주장은 시민적 · 정치적 권리 등 '개인'을 중심으로 하는 '자유권'보다는 공동체로부터 야기되는 개인에 대한 안보위협이 보다 중요한 인권으로 보아야 한다는 논리라고 할 수 있다.

둘째, 미국이 패권국가, 경찰국가 행세를 하면서 다른 국가에 대한 무력을 사용함으로써 무고한 주민을 희생시키는 것이 인권유린 행위라고 비판하고 있다. 이는 중국의 미국 인권보고서에서 타국에서의 미국의 인권침해 조항과 일맥상통하는 논리라고 할 수 있다. 이라크 전쟁에서 보듯이 세계제패전략에 따른 다른 나라에 대한 전쟁행위가 인권유린의 대표적 행위라고 주장하고 있다. 즉, 군사적 공격에 의한 주권침해가 해당 국가 국민들에 대한 인권침해의 최고 형태라는 것이다. 또한 북한은 이라크전에서의 미국의 행태를 집중적으로 부각시키고 있다. 세계적으로 비판의 대상이 되었던 미군의 이라크 포로 학대행위야말로 미국이 대표적인 인권유린국이라는 점을 입증하는 사례라고 주장하고 있다.

끝으로 국제인권규약에 대한 미국의 태도와 입장을 근거로 인권에 대한 미국의 이중성을 비난하고 있다. 북한 인권법 상원 통과 이후 외무성 대변인은 미국은 여성차별철폐협약을 비준하지 않고 있고 아동권리협약도 서명하기를 거부하고 있는 나라라고 비난하고 있다.[42]

정치적 활용론의 시각에서 인권문제를 인식하고 있는 북한의 태도는 핵문제에 대한 접근에도 일정 부분 영향을 미치는 요소로 작용하고 있다.

> 지금 일부에서는 핵문제가 해결되면 마치도 모든 문제가 다 풀릴 것처럼 환각에 빠져 있지만 미국의 세계지배전략이 변하지 않는 한 이것은 한갓 몽상에 지나지 않는다.[43]

핵문제 해결의 최대 핵심 조건으로 '체제보장'을 내세우고 있는 북한으로서는 핵문제가 해결된다고 하더라도 인권문제가 존재하는 한 과연 체제가 보장될 것인지에 대해 의구심을 갖고 있다. 이와 같이 북한은 핵문제가 해결되면 미국과의 관계정상화를 통한 체제안전이 보장될 것인지, 핵문제 해결 이후에도 인권 등 다른 이슈의 진전 여하에 따라 관계정상화가 가능할 것인지에 대해 확신하지 못하고 있는 것으로 판단된다.

4. 맺는 말

제2차 세계대전 이후 국제사회는 인권의 중요성을 인식하고 현실 국제관계에서 인권을 보장하기 위한 기준과 규범을 만들기 위해 지속적으로 노력하여 오고 있다. 이러한 노력의 결과 시민적 · 정치적 권리에 관한 국제규약, 경제적 · 사회적 · 문화적 권리에 관한 국제규약을 중심으로 구체적인 인권규약들이 채택됨으로써 인권을 보장하기 위한 구체적 국제기준들이 정립되어 오고 있다. 유엔 회원국들의 대다수는 이러한 국제인권규약에 가입하여 국제적 기준에 입각하여 자국 내에서 인권을 개선하기 위한 정책들을 추진하고 있다.

그렇지만 현재의 국제인권기준과 주요 문화전통 간에 갈등과 긴장의 분명한 영역이 존재하고 있는 것 또한 부인할 수 없는 현실이다. 대다수 국가가 국제인권규약에 서명함으로써 국제인권규약을 '국제적으로 공인된 보편적 기준'으로 수용하고 있지만 누가 인권개념을 정의하고 어떤 인권범주를 우선적으로 보장할 것인지에 대한 논쟁은 지속적으로 전개되고 있다. 이러한 논쟁은 개인을 주체로 사유권을 숭시하는 미국을 중심으로 하는 서방국가의 인권개념과 접근방식에 타문화권과 지역에서 대항담론을 제기하면서 격화되고 있다. 특히 이러한 논쟁은 인권의 보편성과 문화상대주의 간의 논쟁을 전개되고 있으며, 문화상대주의 시각은 동아시아 국가, 특히 중국과 북한에서 강하게 제기되고 있다. 중국을 비롯한 개발도상국가들은 국제사회의 개입전략에 대해 주권의 원칙과 정치적 활용론으로 강하게 반발하고 있으며, 이러한 현상은 상당 기간 지속될 것으로 전망된다.

북한도 기본적으로 문화상대주의, 주권의 원칙과 정치적 활용론이라는 세계정치 차원에서 전개되고 있는 인권논쟁의 연장선상에서 인권문제에 접근하고 있다. 특히 중국의 인권인식과 논리에 상당한 영향을 받고 있는 것으로 평가된다. 그렇지만 강대국인 중국이 대화를 통해 이해를 조율하고 자신의 인식을 적극적으로 개진하는 유연한 대응전략을 구사하고 있는 반면, 체제유지가 최대 목표인 약소국 북한은 강한 상대주의 시각에서 상대적으로 경직된 인식과 태도를 표출하고 있다. 서방식과 우리식 인권이라는 이분법적 사고를 바탕으로 대화를 통한 이해의 조정보다는 배제전략을 채택하고 있다. 특히 체제유지를 위한 인권인식은 중국보다 경직된 형태로서 국권은 곧 인권이라는 논리로 비약되고 있다. 뿐만 아니라 전체 사회를 하나의 가족으로 설정하여 질서와 안정을 우선시하는 논리로 연결되고 있다. 나아가 우리식 인권론에서 수령, 당, 대중을 중심으로 하는 우리식 사회주의에는 인권문제 자체가 없다는 논리로 비약하는 특징을 보이고 있다. 물론 현실 정치 차원에서 북한도 형법과 형사소송법을 개정하는 등 국제적 기준의 보편성을 일정부분 수용하는 유연성을 보이고 있는 것 또한 사실이다.

그렇지만 본질적으로 체제유지 차원에서 인권문제를 정립하여 가는 태도는 앞으로도 상당 기간 지속될 것으로 전망된다. 북한이 체제유지에 대한 자신감을 회복할 때까지 주권원칙을 근거로 정권안보 차원에서 인권문제에 접근하는 태도는 본질적으로 변화하지 않을 것이다. 다만 북한이 국제사회, 특히 미국의 인권개입정책에 대해 어떠한 목표를 갖는 것으로 규정하는지에 따라 대응전략은 다르게 나타날 것이다.

리더십 교체라고 규정할 경우 수령옹위 체제를 유지하고 있는 북한이 인권문제에 대해 미국과 조율할 여지는 사라지고 말 것이다. 만일 단기적인 리더십 교체가 아닌 장기적인 체제붕괴전략으로 규정할 경우, 대내통합을 강화하면서 점진적인 개혁 · 개방으로 대응해 나갈 가능성이 있다. 끝으로 체제변환으로 규정할 경우 김정일 정권을 유지해 가는 가운데 개혁 · 개방을 추진하면서 마약, 위폐 등 정책을 변경하는 등 미국과 인권문제로 대화할 수 있는 공간은 넓어질 가능성이 있다. 이 과정에서 보편성과 문화상대주의, 주권의 원칙과 개입 허용이라는 세계적인 논쟁이 북한의 태도 정립에 지대한 영향을 미치는 요인으로 작용하는 동시에 북한은 이러한 논쟁을 최대한 활용하여 나갈 것이다.

(논문접수일 4월 22일, 심사완료일 6월 9일)

주

1_ 잭 도널리 지음, 박정원 옮김, 『인권과 국제정치』(서울 : 오름, 2002), pp. 71-72.

2_ 이원웅, "동아시아의 민주화와 인권," 이상우 편저, 『21세기 동아시아와 한국 1 : 부상하는 새 지역질서』(서울 : 오름, 1998), p. 185.

3_ 문화적 절대주의(Cultural Absolutism)로 지칭하는 경우는 Roda Howard, "Cultural Absolutism and the Nostalgia for Community," *Human Rights Quarterly*, 15(May 1993). 이외에도 극단적 상대주의(extreme relativism) 등으로 지칭된다. An-Naim, Abdullahi Ahmed, ed., *Human Rights in Cross-Cultural Perspectives : A Quest for Consensus*, Introduction(Philadelphia : University of Pennsylvania Press, 1992).

4_ 도널리(2002), pp. 73-76. 이외에도 문화상대주의에 대해서는 Michael J. Perry, "Are Human Rights Universal? The Relativist Challenge and Related Matters," *Human Rights Quarterly*, 19-3(August 1997) ; John J. Tilly, "Cultural Relativism," *Human Rights Quarterly*, 22-2(May 2000) 등을 참조.

5_ Bilahari Kausikan, "Asia's Different Standard," *Foreign Policy*, 92(Fall 1993), p. 26.

6_ 인권과 아시아적 가치와의 관계에 대해서는 De Bary, Wm. Theodore, ed., *Asian Values and Human Rights : A Confucian Communitarian Perspective*(Cambridge : Harvard University Press, 1998) ; Bauer, Joanne R. Bell, Daniel A., ed., *The East Asian Challenge for Human Rights*(Cambridge : Cambridge University Press, 1999) ; De Bary, Wm. Theodore, ed., *Confucianism and Human Rights*(New York : Columbia University Press, 1998) ; 이승환 외, 『아시아적 가치』(서울 : 전통과 현대, 1999) 등을 참조.

7_ 이승환(1999), pp. 324-325.

8_ "문화는 숙명이다-자카리아/리콴유와의 대담," 이승환(1999).

9_ 함재봉, "아시아적 가치논쟁의 정치학과 인식론," 『아시아적 가치』, pp. 197, 208.

10_ Kausikan(1993), p. 37.

11_ Adamantia Pollis, "Development, Growth, and Human Rights," David Forsyth(ed.), *Human Rights and Development*(New York : St. Martin's Press, 1989), 238-239 ; 이원웅 183에서 재인용.

12_ 박종귀(2001), p. 248.

13_ A/CONF.157/ASRM/8;A/CONF.157/PC/59, http://www.unhchr.ch/html/menu5/wcbangk.htm. 앤드류 네이탄, "중국의 인권문제, 어떻게 볼 것인가," 한상진 편,

『현대사회와 인권』(서울 : 나남출판, 1998), p. 41.

14_ 中國人權硏究會, 『中國人權硏究年鑒』(北京 : 當代世界出版社, 2000), pp. 48-56. 楊成銘, "동북아 인권포럼의 결성 : 중국의 시각," 최의철 외, 『동북아지역 인권체제(포럼) 구성 추진』(서울 : 통일연구원, 2005), pp. 217-226에서 재인용.

15_ 이승환(1999), pp. 315-316.

16_ 잭 도넬리, "인권개념의 보편성과 아시아적 가치," 『계간 사상』, 1996년 겨울호.

17_ Aryeh Neier, "Asia's Unacceptable Standard," *Foreign Policy*, 92(Fall 1993), pp. 42-43.

18_ 김창렬, "제국주의자들이 떠벌이고 있는 <인권옹호> 와 그 반동적 본질," 『근로자』, 1990년 2호, pp. 93-96.

19_ 김정일, "사회주의에 대한 훼방은 허용될 수 없다," 『김정일선집』, 제13권(평양 : 조선로동당출판사, 1998), p. 361.

20_ 김정일, "사회주의건설의 력사적교훈과 우리 당의 총로선," 『김정일선집』, 제12권(평양 : 조선로동당출판사, 1997), p. 283.

21_ 한하련, "자본주의에 대한 환상의 반동성과 그 해독성," 『철학연구』, 2001년 제1호(루계 제84호), 2001. 1, p. 44.

22_ 『로동신문』, 2001. 3. 2.

23_ 『로동신문』, 2000. 1. 3.

24_ 『로동신문』, 1995년 6월 24일.

25_ Jeane J. Kirkpatrick, "Dictartorship and Double Standards," *Commentary* 68 (November 1979).

26_ 史達心, "論人權和人權的國際保護," 『安徽大學學報』(哲學社會科學版), 1992年 第3期 ; 谷春德 · 鄭杭生, 『人權 : 從世界到中國—當代中國人權的理論與實踐』(北京 : 黨建讀物出版社, 1999), p. 377 ; 박종귀, 『중미인권분쟁』(서울 : 새로운사람들, 2001), pp. 275-276, 291에서 재인용.

27_ 郭祥才 · 謝維營, "我國學者對人權問題的硏究槪述," 『敎學與硏究』 1992年 第1期 ; 周金榜, "美國 人權外交 政策的産生及實質," 『首都師範大學學報』(社會科學版) 1991年 第6期 : 박종귀(2001), pp. 278-281에서 재인용.

28_ 조경란, "'중국적' 인권의 개념화에 대한 사상적 시론," 성공회대 인권평화연구소 엮음, 『동아시아 인권의 새로운 탐색』(서울 : 삼인, 2002), pp. 118-121.

29_ 동 보고서에서 중국은 개인의 생명과 안전, 법집행 · 사법기관에 의한 인권침해, 정치적 권리 및 자유, 경제적 · 사회적 · 문화적 권리, 인종차별, 여성 및 아동의 권리, 타국에서의 미국의 인권침해 등 7개 부문으로 대별하여 미국의 인권침해

실태를 기술하고 있다. 반면, 미국의 『연례각국인권보고서』 중 중국 부분은 개인의 존엄성 존중, 시민적 자유의 존중, 정치적 자유의 존중, 국제기구, 비정부기구의 인권침해 조사에 대한 중국 정부의 태도, 차별 및 사회적 유린과 인신매매, 노동의 권리 등 6개 부문으로 대별하여 인권실태를 기술하고 있다.

30_ Human Rights Watch, "Chinese Diplomacy, Western Hypocrisy and the U.N. Human Rights Commission," March 1997. http://www.hrw.org/summaries/s.china 973.html(검색일 : 2006. 5. 2).

31_ 『로동신문』, 1995년 6월 24일, 2000년 1월 8일, 12일. 북한당국의 이러한 인식과 관련하여 미 국무부가 매년 발간하는 『연례각국인권보고서』에서는 다음과 같이 기술하고 있다. 북한 지도부는 대부분의 인권규범, 특히 개인의 권리를 정당하지 못하고 외래적이며 국가와 당의 목적을 전복하려는 것으로 인식하고 있다는 것이다. U.S. Department of State, Country Reports on Human Rights 2003.

32_ 『로동신문』, 1995년 6월 24일, 2000년 1월 12일.

33_ Statement by The Delegation of The Democratic People's Republic of Korea to the Fifty-Sixth Session of the Commission on Human Rights, 29 March, 2000 ; 『로동신문』, 1995년 6월 24일.

34_ 『조선중앙통신』, 1997년 8월 28일.

35_ E/CN.4/2005/G/13, Letter from the Permanent Representative of the Democratic People's Republic of Korea, 2005. 3. 2 ; 『평양방송』, 2005. 4. 20.

36_ 『로동신문』, 2003년 2월 7일 ; 『민주조선』, 2003년 3월 4일.

37_ 『조선중앙통신』, 2004년 7월 27일 ; 『평양방송』, 2005년 4월 20일.

38_ "한낮의 개꿈," 『우리민족끼리』, http://www.uriminzokkiri.com/, 2004. 6. 30(검색일 : 2004. 7. 2).

39_ 『조선중앙통신』, 2003년 8월 4일, 2005. 3. 2.

40_ 『중앙방송』, 2005년 3월 7일.

41_ 북한의 '인권재판관' 논리에 대해서는 김수암, 『미국의 대북인권정책연구』(서울 : 통일연구원, 2004), pp. 93-95.

42_ 『조선신보』, 2004. 10. 2.

43_ 『조선중앙통신』, 2004년 7월 27일.

5

안보 패러다임의 변화와 한미동맹 재조정

김영호(국방대학교 안보대학원)

서론 / 탈냉전기 안보 패러다임의 변화내용 / 한미동맹 재조정의 주요 특징
한미동맹 재조정에 대한 안보 패러다임 / 변화의 영향과 한계 / 결론

* * *

본 글은 탈냉전기에 들어와 대두된 안보 패러다임의 새로운 변화추세를 살펴보고, 최근 추진되고 있는 한미동맹 재조정이 그런 추세를 얼마나 반영하고 있고 또 한계점은 무엇인가를 검토하였다. 그 결과 포괄적 안보, 인간안보, 공동/협력안보 강조라는 지배적 안보담론의 전반적 변화와 함께 전쟁 수행방식 및 동맹성격 변화라는 군사안보 영역에서의 전략변화들은 포괄적 · 역동적 · 호혜적 동반자관계로 나가려는 한미동맹 재조정 방향에 상당 부분 반영되고 있음을 알았다. 특히 포괄적 · 역동적 관계로의 발전 모색은 새로운 변화추세와 정확히 부합하고, 군사영역에서의 변화양상도 많은 부분 일치한다는 결론을 내렸다. 다만 적대세력과도 공존 · 공영을 모색하는 공동안보 및 협력안보의 기반 조성이라는 측면에서 볼 때 한미동맹의 최근 재조정은 다소 한계가 있다고 하겠다. 이런 한계는 동북아 안보질서에 아직도 지속되고 있는 냉전적 성격과 한미 간의 대북인식 격차가 주된 이유이다. 결론적으로 보다 장기적인 안목에서 동북아지역의 항구적인 평화정착을 제도화하기 위해서는 결국 동맹과 다자안보 협력의 조화 모색이 필요하다는 점이 강조된다.

주제어 : 포괄적 안보, 인간안보, 공동안보, 한미동맹, 신미국 안보전략, 새 전쟁 패러다임, 동맹성격 변화

1. 서론

본 글은 냉전종식 이후 국제사회의 지배적 안보담론, 즉 안보패러다임의 변화와 최근 진행되고 있는 한미동맹 재조정 방향과의 상관관계를 분석해 보고자 한다. 다시 말해 탈냉전기 새롭게 대두된 위협인식과 대응방식에 대한 국제사회의 대표적 해석과 설명논리들이 어떻게, 얼마나 한미동맹 재조정에 투영되어 있고, 그 한계는 무엇인지를 알아보려고 한다.

최근 한 · 미 양국은 반세기 이상 지속되어 온 한미동맹을 보다 더 미래지향적 형태로 발전시키기 위해 협의와 조정을 시도해 오고 있다. 2003년 동맹체결 50주년을 맞아 본격화되기 시작한 이 재조정 작업은 세계 안보정세의 새로운 변화와 양국의 국내정치적 지형변화를 복합적으로 반영하고 있어 향후 한미동맹의 근본성격과 위상에 상당한 변화가 있을 수 있음을 예고하고 있다. 주한미군 규모축소와 전력개편, 용산기지를 비롯한 미군기지들의 대대적인 통폐합과 한강이남 이전, 전시작전통제권 환수 등과 같은 군사적인 재편과 아울러, 한미 외무장관 간 정기적 전략대화 신설과 한미 FTA체결 추진 등과 같은 비군사적 측면에서도 관계 재정립을 모색하는 것은 분명 과거와는 질적으로 다른 동맹조정이 이루어짐을 시사해 준다.[1)] 따라서 이러한 한미동맹 재조정의 중요성을 감안할 때 이번 재조정의 적절성과 타당성을 따져보는 일은 꽤 의미 있는 일일 것이다.

그런데 그 일을 위해서는 평가의 적절한 기준이나 비교대상이 필요하다. 이에 본 글에서는 국제사회의 안보 패러다임 변화추세를 선택한 것이다. 물론 지배적인 안보 패러다임과의 부합성 여부가 반드시 정책의 합리성을 보장해 주는 것은 아니지만, 정책의 보편타당성에 대해서는 어느 정도 판단할 수 있는 근거를 제공해 준다는 점에서 의미는 있다고 본다. 사실 거시적 차원의 국제 권력구조 변화와 지배적 안보담론의 변화는 국가를 포함한 국제체제 내 행위자들의 행동과 관계에 지대한 영향을 미친다. 왜냐하면, 이들 권력구조와 지배적 안보담론은 행위자들이 선택할 수 있는 정책대안의 종류와 형태를 제약하고, 정당화의 논리를 제공하기 때문이다. 특히 중소국들에게는 이러한 경향이 더욱 강하게 나타나는데, 이들 국가들의 경우는 국가 안보전략이나 외교정책 수립시 아예 국제사회의 지배적 안보담론을 중요한 지침이나 논거로 삼는 경우가 많아서이다. 따라서 탈냉전기 안보 패러다임의 변화추세를 준거로 최근 한미동맹의 재조정 방향에 대해 검토해 보는 것은 꽤 흥미로운 작업이 될 수 있을 것이다.

구체적으로 본 글의 구성은 먼저 냉전종식 이후 점차 변화되어 온 안보 패러다임의 특징들을 간략하게 개관하고 나서 둘째, 최근 추진되고 있는 한미동맹의 재조정 내용을 주요 사항 중심으로 요약한 후, 셋째 안보 패러다임 변화가 한미동맹 재조정에 투영된 정도와 한계를 분석하고, 마지막으로 몇 가지 정책적 제안을 결론으로 제시할 것이다.

2. 탈냉전기 안보 패러다임의 변화내용

탈냉전기에 접어들면서 가장 크게 나타난 안보 패러다임상 변화는 크게 2가지로 정리될 수 있다. 첫째는 안보영역 전체에 대한 새로운 인식과 행동양식 변화이고, 둘째는 전통적 안보영역 내에서 생겨난 전략상 변화라고 할 수 있다. 즉, 첫 번째 변화는 안보분야 전반에 걸쳐 일어난 변화로 안보의 대상, 영역, 그리고 추진방식의 변화라고 규정할 수 있고, 두 번째 변화는 군사안보 영역 내에서 일어난 변화로 군사안보 실행전략의 변화라고 규정할 수 있다.

1) 안보대상, 영역, 추진방식의 변화

냉전종식 이후 변화하고 있는 지배적 안보담론의 내용은 대개 3가지로 요약된다. 첫째는 안보의 대상, 즉 누구의 안전을 보장해야 하는가에 대한 인식의 변화로서 "국가중심에서 인간중심 안보로의 변화(from national to human security)"를 들 수 있다. 둘째는 안보의 내용, 즉 위협발생 영역의 다양화와 복잡화인데 구체적으로는 "군사안보에서 포괄안보로의 변화(from military to comprehensive security)"를 꼽을 수 있다. 셋째는 안보의 추구방법, 즉 위협을 방지 · 제거 · 퇴치하기 위해 대비하고 대응하는 방법과 수단의 변화로서 "힘에 의한 억지에서 협력안보로의 변화(from deterrence to cooperative security)"를 들 수 있다.

① 국가안보에서 인간안보로

흔히 안보라고 하면 대개 국가안보를 생각하는 경우가 많다. 즉, 엄격히 구별하자면 외부의 위협으로부터 "국가"를 보호한다는 의미로 "안보"라는 표현을 사용하는 대신 국내상황에서는 "치안"이란 표현을, 개인 차원에서는 "신변안전"이라는 말을 사용한다. 이는 국내와 국외를 구분하고 국제질서와 국제관계를 해석할 때는 국가를 단위로 생각하는 시각에 익숙해진 탓도 있다.[2] 그러나 어떤 종류의 위협이든 위협으로부터 안전을 확보하고 유지함에 있어 누구를 대상으로 하느냐의 문제는 매우 중요한 문제이다. 궁극적으로 보호해야 할 대상에 따라 안보의 내용과 방법도 달라지기 때문이다.

국가 중심의 안보관에서 탈피하여 인간 중심의 안보관이 세계적으로 공론화되기 시작한 것은 유엔개발계획(UNDP)의『인간개발보고서(Human Development Report)』(1994)를 통해서였다. 이는 대내외적 침략으로부터 국가의 주권과 영토, 그리고 국민의 생명과 재산보호, 또 국익보호와 증진, 핵전쟁의 위협으로부터 국가와 우방국의 안전보호 등과 같은 문제에 주안점을 두는 전통적 안보관을 넘어 일반인들(ordinary people)의 일상에 존재하는 다양한 위협들의 해소를 중시하고 이에 초점을 맞춘 안보관이라고 할 수 있다. 좀더 구체적으로 말하자면, 물리적 폭력과 군사력만이 위협의 근원이 아니라 질병, 기아, 실업, 범죄, 사회갈등, 정치적 박해, 유해한 자연환경 등과 같은 일상의 위해요인들도 개인의 삶을 위협하고 파괴하여 궁극적으로는 인류 전체의 생존까지도 위협하는 중요한 요소가 될 수 있다는 인식에 기초한 안보관이다. 즉, 직접적 폭력으로부터의 보호 차원을 넘어 개인의 성장과 발전을 위한 자유롭고 안전한 선택을 보장해 주고 균등한 경제적 · 사회적 기회를 제공해 줄 수 있는 여건조성이라는 보다 적극적 의미의 안보를 주장하는 시각인 것이다.[3)]

이러한 인간 중심의 안보관에 따르면, 지역에 따라 정도의 차이는 있지만 선 · 후진국을 막론하고 세계 어느 곳이든지 인간안보를 위협하는 요소는 항상 존재하며, 날로 점차 증가되고 있는 추세라고 한다. 이는 인간안보가 국지적 관심이 아닌 보편적 관심을 강조함을 말해준다. 즉, 특정 국가나 지역이 아닌 전 세계 모든 일반인들에게 공통적으로 적용되는 위협의 문제에 관심을 둔다는 말이다.

인간 중심 안보관은 안보위협 요소의 보편성과 함께 이들 요소들의 상호 연관성도 강조한다. 어느 한 지역에서 일어나는 인간안보에 대한 위협은 고립된 일정지역의 현안으로만 국한되는 것이 아니라, 범지구적 차원의 문제로 연결될 수 있음을 지적하는 것이다. 즉 기근, 질병, 환경오염, 마약밀매, 테러리즘, 종족갈등 등은 한 나라의 국경 안에만 국한되는 문제가 아니라, 초국가적(transnational) 성격을 띠면서 점차 공간적으로 범위가 넓어질 수 있다는 것이다. 따라서 당면한 국가만의 힘으로는 인간안보에 대한 위협은 해결할 수 없고, 지구상 모든 국가와 비국가행위자들의 관심과 참여가 필요하게 된다는 점을 강조한다.

인간 중심 안보관의 또 다른 특징은 사후 개입이나 해결보다는 조기예방을 강조한다는 것이다. 이는 개개인의 안위에 초점을 두는 인간 중심 안보관의 입장에서 보면, 일단 문제가 발생되었다는 사실은 이미 어떤 개인의 고통과 희생이 어느 정도 강요되었다는 것이고, 벌써 인간안보에 대한 침해가 있어났다는 것을 의미한다. 따라서 진정한 인간안보를 위해서는 위협의 발생을 사전에 방지하는 것이 문제가 터진 후 해결하는 것보다 우선해야 한다는 주장이다. 또한 예방이 사후 해결보다는 노력과 비용 면에 있어도 보다 경제적이라는 점도 강조된다.

마지막으로 인간 중심 안보관은 참여를 통한 인간발전을 강조한다. 이는 인간 중심 안보관이 위협의 해소만큼이나 위협해소의 과정도 중시한다는 것을 보여준다. 인간 중심 안보관이 자립적이고 자발적인 인간의 삶을 강조하지만 그렇다고 배타적 고립을 의미하는 것은 아니라는 것이다. 오히려 타인과 공동체를 도울 수 있는 정신적 · 물질적 여유를 갖게 되는 자립적 안보를 강조한다고 할 수 있다. 다시 말해 소극적이고 방어적 안보개념이 아닌 포합적이고 융화적인(integrative) 안보개념으로 물리적 힘이나 군대에 의해서보다는 모든 사회구성원들이 함께 참여하고 연대를 통해 달성할 수 있는 안보를 추구하는 것이다.

② 군사적 안보에서 포괄적 안보로

위에서 언급한 것처럼 안보의 주요 대상이 국가에서 개별 인간으로 이동되면서 자연히 안보의 영역에 대한 인식에도 변화가 나타났다. 즉, 물리적 폭력이 개입된 군사적 차원의 위협에 초점을 맞추던 전통적인 안보관을 넘어서서 이젠 보다 다양한 가치에 대한 위협들이 안보의 영역으로 새롭게 포함되게 된 것이다. 즉, 물리적인 폭력을 동원한 외부의 침략으로부터 주권, 영토, 및 국민을 보호하는 군사적 안보뿐만 아니라 정치 · 경제 · 사회 · 환경 등 다양한 분야에서 개인 및 집단이 중요시하는 핵심 가치들(core values)에 대한 보호를 모두 포함하는 포괄적 안보로 안보영역이 확대된 것이다.[4)]

좀더 구체적으로 살펴보면, 군사적 안보를 제외하고 포괄적 안보영역에 새로 추가된 대표적인 안보영역의 내용으로는 제일 먼저 경제안보를 들 수 있다. 경제안보란 경제활동, 즉 재화와 서비스의 생산, 분배, 그리고 소비활동에 대한 안전보장을 의미한다. 경쟁과 모험을 전제로 하는 자본주의 체제 하에서 경제활동에 대한 안전보장이란 애매한 개념이다. 그러나 생산에 필요한 에너지와 원자재의 원활한 공급, 공정한 매매 및 거래질서의 확립, 기본적 소비재의 안정적 공급, 지나친 빈부 격차의 해소 등은 국민생활의 영위와 국가존망에 중요한 안보요인임에는 틀림없다.

경제안보 다음으로 포괄적 안보로 추가된 안보영역은 사회안보라고 할 수 있다. 이는 정치나 군사적 위협의 일부로 간주되기도 하는데, 사회문화적 가치에 대한 위협 또는 국가의 종교 · 언어 · 전통에 대한 위협을 의미하는 것이다. 이스라엘의 아랍국가들에 대한 위협, 이슬람 근본주의자들이 말하는 서구문명으로부터의 위협, 나치 독일의 슬라브민족 또는 문화에 대한 위협 등을 예로 들 수 있다. 최근 심화되고 있는 종족갈등으로 인한 종족말살(ethnic cleansing) 행위도 사회안보의 영역이라고 할 수 있을 것이다.

경제안보와 사회안보 다음으로 포괄적 안보에 속하는 가장 대표적인 새 안보영역으로는 환경안보 혹은 생태적 안보(ecological security)를 들 수 있다. 이는 국가의 물리적 · 지리적 근간인 자연자원과 환경에 해를 가하는 위협으로부터의 안전을 의미한다. 자원고갈과 환경파손 및 오염 등은 비록 피해의 영향이 단기간에 나타나는 것은 아니지만 사람의 생명과 건강을 위협하고 원활한 경제활동을 저해하는 요소로 인류복지에 큰 위협이 된다고 할 수 있다.

③ 힘에 의한 억지에서 협력안보로

안보의 대상과 영역에 대한 인식변화와 더불어 또 하나 새롭게 변화되고 있는 것은 안보를 추구하는 방식이다. 안보를 확보하는 전통적인 방법은 국력증강 또는 동맹체결을 통한 방식이었다. 즉, 개별적으로든 동맹을 통해서든 물리적인 힘의 증강을 통해 잠재적 침략자를 억지하고 유사시 격퇴하는 것이 전통적인 안보의 확보방안이었다. 소위 "평화를 원하거든 전쟁을 준비하라(vis paoem, para bellum)"라는 말에서 보이듯이, 군사력에 초점을 맞춘 방식으로 힘에 기초한 전쟁억지력 증대에 기초한 안보논리이다. 이는 유동적인 동맹체계의 기술적 활용을 통한 세력균형정책을 펼친 19세기 유럽의 국제정치상황이 그 대표적인 예라고 할 수 있다. 북대서양조약기구(NATO)나 바르샤바동맹 등을 통한 공동방어(common defense) 체제도 전형적인 힘에 의한 전통적 안보추구 방안이라고 할 수 있다.

전통적 안보추구 방식 중에는 궁극적으로 물리적 힘에 의존한 안보추구라는 점에서는 동일하지만, 단순한 힘의 증강을 통한 억지력 확보 논리를 넘어서서 위협의 근원이 되는 군사력 자체의 감소 혹은 통제를 추구하거나, 또는 보다 많은 수의 다자적 노력을 통해 안보를 확보하려는 방안들이 있다. 그 대표적 예로는 협상을 통해 상호 군사력의 보유 · 배치 · 운용에 제한을 가함으로써 안보를 추구하려는 군비축소나 군비통제가 있다. 또한 유엔의 평화유지활동이나 "전체를 위한 하나, 하나를 위한 전체"라는 논리에 입각한 집단안전보장(collective security) 체제도 이러한 전통적 안보추구 수단의 한 유형이라고 할 수 있다.

그런데 이제까지 언급한 개별적 또는 다수의 노력에 의한 안보추구 방안들보다 한 차원 높은, 더욱 다자주의적이고 협력적 방법에 의거한 안보수단으로 제시된 것이 바로 공동안보(common security)이다.[5] 이는 수동적이고 힘에 의존하는 안보에서 탈피하여 새롭게 제시된 것으로, 모두가 힘을 합쳐 공동으로 위협의 원인을 보다 적극적으로 제거하는 협력적인 안보추구 방법이다. 이 공동 안보 개념은 앞서 논의한 포괄적 안보와도 맥을 같이 하는데, 군사안보뿐만 아니라 경제안보와 환경안보까지도 포함하는 총합적 안보개념이기 때문이다. 핵전쟁을 통해서는 누구도 승자가 될 수 없다는 공멸에 대한 상황인식에서 출발하여, 소모적인 군비경쟁보다는 군사비의 경제발전에로의 전환을 통한 공존공영을 지향하는 다소 계몽적 안보추진 방식이라고 할 수 있다.

또한 이 공동안보 개념은 우방이나 동맹국뿐만 아니라 현존하는 적성국이나 위협세력까지도 모두 안보협력의 대상으로 간주한다는 점에서 다른 양자적 또는 다자적 안보수단인 "공동방어"나 "집단안전보장"과는 구별된다고 할 수 있다. 공동안보 개념은 1980년 브란트 보고서(Brandt Report)에서 처음으로 제시되었고, 1975년 헬싱키협약에 의해 결성되어 유럽안보협력회의(CSCE)를 거쳐 현재 유럽안보협력기구(OSCE)로 발전된 유럽의 다자주의 안보협력 체제가 이를 적용한 대표적인 예라고 할 수 있다.

2) 군사안보 영역 내 패러다임 변화

안보 패러다임의 변화는 위에서 얘기한 안보의 외연 확대뿐만 아니라, 안보의 가장 대표적이고 전통적인 안보영역으로 간주되어 온 군사안보 영역 내에서 일어난 안보 추진전략상의 질적 변화도 포함한다. 이러한 변화는 궁극적으로는 탈냉전기에 들어와 군사력을 사용하여 해결해야 할 위협의 종류와 형태가 변화하면서 초래된 것으로 전쟁수행 방식의 변화와 동맹의 성격 및 의미변화를 들 수 있다.

① 전쟁수행 방식의 변화

과학기술의 발전에 따른 무기체계의 성능 향상과 통신정보망의 확충으로 인해 전쟁의 수행방식이 달라진 것이다. 1차 걸프전에서 일부 선보인 소위 "신속결전작전(rapid decisive operation)", "효과위주작전(effect-based operation)", "네트워크전(network-centric war)" 등이 주된 개념들이라고 할 수 있다. 그런데 사실 이러한 전쟁수행 방식의 변화는 1990년대 초반 시작된 미국의 군사변환(military transformation) 정책에 의해 가능해졌고, 최근에는 미국뿐만 아니라 다른 여러 선진국에서도 앞다투어 이를 추진하고 있는 상황이다.[6]

이러한 새로운 전쟁수행 방식은 유사시 신속한 전개능력을 갖춘 기동군이 빠르게 전장에 투입되어 공지합동작전과 최첨단 정밀유도무기를 사용하여 적의 지휘소와 주요 시설을 초기에 집중적으로 무력화시킴으로써 적 전력을 무명무실하게 만들고 적의 전투의

지를 궤멸시키는 전투방식을 의미한다. 이러한 작전의 수행을 위해서는 결국 병력의 기민성, 적응성, 통합성이 제고되어야 하며, 투사력과 정밀타격력, 그리고 육 · 해 · 공 각 군 간 합동성도 아울러 향상되어야 한다. 이는 결국 군구조와 전력의 첨단 정예 · 과학화를 의미하며, 더 많은 군비투자와 연구, 그리고 상호 운용성(inter-operability)을 강조하게 된다.

<표 1> 재래식작전과 신속결전작전의 개념 차이

재래식작전	신속결전작전
순차적 · 점진적(sequential, progressive)	동시적 · 병행적(simultaneous, parallel)
전개, 숙영, 증원, 계획 후 이동 (deploy, lodge, build-up, plan before moving)	이해, 투입, 타격, 지속, 계획하며 이동 (understand, access, strike, sustain, move while moving)
선형적(linear)	분산적(distributed)
파괴에 기반(attrition-based)	효과에 기반(effect-based)
수적 우세, 적 군사력 공격 (achieve numerical superiority, attack the enemy' s forces)	질적 우세, 적 능력 공격 (achieve qualitative superiority, attack the enemy's capabilities)
대칭적(symmetrical)	비대칭적(asymmetrical)
지형 중심(terrain-oriented)	시간 중심(time-definite orientation)
군사력 중심(force-oriented)	결합력 중심(coherence-oriented)

출처 : Chris Shepherd, *Campaign Plan 2001 Status Briefing*(U.S. Joint Staff, 2000).

이러한 새로운 전쟁수행 방식의 변화를 요약하면 위의 〈표 1〉과 같이 정리된다. 물론 이런 전쟁수행 방식을 체득하고 있는 국가는 현재까지는 많지 않다. 그러나 이런 변화는 장차 미래전의 양상을 보여주는 것으로 앞으로, 많은 국가들이 이런 방향으로의 군사력 건설 및 운용을 추진할 것임을 시사해 준다고 하겠다. 따라서 이런 방향으로의 변환을 추진하지 못하면 미래전에서 승리할 확률은 낮아지게 되므로 그렇게 되지 않기 위해서 많은 국가들이 이런 추세를 따라갈 것이다.

② 동맹의 성격과 의미변화

전통적으로 군사안보를 추진하는 방식에는 자조적 국력증강 방법 외에 비슷한 처지의 국가끼리 동맹을 맺는 방법이 있다. 즉, 국가끼리 공통된 위협에 대해 공동 대응키로 약속하고 유사시 상호 협력을 통해 공통으로 위협을 격퇴하는 것이다. 따라서 혼자의 힘만으로 위협에 대응하기 벅찬 상황에서 적절한 동맹의 결성은 국가안보에 커다란 도움이 된다. 그런 연유로 대부분의 현실주의자들은 동맹체결을 통한 세력균형정책이 무정부상태의 국제체제가 평화와 안정을 유지할 수 있는 최선의 방법이라고 주장하는 것이다.

그런데 냉전종식 이후 동맹의 성격과 의미가 점차 달라지고 있다. 과거 냉전기에는 미국과 소련을 중심으로 하는 양극체제 하에서 각 진영 내 국가들끼리 공통된 위협인식과 공동대처에 대한 약속이 동맹의 기초를 형성하였다. 그리고 상대 진영에 대한 봉쇄와 압박이 동맹정책의 근간이 되었다. 그러나 뚜렷이 현존하는 공통된 위협세력이 존재하지 않는 탈냉전기에 와서는 동맹의 기초가 변화하게 된 것이다. 특히 테러, 마약, 조직범죄, 밀수, 해적 등 다양한 초국적 위협(transnational threats)의 증대와 대량살상무기 및 미사일 기술 확산 등과 같은 비대칭 위협의 증가로 인해 안보의 불확실성이 더욱 커진 상황에서 위협에 대한 공동대처라는 동맹의 중요성은 여전하지만 동맹의 성격이나 역할은 달라질 수밖에 없는 것이다.

동맹의 성격변화 중 가장 대표적인 것이 동맹의 기초가 "위협의 공유"에서 "가치의 공유" 쪽으로 변화해 간다는 것이다. 위협의 대상이 명백하지 않은 상황에서 공통된 위협인식을 갖기란 쉽지 않다. 더구나 테러와 같이 언제 어디서 발생할지 모르는 위협의 특성상 유사시 공동대처에 대한 원칙적 합의는 가능할지 몰라도 사전에 구체적인 국가 간의 동맹결성은 더더욱 어렵다. 따라서 위협의 공유보다는 유사시를 대비하여 서로가 비슷한 이념, 체제, 사고방식 등의 가치를 공유해 나가는 쪽으로 동맹의 기초가 바뀌게 된 것이다. 이는 위협의 근원이 불분명한 상태에서 수호해야 할 가치가 동일한 국가끼리 동맹을 맺는다면 유사시 공통된 위협인식을 갖게 될 확률이 높기 때문이라고 할 수 있다.[7]

동맹의 성격변화 중 또 다른 측면은 영토성의 약화를 들 수 있다. 과거 냉전기에는 적대세력에 대한 봉쇄와 견제를 위해 동맹국에 군대를 파견하여 주둔토록 하는 것이 동맹정책의 관행 중 하나였다. 견제에 유리한 지역, 즉 전략적 가치가 있는 지역을 확보하여 사전에 군대를 전진배치했다가 유사시 무력적으로 공동 대응토록 하는 것이 동맹정책의 기본이었다. 그러나 탈냉전기에 와서는 이러한 특정 지역에 군대를 전진 배치하여 고정적으로 주둔시키고 상시 협력하는 체제는 의미가 약화되었다. 언제 어디서 위협이 발생할지 모르는 상황에서는 전략적으로 가치 있는 지역을 사전에 미리 선정하기 어렵기 때문이며, 그보다는 유사시 전장으로 신속하게 전개될 수 있는 전력의 "전략적 유연성"을 기르는 편이 낫기 때문이다. 따라서 고정적 주둔개념의 동맹에서 신속전개와 유연성을 바탕으로 사안별(ad hoc) 협력과 지원을 강조하는 유연한 동맹으로 변모해 나가고 있다. 이런 연유에서 최근의 동맹을 "의지의 연합(coalition of the willing)"이라고 부르기도 한다.[8]

요컨대, 이러한 전쟁수행 방식과 동맹성격의 변화와 같은 전통적 군사안보 영역에서의 패러다임 변화가 앞에서 얘기한 거시적 차원의 안보담론 변화와 더불어 개별국가의 안보전략과 외교정책에 영향을 미치고, 그 결과 현재의 세계 안보상황이 벌어지고 있는 것이다.

3. 한미동맹 재조정의 주요 특징

1) 재조정의 배경 및 방향

공식적으로 최근 진행되고 있는 한미동맹의 재조정은 2002년 12월 제34차 한미연례안보회의(Security Consultative Meeting : SCM)에서 논의 시작이 결정되었고, 2003년 4월부터 2004년 7월까지 11차에 걸쳐 개최된 양국 간 "미래한미동맹정책구상(The Future of the Alliance : FOTA)" 회의를 통해 대부분의 주요 내용이 확정되었으며, FOTA에서 합의하지 못한 부분에 대해서는 2005년부터 현재까지 지속되고 있는 "한미동맹정책구상(Security Policy Initiative : SPI)"에서 계속 협의되고 있는 상황이다.[9] 이러한 한미동맹에 대한 재조정 논의는 한미 양국의 합의 하에 이루어졌지만 그 배경에는 한미 양국 나름대로 각기 다른 이유가 배경으로 작용한 것도 사실이다.

우선 먼저 한국 측 요인으로는 첫째, 민주화의 정착과 경제발전에 따른 민족적 자긍심의 고취가 크게 작용하였다. 세계적으로 유래없이 짧은 기간 내에 민주화를 성공적으로 정착시켰고, 외환위기로 인해 다소 고전하긴 했으나 경제적으로도 고도성장을 이룩하여 세계 10위권에 진입하게 되면서 한국민들의 자기 인식이 달라진 것이다. 그래서 새로운 국가적 위상과 능력에 걸맞는 대외관계와 역할을 요구하게 된 것이다.

둘째로는, 동북아 전략상황에 대한 보다 적극적 역할 모색을 들 수 있다. "동북아 중심국가"로 위상을 확립하고 평화번영의 "균형자" 역할을 수행하겠다는 비전을 실현하기 위해서는 동북아의 정세변화에 보다 능동적이고 주도적으로 대처하고, 미국을 포함한 역내 국가들과의 관계를 좀더 미래지향적으로 개선해 나가겠다는 의지가 표출된 것이라고 할 수 있다. 다시 말해 수동적으로 역내정세 변화에 마냥 끌려가기보다는 평화롭고 안정적인 새로운 역내질서 창출에 보다 능동적으로 역할을 모색해야 하겠다는 정책적 의지를 표명한 것이다.[10]

셋째는, 확고한 통일기반의 구축 노력이 반영된 것이다. 국민의 정부 이래 추진해 온 대북 화해협력정책의 성과로 남북관계의 상당한 진전이 있었지만 아직도 남북 간에는 군사적 긴장과 분쟁소지가 완전히 해소된 것은 아니다. 특히 최근 2차 북핵사태는 한국뿐만 아니라 지역 전체의 안보정세를 불안하게 만들고 있는 상황이다. 따라서 변화하는 남북관계와 한반도 평화 프로세스 진전 정도를 잘 반영하고 통일과정의 안정적 관리에 도움이 되는 방향으로 한미동맹을 발전시키겠다는 의지가 반영된 것이다.

한편, 미국 측 요인으로는 우선 첫째 9 · 11테러 발생 이후 변화된 미국의 세계안보전략을 꼽을 수 있다. 사상 최초로 본토에 대한 무력적 공격이라는 9 · 11테러의 충격으로 인해 미국은 반테러와 비확산을 안보정책의 최우선 목표로 내걸었다. 이 목표의 달성을 위해서는 일방주의와 선제공격도 불사하겠다는 강력한 의지를 표명하며 "위협에 기초한(threat-based)" 군사전략에서 "능력에 기초한(capability-based)" 군사전략으로 전환을 시도하고 있다.[11]

둘째로는 1990년대 초부터 추진되어 온 미국의 군사변혁(military transformation : MTR)에 의한 군구조와 전력의 대폭적인 개편 성과가 영향을 미쳤다. 냉전종식 이후 미국은 가능한 모든 위협에 대한 군사력 전 분야에서의 우위확보(full spectrum dominance)의 기치 아래 정보우위, 우세한 기동력 확보, 정밀 교전능력 향상, 중점화 군수지원, 전 차원 방호력 배양 등에 지속적인 노력을 기울여 왔다. 이런 노력들이 어느 정도 결실을 맺으면서 군사력 운용방식의 변화도 도모할 수 있게 된 것이다.[12]

셋째로는 미국의 범세계적 해외주둔 태세 검토(Global Defense Posture Review : GPR)로 한미동맹 재조정의 가장 직접적인 요인이라고 할 수 있다. 새로운 위협인식과 군사전략, 그리고 이를 뒷받침해 줄 전력태세의 구비를 바탕으로 미국은 해외에 주둔하고 있는 미군들의 배치상황과 전력수준을 재정비하게 된 것이다. 그 결과 상시주둔에서 중장거리 신속투사력 쪽으로 초점을 바꾸고, 해외주둔군의 규모 및 운용의 효율성 그리고 전략적 유연성을 강조하며 "보다 기민하고, 빠르고, 경량화"된 해외주둔 전력을 만드는 방향으로 정책을 추진하고 있다. 따라서 해외기지의 종류도 대규모 병력과 장비의 전개 근거지인 "전력투사중추(power projection hubs)", 대규모 병력이 장기주둔하고 최신 지휘통제 시설을 갖춘 "주요 작전기지(main operating bases)", 유사시에 대비한 시설은 갖추되 소규모의 병력이 상주하며 투입부대의 교체가 이루어지는 "전방작전거점(forward operating sites)", 소규모의 연락요원과 훈련장 시설만을 유지하는 "안보협력지역(co-operative security locations)" 등으로 구분하여 새롭게 재편을 시도하게 된 것이다.[13]

이러한 한미 양국의 여러 요인이 복합적으로 작용하여 한미동맹도 재조정 협상이 추진되었고, 그 주요 합의내용은 2005년 11월 경주에서 개최된 한미 양국 정상회담에서 발표된 "포괄적 · 역동적 · 호혜적" 동반자 관계 지향이라는 표현으로 압축될 수 있을 것 같다. 첫째, "포괄적 동맹"의 지향은 기존의 군사 분야뿐만이 아닌 정치 · 경제 · 사회문화 등 다방면에 걸친 양국 간 상호 협력과 결속을 강화하는 동맹관계로 발전을 모색하겠다는 의미이다. 이러한 방향에 따라 우선 양국의 외무장관 간의 전략대화를 정기적으로 개최하고 당면현안은 물론 보다 중장기적인 양국 간 협력과 공조방안에 대해 논의하기로 하였다. 또한 많은 논란에도 불구하고 양국 간 자유무역협정(FTA) 체결을 위한 협상 개시에도 합의하였다.

둘째, "역동적 동맹"은 주한미군의 재조정을 통한 한국군과 주한미군의 역할 재분담과 지역 및 세계 차원의 평화유지활동에 공동으로 참여하는 동맹으로의 발전을 의미한다. 즉, 주한미군의 규모는 감축하되 전력 및 화력수준은 보다 향상시키고, 용산기지 이전과 함께 한강 이북에 위치한 미2사단 기지들의 통폐합과 오산 · 평택지역으로의 재배치, 주한미군이 맡아오던 10대 임무의 한국군 전환 등을 통해 한국방위를 한국군이 주도하고 미군은 지원하는 형식으로 역할을 재분담하고, 대신 미군의 지역안정군 역할을 확대해 나가는 방향으로 재조정을 이루어 나갈 것이다. 물론 이 중에서 주한미군의 지역안정군으로의 역할 확대에 대해서는 양안사태와 같은 지역분쟁에 휘말리지 않으려는 한국 입장으로 인해 다소 논란이 있었으나 올해 초 마침내 합의를 이루어냈다.

셋째, "호혜적 동맹" 지향은 어느 한쪽만 일방적으로 이득을 보거나 혹은 반대로 일방적으로 의존하는 관계가 아니라, 좀더 평등한 관계 속에서 양쪽 모두가 이득을 볼 수 있도록 하겠다는 의미이다. 이런 호혜적 관계로의 발전을 위해서 한국 측은 기지 제공과 주한미군 주둔경비 분담액 증대 등 주한미군 관련 현안에 대해 보다 적극인 협상자세를 보이는 대신 전시작전통제권 환수나 주둔군지위협정(SOFA) 개정문제 등에 관해서는 미국 측도 보다 전향적인 자세로 임해야 할 것으로 보인다. 이 부분에 대해서는 원칙적 합의는 이루어졌지만 구체적인 내용 면에서는 아직 협의가 진행 중인 것들이 많은 상황이다.

4. 한미동맹 재조정에 대한 안보 패러다임 변화의 영향과 한계

최근 추진되고 있는 한미동맹의 재조정은 단순히 당면 현안해결 차원에서 이루어지는 것이 아니라 보다 중장기적인 양국의 국가전략에 기초하여 이루어지는 것이다. 따라서 앞서 논의한 탈냉전기 안보 패러다임의 변화추세와도 당연히 연관이 있다. 물론 그렇다고 한미동맹 재조정이 안보 패러다임의 변화를 모두 반영한 것은 아니지만, 최소한 방향성에 있어서는 변화의 추세를 수용하고 있다고 하겠다.

그러한 영향을 보여주는 대목으로 우선 첫째로 한미 양국 간 협력영역의 확대와 질적 제고 측면을 들 수 있다. "포괄적 동맹 지향"이라는 슬로건에서 알 수 있듯이, 한미동맹의 재조정은 일단 탈냉전기 안보담론의 가장 대표적 특징인 "포괄적 안보"라는 안보영역의 확대추세를 그대로 잘 반영하고 있다고 할 수 있다. 특히 최근의 한미 간 FTA체결 추진은 성공만 된다면 한미관계에 새로운 장을 여는 획기적 계기를 마련하게 될 것이다. FTA체결을 통해 경제적 유대가 깊어지고 사회적 교류가 더욱 확대되면 자연히 양국 국민들 간의 이해증진은 물론 문화적 친밀도도 증대될 것이고, 그렇게 되면 문자 그대로 위협의 공유를 매개로 한 군사동맹의 차원을 넘어서서 공통된 가치를 추구하는 동맹으로, 방기와 연루의 딜레마를 고민하는 불평등한 동맹이 아니라 공동이익을 창출하는 상호의존적 동맹으로 발전할 수 있을 것이다.[14]

경제적 유대강화 노력과 함께 최근 한미 양국 간에는 서로에 대해 갖고 있는 일부 부정적 이미지 해소와 보다 긍정적 이미지 고양을 위해 여러 채널을 통한 노력이 경주되고 있다. 즉, 정부 간 공식채널인 트랙 1 차원뿐만 아니라 "서울-워싱턴 포럼"과 같은 민간 전문가들 중심의 협의, 혹은 민 · 관 중간 형태의 트랙 1.5나 NGO들을 포함한 순수 민간단체 차원의 다양한 채널을 통해 상호 이해증진 및 협력강화를 위한 접촉과 교류가 늘어나고 있다. 비록 단기적으로는 이런 노력들이 효과를 발휘하기는 어렵겠지만 중장기적으로 볼 때 이런 노력들은 양국 간의 유대와 결속을 한 단계 업그레이드시키는 데 커다란 기여를 하게 될 것이다.[15] 사고방식, 이념체계, 생활양식과 같은 가치의 공유는 단기간에 이루어지는 것이 아니기 때문이다.

한미동맹의 최근 재조정 방향에 반영된 새로운 안보 패러다임의 또 다른 변화추세는 인간안보의 증진을 위한 공동방안 모색을 지적할 수 있다. 지역 및 세계 차원에서 발생하는 초국적 위협에 대개 한미 양국이 공동으로 대처하고 유엔을 비롯한 다국적 평화유지활동에도 보다 적극적으로 동참할 것을 합의한 대목이 여기에 해당된다. 이미 한국은 1993년 소말리아를 시초로 동티모르, 앙골라, 서부사하라, 아프가니스탄 등지에 유엔 주도의 국제평화유지 및 재건활동에 참여한 경험이 있고, 현재는 미국이 주도하는 다국적군의 이라크 전후복구 활동에도 자이툰 부대를 파병하여 인도적 지원과 사회기반시설 구축에 상당한 기여를 하고 있는 상태다. 이런 기존 활동에 추가하여 테러, 마약, 조직범죄, 해적 등 더 다양한 초국적 위협 대응에 협력을 넓혀나가고 대형 재해재난, 대규모 난민사태, 혹은 광범위한 환경오염 발생시 긴급구조와 구호활동에도 한미 양국이 공동으로 참여하는 방안을 모색해 나가기로 한 점도 협력안보와 인간안보 증진이라는 측면에서 새로운 안보 패러다임의 변화추세에 부합하는 긍정적인 측면이라고 할 수 있다.

셋째로, 한미동맹의 최근 재조정은 새로운 전쟁수행 방식과 동맹성격 변화추세 등 군사안보 영역에서 탈냉전기에 와서 강조되고 있는 전략변화와도 상당히 부합되는 경향을 보인다. 특히 주한미군 기지의 통폐합과 주한미군의 전략적 유연성 강화는 확실히 새로운 군사안보 패러다임을 반영하는 재조정의 양상을 나타낸다. 이는 제2차 세계대전 이후 새로운 군사전략과 무기체계 개발을 미국이 늘 선도해 오고 있다는 점을 감안하면 일견 당연한 일이라고 할 수 있다. 하지만 이런 주한미군의 재편작업이 원활히 이루어지기 위해서는 이전할 기지의 확보와 적절한 한국군의 전력보강 등 한국 측의 동의와 지지가 필요하다는 점을 고려한다면 무조건 당연하다고만 할 수 없다. 단지 문제는 그러한 개편이 지나치게 과도한 군비증강으로 이어져 국방비의 과다증액을 초래하거나 미국 쪽의 전략적 고려만이 일방적으로 반영되는 사태는 경계해야 할 것이다.

한미동맹의 최근 재조정이 탈냉전기 안보 패러다임의 새로운 변화양상을 잘 반영하고 있는 측면도 있지만, 반대로 변화추세를 제대로 따라가지 못하는 측면도 있다. 가장 대표적인 것이 지역 공동안보 내지 협력안보 체제로 한 단계 업그레이드될 수 있는 기반조성까지는 미치지 못한다는 점이다. 즉, 한미동맹이 지역 및 세계적 차원에서 초국적 위협대응이나 긴급 구호구난 활동을 확대해 나갈 것이라는 점에서는 인간안보 내지 협력안보 강화추세를 반영하고 있지만, 북한을 비롯한 역내 국가 모두를 아우르는 다자적 지역 공동안보 체제 형성의 기틀을 마련하는 차원에서는 한계가 있다는 점이다.[16] 이러한 한계노정의 이유는 우선 일차적으로는 다른 지역과 달리 동북아에는 아직도 완전한 화해와 협력의 탈냉전적 질서가 확립되지 못하고 있다는 점을 들 수 있다. 여기에 9 · 11테러 이후 도리어 간격이 커진 한미 간의 대북인식 차이를 2차적인 이유로 지적할 수 있을 것이다.

유럽의 경우는 NATO와 바르샤바조약군 간의 대립으로 대표되던 냉전적 질서가 동구 공산정권의 몰락으로 완전히 해체되고 서로에 대한 노골적인 위협의식은 더 이상 존재하지 않게 되었다. 그 결과 NATO는 집단방어를 위한 동맹체제에서 이젠 구소련권 동구 국가들까지도 포함하는 23개국으로 회원이 확대되어 성격상 집단안보와 협력안보 체제로 변모하였다. 이와 달리 동북아에서는 경제적 측면을 제외한 나머지 정치와 군사, 그리고 심지어 일부 사회문화적 측면에 있어서도 아직 완전히 화해협력의 정착단계까지는 도달하지 못한 상황이다. 남북한과 양안 간에는 여전히 냉전적 군사대결구도가 지속되고 있고, 한 · 중 · 일 3국 간에는 역사인식 및 영토문제로 인한 분쟁소지가 상존하고 있는 점 등이 이런 상황을 잘 보여준다고 할 수 있다.

그래도 냉전종식 이후 처음 10년간인 90년대에는 남북한 간 관계진전과 다른 역내 양자적 관계개선 등으로 인해 동북아에서도 긴장완화와 공동안보의 추구 가능성이 엿보이기도 했다. 하지만 9 · 11테러 이후 미국의 반테러 · 비확산 최우선시 상황 하에서 제기된 2차 북핵사태는 다시금 역내 정세를 불안하게 만들고 있고, 공동 내지 협력안보 추구에 상당한 걸림돌이 되고 있다. 그나마 다행은 북핵해결이 아직은 6자회담을 통한 다자간 노력을 통해 모색되고 있고, 지난해 9월 19일 합의된 6자 간 공동성명서에서는 보다 항구적인 한반도 평화체제 구축에 대해 논의하기로 합의한 사실이다. 하지만 공동성명서 발표 이후 별 진전이 없는 6자회담과 미화 위폐제조 및 인권문제를 중심으로 벌어지고 있는 북미 간의 첨예한 대립 지속 상황은 한미 간에 존재하는 북한 정권에 대한 인식과 대응방식의 차이를 여실히 보여주고 있으며, 그런 차이의 해소 없이 한미동맹의 미래 비전을 확고히 하기란 제약이 따른다는 것을 깨닫게 해준다. 따라서 최근 한미동맹의 재조정은 북한까지도 포함할 수 있는 공동안보 추구보다는 남북통일 혹은 한반도 평화체제 정착 때까지 지역안정보장 역할까지를 전제로 하여 이루어지고 있다고 할 수 있다.

5. 결론

본 글에서는 탈냉전기에 들어와 대두된 안보 패러다임의 새로운 변화추세를 살펴보고, 최근 추진되고 있는 한미동맹 재조정이 그런 추세를 얼마나 반영하고 있고 그 한계점은 무엇인가를 검토해 보았다. 그 결과 포괄적 안보, 인간안보, 공동/협력안보 강조라는 지배적 안보담론의 전반적 변화와 함께 전쟁수행 방식 및 동맹성격 변화라는 군사안보 영역에서의 전략변화들은 포괄적 · 역동적 · 호혜적 동반자 관계로 나가려는 한미동맹 재조정 방향에 상당 부분 반영되고 있음을 알 수 있었다. 특히 포괄적 · 역동적 관계로의 발전모색은 새로운 변화추세와 정확히 부합하고 군사영역에서의 변화양상도 많은 부분 일치한다는 점을 알았다.

다만 적대세력과도 공존 · 공영을 모색하는 공동안보와 협력안보의 기반조성이라는 측면에서 볼 때, 한미동맹의 최근 재조정은 다소 한계가 있다는 점을 지적하였다. 이런 한계는 동북아 안보질서에 아직도 지속되고 있는 냉전적 성격과 한미 간에 존재하는 대북인식 격차가 주된 이유라는 점도 밝혔다.

이런 결과에 비추어 볼 때, 보다 장기적인 안목에서 동북아지역의 항구적인 평화정착을 제도화하기 위해서는 결국 동맹과 다자안보 협력의 조화 모색이 필요하다는 점을 지적해야 할 것 같다. 즉, 동북아의 평화적 질서를 구축해 나가는 과정에는 한미동맹의 강화와 더불어 지역 공동안보 협력체제의 확립이 병행하여 모색되어야 한다는 말이다.[17] 이를 위해서는 우선 일차적으로는 한미 간 대북인식격차 해소에 양국이 더욱 노력을 기울여야 할 것이다. 핵무기를 포함한 북한에 의해 제기되는 동북아의 불안정 요소를 해소하고 진정한 역내 평화구축을 위해 한미 간 공조체제를 내실화하기 위해서는 한미 간 대북인식과 대응방식에 대한 궁극적인 합의도출이 필요하다는 점을 감안하여 양국 간의 보다 진지한 대화와 협의가 이루어져야 한다는 것이다.

둘째로는, 한 · 미나 남북한과 같은 양자적 교역 · 교류 활성화는 물론 역내 국가들 간 3자 이상의 다자적 대화와 협력의 장이 보다 많이 마련되고 질적으로도 깊이를 더해가야 할 것이다. 그런 다양하고 심도 있는 접촉과 협의를 통해 서로에 대한 이해증진과 굳건한 신뢰구축이 이루어져야만 다자안보협력체가 형성됨은 물론 영향력을 제대로 발휘할 수 있을 것이기 때문이다.

(논문접수일 4월 23일, 심사완료일 6월 10일)

주

1_ 사실 한미동맹의 조정작업은 과거에도 몇 차례 있었다. 주한미군 규모의 경우는 한국전쟁 휴전으로 인한 대규모 병력 축소 이래 닉슨 행정부, 카터 행정부, 그리고 클린턴 행정부에 이르기까지 4차례의 조정이 있었다. 또한 한미동맹 재편에 대한 연구도 냉전종식 이후에도 3차례나 있었다. 첫 번째는 KIDA와 RAND의 공동연구(1993-1994), 둘째는 "중장기 한미안보대화"(1995-1996), 셋째는 "한미동맹 미래발전 공동협의"(1999-2001) 등이 있었고, 최근 협의도 이들의 이전 논의의 연장선상에서 이루어진 것이라고 할 수 있다.

2_ 이러한 국가 중심 사고는 국제정치학에서 흔히 현실주의 이론(realism)이 대표적이며, 이러한 국가 중심의 국제질서 이미지를 당구공 모델(billiard-balls model)이라고 표현하기도 한다.

3_ 이러한 인간안보의 개념은 직접적 폭력의 부재라는 소극적 평화(negative peace) 개념과 달리 구조적 폭력이나 문화적 폭력, 그리고 시공간적 폭력의 부재를 의미하는 보다 적극적인 평화(positive peace)의 개념과 유사하다. 다양한 평화담론의 변천에 관해서는 Johan Galtung, *Peace by Peaceful Means*(Oslo : International Peace Research Institute, 1996), Chapter 2와 Chadwick F. Alger, "The Quest for Peace : What Are We Learning?" *International Journal of Peace Studies*, 4 : 1 (January, 1999), pp. 21-46을 참조할 것.

4_ 다양한 위협의 종류에 따른 안보영역의 확대를 주장하고 각각의 개념과 상관관계를 잘 정리해 놓은 것으로는 Barry Buzan, *People, States, and Fear*(Boulder, CO : Lynne Riener, 1991)과 Barry Buzan, Ole Waever, and Jaap de Wilde, *Security : A New Framework for Analysis*(Boulder, CO : Lynne Riener, 1998) 등을 참조.

5_ 공동안보의 개념에 관해서는 Carolyn M. Stephenson, "Peacekeeping and Peacebuilding," M. Snarr and D. N. Snarr, eds., *Introducing Global Issues*(Boulder, CO : Lynn Reiner, 1998), pp. 62-64 참조.

6_ 이러한 미국 국방개혁의 주요 내용에 대해서는 미합동참모부에서 출판한 *Joint Vision 2020*, <http://www.dtic.mil/jv2020> 와 National Military Strategy(2004)를 참조할 것.

7_ 이러한 9 · 11 이후 동맹성격의 변화에 대해서는 Kurt M. Campbell, "The End of Alliance? Not So Fast," *Washington Quarterly, 27*: 2(Spring 2004), pp. 151-163 참조.

8_ 위의 글.

9_ FOTA의 주요 내용에 관해서는 국방부 홈페이지 <http:www.mil.go.kr> 를 참조할 것.

10_ 이 점에 대해서는 현 정부의 안보정책 개괄서인 국가안전보장회의, 『평화번영과 국가안보』(2004)를 참조할 것.

11_ 9 · 11테러 이후 미국 안보전략의 변화를 알기 위해서는 부시 행정부 초기의 안보전략 집대성인 National Security Strategy(2002. 9)을 비롯하여 *Quadrennial Defense Review*(2001. 9), *Defense Planning Guidance*(2002. 5) 등과 최근 다시 업데이트된 *National Security Strategy*(2006. 3)과 *Quadrennial Defense Review*(2006. 2) 등을 참조할 것.

12_ 미합참, *Joint Vision 2020*와 *National Military Strategy*(2004)를 참조.

13_ 미국 GPR의 내용과 특징에 대해서는 Douglas J. Feith, "Transforming the U.S. Global Defense Posture," Center for Study of International Security에서 행한 연설문(2003. 12. 3), http://www.defenselink.mil/speeches/2003/sp2011203-0722.html과 Donald H. Rumsfeld, "Positioning America's Forces for the 21st Century," 미상원 국방위 증언(2004. 9. 23), http://www.defenselink.mil/speeches/2004/sp20040923-secdef0783.html를 참조.

14_ 여기서 말하는 방기(abandonment)와 연루(entrapment)의 딜레마는 비대칭(asymmetric) 동맹관계에서 주로 나타나는 특징으로 스나이더(Glenn H. Snyder)에 의해 묘사된 개념이다. 스나이더에 따르면, 비대칭 동맹에서 대개 상대적으로 국력이 약한 쪽은 방기를 두려워하고 반대로 강한 쪽은 연루를 우려하는 경향이 있다고 한다. 하지만 현재 한미동맹에서 한국은 미국의 안보공약의 약화를 두려워하는 것은 방기를 걱정하는 것이고, 주한미군의 전략적 유연성에 대한 우려는 연루를 꺼리는 것이라고 할 수 있다. Glenn H. Snyder, *Alliance Politics*(New York : Cornell University Press, 1997), pp.180-199.

15_ 다양한 양국 간 접촉과 영향력 행사의 다양한 채널을 유형화하고 역사적 비교를 시도한 연구로 Chung-in Moon, "Influencing Washington : An Analysis of the South Korean Lobby in the United States," Manwoo Lee, et. al. eds. *Alliance Under Tension : The Evolution of South Korean-U.S. Relations*(Seoul : Kyungnam University Press, 1988), Chapter 5를 참조할 것.

16_ 물론 한미동맹은 양자동맹이고 군사동맹을 근간으로 하기 때문에 이런 한계는 당연할 수밖에 없다고 할 수도 있다. 하지만 최근 이루어지고 있는 한미동맹 재조정이 말 그대로 향후 반세기를 내다보는 미래지향적 재조정이라고 한다면 다자

적 지역안보 체제로의 발전 가능성은 당연히 고려될 만하다고 할 수 있다.

17_ 사실 다자안보 협력증진을 위한 회의체나 기구들이 이미 존재하고 있다. 하지만 협력의 정도나 결속 정도에 있어서는 아직 미약한 실정이다. 역내 다자안보 협력의 실태를 분석하고 가능성을 점검한 대표적인 글로는 이석수, “다자간 안보협력과 아 · 태 안보질서의 구축,” 김달중, 문정인, 이석수 외, 『새천년 한반도 평화구축과 신지역질서론』(서울 : 오름, 2000), pp. 271-302를 참조할 것.

-세계정치와 동아시아의 안보구상-

유럽과 미국

6

유럽독자방위 체제와 EU의 군사적 역량

이옥연(서울대학교 외교학과)

* * *

탈유럽의 독자방위에 대한 구상은 지속적으로 유럽통합 과정에서 논의되어 왔으나 마스트리히트 조약을 계기로 유럽 독자방위 체제를 구축하고 신속대응군(RRF)을 창설하는 내용의 선언이 발표되면서 ESDP(유럽독자방위 체제)는 구체화되었다. 그 이후 영국과 프랑스가 주축이 되어 ESDP 구축을 주도하였고, 마침내 헬싱키 정상회담을 후속조치로 신트라 EU 국방장관회담에서 신속대응군 창설 3개년 계획에 EU 회원국들이 합의하였다. 미국과 EU 회원국들은 신속대응군을 NATO 통제 하에 둔다는 점에 원칙적으로 합의했으나 신속대응군의 통제권이나 NATO의 장비지원 등을 둘러싼 실무협상에서 난항을 겪었다. 이는 근본적으로 유럽안보의 주도권을 NATO에 종속시키려는 미국과 CFSP(공동외교안보정책)를 근간으로 유럽독자방위 체제를 구축하려는 EU 회원국들 간 이견을 반영하고 있었다. 냉전기에서 탈냉전기로의 전환은 미국에게 패권유지전략을 기반으로 한 NATO의 확대 및 변환을 의미한 반면에, 유럽에게는 경제적 통합을 바탕으로 한 정치적 통합으로의 발전과 나아가 동유럽 국가들에 대한 EU의 문호개방을 의미했다. 이러한 이견은 신속대응군에 내한 평가에서 가장 두드러지게 부각되었다. 미국의 관점에서는 신속대응군은 NATO 통제 하에 있으므로 EU의 평화유지활동이 주요 목적인 데 반해 EU 회원국의 관점에서 신속대응군은 EU 통제 하에 있기 때문에 아직 미진하지만 실질적 군사력을 갖춘 유럽독자방위가 주요 목적이었다.

그러나 유럽통합방위군의 전력향상이 필요하다는 점에 대해 미국과 EU 회원국 간 근본적으로 입장이 같다는 사실에도 주목해야 한다. 신속대응군의 창설은 코소보 전쟁에서 여실히 드러난 미국과 EU 회원국들 간 전력 차이가 주요 동인으로 작용했다. 또한 미국과의 공조를 주창하던 영국이 유럽독자방위 체제 구축을 적극적으로 주도했기 때문에 미국은 원칙적으로 ESDP를 지지했다. 그렇다면 미국과 EU 회원국 간 실질적 입장 차이의 배경에는 어떤 요소들이 작용하는가? 왜 이러한 요소들이 미국과 EU 회원국 간 이견을 지속시키는가? 궁극적으로 이러한 입장 차이가 미국과 EU 회원국 간 군사적 관계에 어떠한 영향을 미치는가? 본 논문에서는 미국과 EU 회원국 간 원칙적 합의에도 불구하고 유럽의 독자방위에 대한 실질적 입장 차이를 보이는 배경과 근거를 검토한 후에 이 입장 차이가 EU와 NATO의 군사관계에 미치는 영향력을 분석하고자 한다. 그리고 이 분석에 근거해 EU 군사기구의 장래에 대해 전망을 제시한 후에 유럽의 독자방위를 둘러싼 평가의 타당성에 대해 논의하며 결론을 맺고자 한다.

주제어 : 유럽독자방위 체제, 미국의 패권전략, NATO, CFSP, EU 군사안보기구

1. 서론

유럽의 독자방위에 대한 구상은 지속적으로 유럽통합 과정에서 논의되어 왔으나 마스트리히트 조약을 계기로 유럽독자방위 체제를 구축하고 신속대응군(RRF)을 창설하는 내용의 선언이 발표되면서 ESDP(유럽독자방위 체제)는 구체화되었다. 그 이후 영국과 프랑스가 주축이 되어 ESDP 구축을 주도하였고, 마침내 헬싱키 정상회담을 후속조치로 신트라 EU 국방장관회담에서 신속대응군 창설 3개년 계획에 EU 회원국들이 합의하였다. 미국과 EU 회원국들은 신속대응군을 NATO 통제 하에 둔다는 점에 원칙적으로 합의했으나 신속대응군의 통제권이나 NATO의 장비지원 등을 둘러싼 실무협상에서 난항을 겪었다. 이는 근본적으로 유럽안보의 주도권을 NATO에 종속시키려는 미국과 CFSP(공동외교안보정책)를 근간으로 유럽독자방위체제를 구축하려는 EU 회원국들 간 이견을 반영하고 있었다. 냉전기에서 탈냉전기로의 전환은 미국에게 패권유지전략을 기반으로 한 NATO의 확대 및 변환을 의미한 반면에, 유럽에게는 경제적 통합을 바탕으로 한 정치적 통합으로의 발전과 나아가 동유럽 국가들에 대한 EU의 문호개방을 의미했다. 이러한 이견은 신속대응군에 대한 평가에서 가장 두드러지게 부각되었다. 미국의 관점에서는 신속대응군은 NATO 통제 하에 있으므로 EU의 평화유지활동이 주요 목적인 데 반해, EU 회원국의 관점에서 신속대응군은 EU 통제 하에 있기 때문에 아직 미진하지만 실질적 군사력을 갖춘 유럽독자방위가 주요 목적이었다.

그러나 유럽통합방위군의 전력향상이 필요하다는 점에 대해 미국과 EU 회원국 간 근본적으로 입장이 같다는 사실에도 주목해야 한다. 신속대응군의 창설은 코소보 전쟁에서 여실히 드러난 미국과 EU 회원국들 간 전력 차이가 주요 동인으로 작용했다. 또한 미국과의 공조를 주창하던 영국이 유럽독자방위 체제 구축을 적극적으로 주도했기 때문에 미국은 원칙적으로 ESDP를 지지했다. 그렇다면 미국과 EU 회원국 간 실질적 입장 차이의 배경에는 어떤 요소들이 작용하는가? 왜 이러한 요소들이 미국과 EU 회원국 간 이견을 지속시키는가? 궁극적으로 이러한 입장 차이가 미국과 EU 회원국 간 군사적 관계에 어떠한 영향을 미치는가? 본 논문에서는 미국과 EU 회원국 간 원칙적 합의에도 불구하고 유럽의 독자방위에 대한 실질적 입장 차이를 보이는 배경과 근거를 검토한 후에, 이 입장 차이가 EU와 NATO의 군사관계에 미치는 영향력을 분석하고자 한다. 그리고 이 분석에 근거해 EU 군사기구의 장래에 대해 전망을 제시한 후에 유럽의 독자방위를 둘러싼 평가의 타당성에 대해 논의하며 결론을 맺고자 한다.

2. 유럽의 독자방위 구상과 미국의 세계전략

유럽독자방위 체제에 대한 미국의 지지는 여러 전제조건들을 상정하고 있다. 첫째, 미국이 구상하는 안보구도는 유럽 내 NATO의 주도권 유지를 근간으로 한다. 즉 미국은 유럽안보에 대한 유럽 국가들의 발언권이 독자적 의결과정이 아닌 NATO가 제공하는 절차를 통해 발현되는 것을 우선으로 하고 있다. 이러한 의결과정의 통합은 결과적으로 유럽 국가들이 미국의 세계전략에 근본적으로 제동을 걸거나 대결하는 것을 미연에 방지 또는 최소화할 수 있음을 의미한다. 또한 이러한 제약에 대한 유럽 국가들의 반발에 대해서 미국은 유럽 국가들의 NATO를 통한 적극적 참여가 유럽독자방위 체제 구축에 실질적 기여를 가져온다고 주장하고 있다. 따라서 미국은 EU의 군사적 영향력 증대가 NATO와의 돈독한 유대관계 강화에 의해 가능하다는 점을 계속해서 강조하고 있다.

둘째, 유럽독자방위 체제 구축을 위한 재원충당에 대해 미국은 유럽 국가들의 비용부담을 적극 권장한다. 오히려 유럽 국가들 간 비용부담을 둘러싼 이견이 크기 때문에 이미 상당한 규모로 유럽독자방위 체제를 지원하는 미국이 신속대응군의 통제권 보유를 주장하는 데에 효율적으로 대응하지 못하고 있다.[1] 셋째, 그러나 무엇보다 유럽독자방위 체제의 기능에 대한 유럽 국가들 간 이견은 미국과 유럽 국가들 간 격차보다 오히려 심각할 정도로 크다. 미국은 근본적으로 유럽 국가들의 역외분쟁 개입, 특히 유럽 이외 지역의 위기관리 및 평화정착에 적극적으로 참여할 것을 권장하고 있다. 전통적으로 유럽 이외 지역에서 활동한 경험이 많은 영국이나 프랑스는 이러한 미국의 요구를 별다른 저항 없이 수용하는 반면에 유럽 근역, 즉 지중해, 아프리카, 중동지역 등의 분쟁에 더욱 촉각을 세우는 대다수의 유럽 국가들은 역외 개입에 대해 소극적이다.[2] 또한 대량살상무기, 테러리즘, 인종 및 종교적 갈등으로 인한 새로운 안보위협에 NATO의 개입을 통한 해결에 대해 유럽 각국 간 이견이 크다. 따라서 범세계적 관점에서 안보위협을 인식하려는 미국과 안보위협 지역이나 영역 측면에서 보다 유보적 개입을 선호하는 유럽의 대다수 국가들 간 충돌 소지가 크다.

넷째, 이러한 입장 차이는 결국 미국에게 유럽독자방위 체제의 강화가 곧 미국의 세계전략 수행에 역행할 가능성이 크다는 우려를 자아낸다. 이러한 우려가 실현되는 것을 방지하려는 미국의 노력은 냉전기의 중립국들, 즉 오스트리아, 핀란드, 아일랜드, 스웨덴 등을 대상으로 NATO 가입을 적극 권장하는 형태로 나타나고 있다. 이는 유럽독자방위 체제 구축을 내걸며 마찬가지로 중립국들의 가입을 유도하려는 유럽의 독자적 노력을 견제하여 유럽 내 미국의 주도권 유지와 영향력 강화를 확고하게 하려는 대응책의 산물이다. 따라서 미국의 대유럽전략 기조도 자국의 국익을 저해하는 요인들을 제거하려는 세계전략의 맥락 속에서 형성됨을 알 수 있다. 그 결과 미국은 NATO의 확대를 통한 유럽독자방위 체제 구축을 유럽 안보구도의 중축으로 확립할 의도를 공고히 하고 있다. 이러한 미국의 행보는 궁극적으로 EU가 군사안보기구로서 불충분할 뿐만 아니라 부적격이라는 인식에서 출발했음을 입증한다. 따라서 러시아에 대한 경계 및 새로운 형태의 안보위협에 효과적으로 대처하기 위해 NATO를 재편성하여 유지하려는 움직임으로 가시화되고 있다.

결론적으로 유럽의 독자방위 구상에 대한 미국의 평가는 탈냉전기 시대에 미국의 국익을 위협하는 새로운 요인들을 제거하기 위해 현 안보구도를 재편성하되 영향력을 배가시켜 유지하자는 주장으로 이어지고 있다. NATO의 재편성과 확대는 이러한 목적에 상응하는 조치이며, 이는 궁극적으로 EU 회원국 주도의 유럽독자방위 체제 구축을 도모하는 노력과 상충되는 측면이 많다. 다음 절에서는 이러한 충돌이 EU와 NATO의 군사적 관계에 어떤 영향을 미치는지 상세하게 분석하고자 한다.

3. EU와 NATO의 군사적 유대관계

EU는 대외적으로 경제관계에 지대한 영향력을 행사할 수 있는 반면, 국방-안보관계에 있어서 미미한 대외적 역량을 가지고 있다는 평가를 받고 있다.[3] 특히 유럽대륙인 발칸반도에서 발발했던 일련의 사태에 대응하는 중재 또는 해결의 역할을 제대로 수행하지 못함으로써 국제관계의 주요 행위자로서의 유효적절성에 대한 회의를 자아내고 있다.[4] 공산진영의 해체로 인해 탈냉전시대가 당도했음에도 불구하고, EU가 아직까지 '민간 강국(civil power)'으로 인식되는 주요 이유는 국방안보 영역에 있어서 NATO가 유럽의 공동안보체로서 자리잡고 있기 때문이다. 또한 탈냉전시대에 직면해서 NATO는 종전의 소련 견제를 중심으로 하는 주요 목표에서 벗어나 유럽대륙 내 인종 및 국경분쟁 사태에 적극적 역할을 수행하려는 새로운 방침을 내외에 표명함으로써 공동안보체로서의 위상을 다졌기 때문이다. 이와 대조적으로 회원국 간 국방안보정책의 기본 골조에 있어서 공감대마저 형성하지 못한 EU는 그 정책수행 능력에 대한 대외 신뢰도와 인지도가 NATO와 비교해서 상대적으로 뒤떨어지기 때문이다.

그럼에도 불구하고 EU가 추구하는 독자적인 국방안보기구, 즉 NATO로부터 자율성을 가진 EU의 군사기구에 대한 끊임없는 논쟁이 가능한 이유는 NATO의 성립과 유지가 유럽 국가들의 자발적 공조와 기능상 분업을 기반으로 가능했다는 데 있다. 즉, 미국이 핵과 해군력에 주력하고 유럽은 육군병력과 전술병력에 주력함으로써 유럽 각국은 미국의 국방부담을 어느 정도 덜어주며, 미국은 동맹국들이 NATO에 기여할 수 있는 제도적 장치를 마련해서 미국과 유럽 간 유럽안보를 위한 동등한 노력을 통해 유럽공동안보의 문제를 해결할 수 있었다.[5] 또한 미국이 선호하는 정권을 각 유럽 국가에 선별적으로 옹립할 수 없었기 때문에 미국은 유럽에 대하여 엄격한 위계질시에 입각한 군사관계보다 융통성 있는 군사관계를 근간으로 한 공동 유럽안보기구를 정립하였다. 그 결과 냉전기간 동안 NATO는 국방안보기능을 WEU로부터 전적으로 위임받았지만, 이렇게 기능적으로 통합된 군사관계가 공산진영의 몰락 이후 종전의 주요 접전 대상국인 구소련과 동구 국가들이 붕괴하자 군사관계의 재규명을 요구하게 되는 새로운 국면을 맞이하게 되고 구체적으로 WEU의 국방안보기능, 즉 유럽의 독자적 안보노선을 회복하자는 움직임이 조직화되었다.

따라서 탈냉전기의 도래로 인하여 유럽안보의 새로운 목표가 예방외교와 평화유지로 설정되고 새로운 목표에 부응하는 조직재편 및 조직 확대도 보조를 맞추며 추진되었다. 이 과정에서 NATO와

EU 간 묵시적으로 공조해 온 공동유럽안보기구에 대한 이견이 첨예화되었다. NATO는 유럽과의 긴밀한 관계를 지속하면서 유럽의 독자영역에 대한 권리주장을 융통성 있게 대처하려는 묘안을 강구하는 반면, EU는 NATO의 전술적 존재가치를 인정하면서도 미국 주도의 대외정책에서 전략적 이견을 제시하고 나아가 이를 수행할 수 있는 독자적 유럽 안보공동체기구를 모색하여 왔다.[6] 특히 NATO가 민주주의를 효율적으로 전파할 수 있는 매개체라는 주장을 근거로 한 조직재편 및 조직확대는 NATO를 전제로 한 맥락에서의 독자적 유럽 군사기구에 대한 회의를 불러일으켰다.[7] 이러한 비판을 잠재우려는 차원에서 보다 명확하고 영향력 있는 유럽의 역할이 가능하며 나아가 바람직하다는 메시지를 담은 유럽안보와 방위정체성(European Security and Defense Identity : ESDI · ESDP의 전신)과 그 실행기구인 연합합동기동부대(Combined Joint Task Forces : CJTF)가 탄생했다.

그러나 ESDI와 CJTF는 NATO 내 유럽과 미국 간 재균형을 구축하려는 소위 NATO의 유럽축(European pillar) 강화의 일환으로 구상되었다는 미비점을 내재하고 있었다. 비록 초기에는 미국도 제도적 혁신을 통해 탈냉전기의 필요에 부응한다는 발상에서 유럽의 독자노선을 인정하려고 노력했고, ESDI와 CJTF는 미국이 유럽과의 다자주의적 국방안보정책 추진에 합의한 산물이기도 했지만, 유럽은 유럽의 독자노선을 수행할 수 있는 군사장비와 지휘통제의 보급을 전적으로 미국에게 의존해야 하는 취약점을 가지고 있었다.[8] 점차 미국의 군부는 이러한 의존에도 불구하고 유럽이 독자노선을 주장한다는 발상 자체가 궁극적으로 NATO와 EU의 공조적 군사관계의 해체를 야기할 수 있다는 우려에서 전술적 협조에 부정적 반응을 보였다. 결과적으로 미국은 명시된 공조체제보다 잠정적이고 경우에 따라 적용할 수 있는(ad hoc and case-by-case) 공조체제를 선호하게 되었다. 이는 NATO의 기술장비 및 지휘통제체제에 의존해야 하는 유럽의 발목을 붙잡는 효과를 자아냈다.[9]

무엇보다 유럽의 독자 군사노선 추구에 치명적인 사항은 군사장비에 대한 지원 및 지휘통제권의 안배에 있어서 유럽 국가 간 공감대를 형성할 수 없다는 한계점이었다.[10] 이와 더불어 1990년대 일련의 발칸반도 및 르완다 등지의 인종사태를 겪으며 유럽은 미국의 군사-기술력에 절대적으로 의존하고 있다는 사실 이외에도 참여국이 이러한 사태에 개입하는 경우 전적으로 재정적 지원을 책임져야 하며, 개입의 정당성을 국제기구를 통해 자연적으로 획득하지 못하고 스스로 규명해야 한다는 중압감이 있다는 사실을 인식하게 되었다. 그 결과 ESDI 또는 ESDP를 정의하는 데 있어서 NATO 체제 내 "분리될 수 있으나 별개의 조직이 아닌 (separable but not separate)" 군사기구로서의 역할보다 이러한 가능성이 함축하고 있는 정치경제적 위상을 강조하는 경향이 상대적으로 커졌다. 즉, 유럽의 안보를 위협하는 비군사분야, 특히 경제무역 분야에 있어서 유럽안보공동체를 목표로 한 유럽의 독자노선을 추구하고 또한 이를 수행하는 정당성과 효율성이 존재한다는 점에 대부분의 국가 간 공감대가 형성되어 있다.[11]

반면, 탈냉전으로 인한 NATO의 소멸이 성급하게 예측되었지만 NATO의 건재는 유럽과 군사관계에 있어서 재조명이 필요하며, 이는 NATO의 조직재편 및 조직 확대를 통해 군사관계를 재조정해야 한다는 주장을 성공적으로 펼칠 수 있었다는 증거이기도 하다.

또한 NATO라는 기구가 단순히 참여국의 국력을 규합하여 이루어진 국가 간 집합체의 수준을 넘어서서 국방안보제도로서 정착되었다는 점을 시사하기 때문에 시대의 수요가 달라지더라도 이에 적응하고 구조전환을 할 수 있는 능력을 가지고 있다는 긍정적 평가를 유도하기도 했다.[12] 물론 NATO는 근본적으로 다국적 조약기구에 기반을 두고 있기 때문에, 회원국의 국익에 직접적 관련이 없는 분쟁사태에 개입하지 않는다는 공동체 문제를 아직 완전하게 해결할 수 없으므로 NATO 사무총장인 솔라나(Javier Solana)나 UN 사무총장인 아난(Kofi Annan)의 낙관적 기대를 충족시킬 수 없다는 부정적 평가도 설득력 있게 제시되고 있다.[13] 그러나 공동국방안보의 비용부담에 관한 안배 및 작전지휘통제본부의 소재지에 대한 논의는 탈냉전 이전 시기에도 존재했으며, 단지 탈냉전으로 인한 조직재편 및 조직 확대에 있어서 이에 대한 논의의 빈도와 심도가 강해진것 뿐이다.[14]

NATO는 공동안보기구로서 대외적 위협을 저지한다는 목표 아래 다면적 목적을 정책적으로 추구해 온 유럽의 안보제도로서 자리매김했다. 따라서 과거에 공동의 적인 구소련과 동유럽 공산진영이 해체되어 존재가치에 대한 회의에도 불구하고 유럽의 안보를 위협하는 새로운 요소, 즉 유럽의 일정 국가 내 혼란이 가중되면서 주변 국가의 안정을 위협하게 되거나 더 나아가 유럽지역 외 국가내전이 정치경제적 국제질서에 위험부담을 가함으로써 유럽을 포함한 전 세계에 불안정을 초래하게 되는 21세기형 위협요인에 가장 효율적으로 대처할 수 있는 조직력과 동원력을 가지고 있다는 인정을 받고 있다.

이러한 맥락에서 NATO의 양축 개념을 기반으로 유럽의 국방안보에 관한 한 WEU에 보다 큰 공권력을 배정함으로써 유럽의 비용부담을 늘리고 이에 따른 미국의 국내 지지도를 확보할 수 있다는 전략이든, NATO와 EU의 조직개편 및 조직 확대에 있어서 동조를 가능하게 하는 구체적 방안에 대한 잠정적 합의를 도출할 수 있다는 전략이든 대서양 양편의 국가들 모두에게 정치적 민감성을 지닌 사안이다. 따라서 EU와 NATO의 군사관계를 성공적으로 재정립하기 위해서 유럽 측은 다음과 같은 조건을 충족시켜야 한다. 첫째, 유럽의 3대 강국인 영국, 불란서, 독일 간 군사부문의 '합리화 · 재조직화 · 전문화'에 대한 합의가 유지되어야 하고, 둘째, EU의 최종적 형태가 느슨한 연맹이든 강력한 연방체제이든 EU의 주요 임무 중의 하나는 바로 공동대외안보정책의 수립과 실행이라는 점에 대한 동의가 필수적이며, 유럽 단일화폐의 통용에 이르기까지 30여 년의 세월이 소요되었다는 점을 감안하여 공동의 대외안보정책이 정착되기까지 시간적-제도적 여유를 두어야 한다는 공감대가 지속되어야 하며, 셋째, 비EU 회원국이면서도 NATO 회원국인 국가, 대표적인 예로 미국 및 노르웨이, 터키 등을 받아들여 공조를 취하려는 적극성을 표명해야 하며, 넷째, 유럽 각국 국민들은 재정부담이 과중하지 않은 범위 내에서 국방비의 증대에 우호적이어야 한다.[15]

더불어 미국 측은 유럽의 위기상황 대처능력을 증강시키기 위한 목표에 부합하는 방향으로 유럽의 군사력을 배양하는 데 지원을 아끼지 않아야 하며, 이는 한편으로 NATO 작전계획, 정보수집 및 군사시설/조직 전반에 걸쳐 EU가 제한 없이 이용하도록 허용함을 의미하고, 다른 한편으로 이러한 변화를 미국민과 입법의원들에게 인지시키며 그에 대한 지원이 장기적으로 유럽 공동안보체의 구축에 유럽의 역할을 돈독하게 하는 데 기여한다는 확신을 심어주는 것을 의미한다. 특히 EU와 NATO 간 군사관계가 상호 협조와 상호 보완이라는 주목표를 달성하기 위해서 정치적 공조체제가 완비되어야 함을 의미한다.16〉 미국과 유럽 간 문화 및 가치관을 공유하는 부분이 크다는 전제 하에 상호 협조와 상호 보완이 특별한 조치가 없어도 가능하다는 사고방식이 1990년대 들어서며 NATO의 조직개편 및 조직 확대와 EU가 주도하는 CFSP가 구체화되는 가운데 쌍방 간 의심과 경쟁이 난무해지면서 오산이었다는 것이 자명해졌다. 즉, 유럽과 미국 간 군사관계에 있어서 상호 협조와 상호 보완도 구체적이고 실질적인 정책과 지침 조율을 통해 가능하다는 것이 일련의 사례를 통해 명백해졌다.17〉

탈냉전시대가 필요로 하는 유럽의 공동안보에 부합하는 EU와 NATO 간 군사관계의 재정립이 필요하다는 데에 대서양 양측의 모든 참여국들이 기본적으로 동의하지만 재정립의 방법과 범위에 있어서 상당한 이견이 존재한다. 이러한 이견은 최소한 당분간 관련국들과 NATO 및 EU의 군사기구 사령부 간 정치적 조정을 통해 합일점을 찾으면서 해소될 수 있으며, 이를 바탕으로 군사관계에 있어서 상호 협조와 상호 보완을 지속적으로 모색할 수 있다. 다만, NATO와 EU 간 군사관계의 정책적 조율이 NATO와 WEU 간 군사관계의 정책적 조율보다 훨씬 더 폭넓고 세세한 과정을 필요로 한다는 점에 주의해야 한다.18〉 이러한 관점은 대다수 유럽 국가의 견해이기도 하지만, 주시할 점은 경제나 통화정책과 대조적으로 대외국방정책에 있어서 영국이 미국과 유럽대륙 국가 간 관계에서 유럽을 상대로 미국 측 중재자인 동시에 유럽 내 선봉자의 역할을 소화할 수 있다는 사실이다. 특히 코소보 사태를 겪으며 영국은 유럽의 독자적 안보공동체에 대한 필요성에 동조하게 되었고, 그 결과 유럽이 실질적 군사력을 완비함으로써 미국이 NATO에 대한 헌신을 지속할 수 있다는 신념 하에 유럽의 독자노선을 지지하는 방향으로 입장을 바꾸었다. 또한 미국의 주장으로 비EU 회원국이면서도 NATO 회원국인 터키나 노르웨이에게도 NATO 시설 및 자원의 활용에 관한 한 협의하게끔 되어 있으므로 EU와 NATO 간 협조적 군사관계를 지속하기 위해 4개 안건부문에 '잠정적 대책집단'이 구성되었다.[19] 결론적으로 공동안보에 있어서 공조를 기반으로 하는 미국-유럽 간 관계는 EU와 NATO의 위상이 어느 쪽으로 치우치는가에 대한 자리다툼에 머무르지 말고 수많은 협상을 통해 EU와 NATO의 군사관계를 상호 의존적으로 발전시키려는 노력으로 나타나야 할 것이다.

4. EU 군사기구에 대한 전망

최근 유럽안보의 개념이 기존의 정치군사 영역에서 비정치군사 영역으로 확대 해석되면서 경제안보를 중심으로 국경 간 인구이주 문제, 마약, 테러 및 공해 등 비군사적 위협에 대한 안보로 발전되고 있다. 이는 국경을 근간으로 하는 종전의 방위와 다른 인식을 요구하는 국방안보정책의 필요성을 창출하지만, 궁극적으로 NATO

를 대체할 수 있는 유럽공동의 군사기구를 제도화시키려는 노력에 대하여 상대적으로 근본적 적법성 내지 필요성이 결여되어 있다는 비판의 구체적인 증거로서 작용할 수 있다. 따라서 NATO가 탈냉전시대의 필요에 부응하는 역할, 즉 새로이 부상하는 인종 및 국경분쟁 사태의 조정, 해결 그리고 평화유지에 주력하는 반면, EU는 군사적 면을 제외한 광범위한 안보에 걸치는 제반의 문제들을 전적으로 다루는 기능상 분업구조를 취하는 유럽안보체제의 방향으로 제도화될 수 있다는 가능성을 시사한다.[20] 이러한 분업에 기반을 둔 제안은 ESDP가 유럽 각 국가의 국방안보정책을 대체하지 못했으며, RRF도 유럽정규군이 아니라는 점을 감안할 때 타당한 해결방안이라고 평가할 수 있다.

구체적으로 EU의 군사기구는 다음과 같은 취약점을 보강해야 유럽안보의 기능을 원활하게, 그리고 보다 중요하게 NATO로부터 자율적으로 수행할 수 있다.[21]

① 공동의지의 결여 :

EU 회원국들 간 CFSP를 공고하게 해야 한다는 헌신 부족

② 제도적 미비 :

결정과정이 지나치게 세분화되어 있고 복잡한 문제

③ 능력 부족 :

CFSP의 목표를 성취할 수 있는 도구나 장비 부족

④ 정체성 결여 :

CFSP의 위상에 대한 EU 회원국들 간 인식 부족

⑤ **대외 신빙성 부족 :**
국방정책에 있어서 EU가 '소체량'급 행위자라는 인식

상기 취약점을 급진적으로 개선하려는 노력은 불가능할 뿐만 아니라 불필요하다. EU의 군사기구가 유럽안보의 기능을 수행하려면 심리적 · 재정적 · 정치적 · 제도적 · 법적 제한점이 복잡하게 연계되어 있으므로 모든 측면에서의 한계를 극복해야 한다. 그러나 1969년 구속력이 없고 군사적 함의를 배제한 유럽정치협조 체제(European Political Cooperation)가 출범한 이래 30여 년이 경과하는 동안 다양한 형태와 방식으로 공동 대외국방정책을 도모하는 기구에 대한 모의가 있어왔다.[22]

그러므로 근본적인 문제점을 해결하지 못한 상태로 오늘날까지 오게 된 배경에는 취약점이 구조적인 요인과 그를 근거로 한 상황적 요인에 내재한다고 볼 수 있다. 즉, 국가 합의를 통해서만 공동 대외국방정책이 성사된다는 점과 국방이 전형적 공공재로서 사적인 경제영역의 행위자들 간 경쟁에만 의존하면 공급 저하의 우려가 있기 때문에 정부, 특히 중앙정부가 유일하게 효율적인 공급자로서 역할을 수행해야 한다는 점이 상충된다는 사실을 알 수 있다. 또한 NATO와 비교해서 회원국의 동의를 기반으로 강력한 구속력을 소지한 미국이 무임승차국에 대한 제재를 가할 수 있는 데 반해, EU는 문서화되어 있는 구속력을 실행에 옮길 수 없는 '이가 빠진' 안보기구로서 NATO에 종속되어 있었다고 평가할 수 있다. 이러한 취약점은 이후 정세의 변화로 인해 NATO의 존립이유에 대대적 개혁으로 연계되었음에도 불구하고 국방안보에 관한 한 약체라는 인상을 깊게 심어준 부작용을 낳았으며, 더욱이 취약점 개선에 대한 일련의 노력 자체를 부정적으로 받아들이는 역효과를 낳고 있다.

따라서 NATO의 영향력을 완전하게 탈피하여 궁극적으로 NATO를 대체한 형태로 EU의 군사기구를 발전시키기보다 NATO의 존립으로 인해 효율적인 유럽안보가 가능해졌으며, 시대의 변화에도 불구하고 효율적인 유럽안보의 기반은 NATO를 중심으로 하는 국제레짐을 근간으로 하고 있으면서 제한된 범위 내에서, 그러나 가능하다면 그 범위의 확대를 모색하는 자율적 형태로 EU의 군사기구를 정립하는 것이 바람직하다. 〈표 1〉과 〈표 2〉에서 볼 수 있듯이, 이미 상당수의 유럽 국가들은 EU와 NATO의 중복적 회원국으로서 정체성을 가지고 있지만, 중복적 회원국의 자격이 곧 EU와 NATO 간 군사관계의 자동적 재정립을 보장하지 못함은 앞서 상술한 바 있다. 이러한 정체성으로 인한 밀접한 연관은 만약 불란서가 주창하듯이 자율성을 최대화시키기 위한 조치로서 EU의 군사기구를 오로지 NATO의 영향력에서 벗어나기 위해 정립한다면, 그러한 발상이 실현가능성의 측면에서 요원할 뿐만 아니라 유럽의 안보공동체를 지향하는 본래의 목표에 위배된다는 사실을 함축하고 있다. 즉 EU의 군사기구는 그 존립이유를 유럽의 공동안보를 유지하는 데 있어서 유럽 국가들과 북미 국가들 간 공조체제 자체를 배제하는 데 두지 않고, 냉전의 시대적 산물로서 유럽과 북미 간 균형이 일방적으로 북미에 치우쳐져 있는 상황을 수정하여 유럽의 적극적 역할을 강조하려는 데 두고 있다.[23]

<표 1> 유럽의 군사안보기구 회원국 상황 (유럽 및 북미)

	NATO	EAPC	WEU	RRF	OSCE	CE
벨기에	O	O	O	O	O	O
불란서	O	O	O	O	O	O
덴마크	O	O	입회국	X	O	O
독일	O	O	O	O	O	O
그리스	O	O	O	O	O	O
아일랜드	X	O	입회국	O	O	O
이태리	O	O	O	O	O	O
룩셈부르크	O	O	O	O	O	O
네덜란드	O	O	O	O	O	O
포르투갈	O	O	O	O	O	O
스페인	O	O	O	O	O	O
영국	O	O	O	O	O	O
오스트리아	X	입회국	입회국	O	O	O
핀란드	X	입회국	입회국	O	O	O
스웨덴	X	입회국	입회국	O	O	O
아이슬란드	O	O	준회원국	X	O	O
리히텐쉬타인	X	X	X	X	O	O
노르웨이	O	O	준회원국	X	O	O
스위스	X	O	X	X	O	O
키프로스	X	X	X	X	O	O
말타	X	X	X	X	O	O
터키	O	O	준회원국	X	O	O
안도라	X	X	X	X	O	O
산마리노	X	X	X	X	O	O
모나코	X	X	X	X	O	X
바티칸	X	X	X	X	O	X
미국	O	O	X	X	O	X
캐나다	O	O	X	X	O	X

출처 : Jones, Robert(2001), Table 19.3, p. 439 재인용
NATO : North Atlantic Treaty Organization
EAPC : Euro-Atlantic Partnership Council
WEU : Western European Union
RRF : Rapid Reaction Force
OSCE : Organization for Security and Co-operation in Europe
CE : Council of Europe

1. EU : 벨기에, 불란서, 덴마크, 독일, 그리스, 아일랜드, 이태리, 룩셈부르크, 네덜란드, 포르투갈, 스페인, 영국, 오스트리아, 핀란드, 스웨덴(15국)
2. EFTA : 아이슬란드, 리히텐쉬타인, 노르웨이, 스위스(4국)
3. 지중해국 : 키프로스, 말타, 터키(3국)
4. 소국가/도시국가 : 안도라, 산마리노, 모나코, 바티칸(4국)
5. 북미 : 미국, 캐나다(2국)
6. WEU의 평화유지 기능은 EU로 이월되었다. EU회원국이 아니더라도 RRF에 참여할 수 있으나 두 기구 간 공식적 관계는 아직 명시화되지 않았다.

EU의 독자적 군사기구에 대한 염원은 EU 내 상호 의존성이 돈독하다는 전제 하에 유럽안보공동체가 자동적으로 성립된다는 오해에 기인하며, 궁극적으로 NATO의 존재가치를 부인하는 오산으로 이어진다. 그러나 유럽 국가들이 상호 의존하고 있다는 주장을 가장 적극적으로 펼친 기구는 다름 아닌 NATO로서, 비록 실질적으로 유럽과 북미 간 방위능력과 지휘 및 작전통제조직에 있어서 북미가 단연 우세했음에도 불구하고 NATO의 회원국들이 진정한 의미에서 상호 의존한다는 선전공세를 펼쳤다.[24] 따라서 유럽안보공동체의 구축에 있어서 NATO의 존재는 필요하다는 주장이 꾸준하게 설득력을 가진다.[25] 오히려 심각한 문제점은 NATO의 존재를 인정하는 가운데 유럽의 공동안보에 대한 적극적 참여를 통해 자율성을 증대하려는 노력이 구체화되는 경우, 유럽이 국방안보정책에 좀 더 큰 부담을 떠맡을 것을 종용하던 미국이 돌연 유럽의 독자노선 추구 자체를 집중적으로 공략하며 유럽의 적극적 참여 자체에 대한 부정적 반응을 보인다는 사실이다.

다시 말하면, EU 군사기구의 장래는 독자노선을 고집하는 유럽 국가들에게 달려 있을 뿐만 아니라, 국방안보 분야에 있어서 유럽의 자율성을 지원해 주는 데 저항하는 미국에도 달려 있다. 특히 2001년 9 · 11사태를 겪으면서 EU의 군사기구가 방위능력과 지휘통제체제를 갖추기 위해 회원국의 방위비 지출부담을 늘려야 한다는 비교적 통합된 공감대를 대신해서, 미국의 군사도구로서 급격하게 변모한 NATO와의 대테러전 작전에 있어서 조율이 절실하다는 긴박감을 야기했다.[26]

특히 미국이 9 · 11사태 이후 동맹이라는 다자적 틀 안에서 군사적 협조를 추구하기보다 다수의 쌍방관계를 통해 군사적 협조를 모색한 것은 주시할 점이다. 이러한 파격적인 미국의 태도 및 행위 변화의 배경에는 1990년대 유럽의 공동안보가 더 이상 미국의 안보체제에 우선순위가 아니라는 인식이 팽배해지면서, 유럽에게 국방안보에 관한 자율권을 이양하는 대신 유럽 이외 지역에서의 미국의 대외정책에 대한 유럽의 정치적 또는 경우에 따라 군사적 지지를 제공하는 내용의 타협안이 설득력을 지니고 회자되었다는 사실이 숨어 있다.[27] 9 · 11사태에 대한 대응책으로 아프가니스탄 개입이 결정되면서 유럽은 NATO로부터 EU의 군사기구를 독립시켜야 한다는 생각을 굳히기에 이르렀지만, 그렇다고 NATO로부터 완전하게 분리된 EU의 군사기구를 상정한 것은 아니다. NATO가 강력한 군사력에 기반을 두고 국제관계에 있어서 총체적 안보를 제공하는 정치적 역량을 발휘할 수 있는 기구라는 사실을 유럽 국가들이 수용한다면, 9 · 11사태를 기점으로 국제사회에 있어서 활발한 행위자로 부상한 EU가 방위능력의 증진을 위한 방위비 부담 증가 문제를 해결하는 경우, NATO의 시설 및 자원을 활용하여 효율적으로 유럽뿐만 아니라 전 세계 지역의 안보에 지엽적으로 기여할 수 있는 가능성이 높다. 이러한 역할분배는 또한 NATO의 분담을 덜어주는 효과가 있기 때문에 안보공동체의 구축이라는 목표에 한 걸음 더 가깝게 다가갈 수 있다.

미국의 입장에서 이러한 역할분배가 효율적일 뿐만 아니라 바람직하다는 인식을 수용하려면 첫째, 비용부담을 전쟁수행에 필요한 지출에만 국한시키지 말고 평화유지 노력과 경제적 원조를 통한 안보투자 등도 포함시키려는 의식변화가 필요하며, 둘째, 미국과 유럽간 새로운 안보작전 및 지원체계를 정립할 필요가 있다는 공감대가 형성되어야 한다.[28] 특히 EU와 NATO가 동시에 조직개편 및 조직 확대를 추진하는 현 시점에서 NATO와의 공조체제에 불협화음을 창출하는 원인을 제공할 수 있는 여지를 최소화하기 위해 최소한 단기적으로 EU의 군사기구를 정규군으로 발전하기보다, EU는 비군사부문의 안보를 전담하고 NATO는 군사부문의 안보를 전담하는 이중적 구조로 발전시킴으로써 안보영역에서의 포괄적 제공이 순조롭게 이루어질 수 있다는 주장에 상당한 일리가 있다. 그러나 동시에 이러한 단기적 · 기능적 역할분배로 인해 EU가 추구하는 독자적 국방안보노선 자체가 뒤로 밀쳐지지 않도록 여지를 확보하여 탈냉전시대가 부응하는 다자주의적 안보레짐의 구현에 있어서 독자적 노선의 추구와 그에 대한 재정적 책임을 결부시킴으로써 유럽의 적극적 참여를 구체화시키고 제도화시킬 수 있다. 이러한 맥락에서 본 EU 군사기구의 장래는 유럽안보공동체 정립에 건설적이라고 볼 수 있다.

<표 2> 유럽의 군사안보기구 상황 (전 공산진영)

	NATO	EAPC	WEU	RRF	OSCE	CE
알바니아	X	O	X	X	O	O
아르메니아	X	O	X	X	O	X
아제르바지안	X	O	X	X	O	X
벨라루스	X	O	X	X	O	X
보스니아	X	X	X	X	O	X
불가리아	예정국	O	준동반국	X	O	O
크로아티아	X	X	X	X	O	X
체크공화국	O	O	준동반국	X	O	O
에스토니아	예정국	O	준동반국	X	O	O
조지아	X	O	X	X	O	X
헝가리	O	O	준동반국	X	O	O
카작스탄	X	O	X	X	O	X
키르지키스탄	X	O	X	X	O	X
라트비아	예정국	O	준동반국	X	O	O
리투아니아	예정국	O	준동반국	X	O	O
마케도니아	X	O	X	X	입회국	입회국
몰도바	X	O	X	X	O	O
폴란드	O	O	준동반국	X	O	O
루마니아	예정국	O	준동반국	X	O	O
러시아	참가국	O	X	X	O	O
슬로바키아	예정국	O	준동반국	X	O	O
슬로베니아	예정국	O	X	X	O	O
타지키스탄	X	O	X	X	O	X
투르크메니스탄	X	O	X	X	O	X
우크라이나	X	O	X	X	O	X
우즈베키스탄	X	O	X	X	O	X
유고연방	X	X	X	X	O	X

출처 : Jones, Robert(2001), Table 19.3, p. 439의 내용 중 러시아의 동반관계와 2004년 5월에 회원국으

로 가입한 동구권 7개국(불가리아, 에스토니아, 라트비아, 리투아니아, 루마니아, 슬로바키아, 슬로베니아)에 대한 사항은 www.nato.into/issues/nato-russia/nato-russia.com과 www.nato.int/issues/enlargement/index.com에서 발췌하여 재정리하였음.

탈냉전기의 새로운 안보환경의 부상으로 인해 기존에 존재했던 유럽의 동서 구분이나 그러한 양분이 가지는 정치적 함의가 사라졌다. 이러한 복합적인 안보상황에서 유럽의 정치/군사 및 사회/경제영역의 안보와 연관된 거버넌스의 주체로서 EU와 NATO는 한편으로 종전의 역할, 즉 독일과 불란서의 유대 강화, 독일과 러시아의 영향력 팽창에 대한 조절, 독일의 유럽 공동의 사안에 대한 적극적 참여 유도 등을 지속적으로 수행하면서, 다른 한편으로 동구권 유럽 국가들 및 신흥독립국들(CIS)에게도 안정과 번영을 제공할 수 있는 기틀을 준비해야 하는 역할을 수행해야 한다. 이 과정에서 EU와 NATO의 조직개편 및 조직 확대의 조정을 어떻게 추진하는 것이 유럽안보공동체의 구축에 가장 효율적이면서도 구현 가능한지에 대한 논의는 크게 '두 단계(two tiers)의 국가군'과 '두 개의 속도(two speeds)' 기준에 근거한 대안으로 나뉜다.[29] 즉, 융화된 국가와 비융화된 국가로 나누어 EU와 NATO의 조직개편 및 조직 확대를 실행할 것인지, 아니면 EU와 NATO 간 회원국 구성을 달리하면서 시간적 격차를 두고 각기 조직개편 및 조직확대를 실행할 것인지에 대한 선택이다. 양자 간 현명한 선택을 위해서는 우선 유럽 내 안보환경의 변화에 대한 체계적인 이해가 필요하므로 본문에서는 기존의 연구를 비판적인 시각으로 체계적으로 평가하여 분석하였다.[30]

구체적으로 유럽지역 안보환경은 1990년대 후반에 특히 무쌍한 변화를 보여주었다. 그동안 진행되어 온 통화통합이 1999년 1월부터 본격적으로 시행되고 1999년 5월 1일 발효한 신유럽통합조약, 즉 암스테르담 조약으로 유럽의 주요 국가들이 모두 정치 · 경제 · 사회적으로 거의 완전한 공동체를 이루어 가고 있다. 1999년 초 NATO확대에 이어 EU도 중동부 유럽 국가들을 회원국으로 영입하고자 추진함으로써 실질적으로 유럽 전체를 통합시켜 나가기 위한 노력에 박차를 가하고 있다. 유럽지역 국가들은 물론 세계의 여타 국가들 역시 급변하는 유럽의 정치 · 경제 · 안보적 환경변화에 적응하기 위한 최선의 노력들을 경주하고 있다. 특히 스웨덴, 스위스 등과 같은 전통 중립국가들마저 통합의 대세에서 초연할 수 없는 국가적 과제 앞에서 각종 국제기구에 활발히 참여하고 국제사회의 책임 있는 일원이 되기 위한 적극적인 모습을 보이는 경향을 볼 수 있다.

탈냉전 신국제질서 속에서 존재이유를 새로이 설정한 NATO는 향후 국제평화와 안전을 위한 더욱 비중 있는 기구로 발전하기 위해 제도적 근거를 워싱턴 정상회담을 통해 마련하였다. 신전략개념의 채택이라든가 유럽 국가들과의 협력을 실질적인 차원에서 보장하기 위한 방위력증강계획(DCI)의 추진, 그리고 회원국 지속 확대를 통한 유럽-대서양 협력의 활성화는 NATO의 위상이 향후 더욱 강화될 것임을 전망케 하고 있다. 이러한 가운데 역외지역에 대한 군사개입과 관련한 유럽 국가와 미국 간 이견이 어떻게 해소될지 그 귀추는 많은 안보 및 군사전문가들의 주목의 대상이 되고 있다.

한편, 쾰른 EU 정상회담에서 유럽공동방위 정책안이 채택되어 WEU를 EU의 방위기구로 흡수통합하는 내용을 골자로 유럽 독자 방위기구의 설립에 관한 구체화를 선보였다. 이 공동방위정책안과 더불어 EU 국방장관회의 정례화, EU 군사위원회 신설 등 통합지휘 체제 구축이 진행됨으로써 유럽독자방위 체제 설립은 조만간 구체화될 가능성이 커지고 있다. 그동안 유럽독자방위 체제 설립에 반대 입장을 명백히 해오던 영국이 태도변화를 보임에 따라 긍정적인 진전이 예상되기도 하지만, 미국과의 여러 문제점들이 어떤 형태로 해결될지는 아직 전망이 조심스러운 상태이다. 여기에는 NATO와의 협력관계 조절 등 몇 가지 변수가 중요한 영향을 미칠 것으로 보인다. 또한 과거 동서 안보대화체에 불과하던 OSCE는 유엔헌장 제8장에 의한 유럽의 일반적 지역기구로서 유럽안보의 규범, 원칙 및 행동규칙에 관한 합의와 분쟁예방 및 조정임무를 수행하고 있다.

5. 결론

현재 유럽안보구조는 EU, WEU 및 NATO를 안정된 중심부에 두고 각기 상이한 목적과 메커니즘을 가진 일련의 제도들이 동심원 구조를 이루고 있으며, 이러한 제도들은 분쟁예방, 위기관리 및 해결과 관련하여 유사한 업무를 수행하며 분명한 분업보다는 상호 보완함으로써 전제적으로 유럽안보를 증진시키고 있음을 알 수 있다. 따라서 스펄링이 제의한 '두 개의 속도(two speeds)'에 기반을 둔 유럽안보질서의 구축이 다음과 같은 이유에서 볼 수 있듯이 실효성이 높다고 볼 수 있다. 첫째, EU와 NATO 간 조직재편과 조직확대의 속도를 다르게 진행하면서도 시간적 조정을 통해 중앙 및 동부유럽권 국가들에게 새로운 안보질서 구축에 따른 혜택의 기회를 부여할 수 있다. 둘째, 이러한 조정을 통해 EU가 미국과의 공조뿐만 아니라 독자적으로 탈냉전시대에 요구되는 유럽안보질서의 재창출을 구현할 수 있는 기반이 마련된다. 셋째, NATO와 러시아 간 관계 구축에 있어서 제도적 기틀을 마련할 수 있으며, 더 나아가 신흥독립국들(CIS)이 유럽안보질서의 범주에 포함될 수 있는 경제적 여건을 조성하는 데 EU의 동반자로서의 역할을 효율적으로 수행할 수 있다.

주시할 점은 EU와 NATO 간의 조직재편 및 확대에 따른 상호조정 이전에 각 기구가 탈냉전기를 거치며 상대 기구의 조직재편이나 확대와 관련 없이 해결해야 할 문제점들을 안고 있다는 사실이다. NATO의 경우, 참여국 간 의견조정에 의해 주요 결정이 이루어지는 까닭에 유럽공동방위의 기능을 수행하는 기구의 역할과 개별 국가에 대한 안보구역의 확장을 추구하는 집합체로서의 역할 간 균형을 맞추어 왔다. 그러나 탈냉전기의 도래로 소련 및 공산진영에 대한 군사적 견제의 필요성이 사라지면서 지휘통제본부의 재구성 및 작전지휘권의 재조정에 대한 요구가 제기되자, 순수한 군사작전상의 필요에 따르기보다 주요 참여국의 정치적 이권에 영향을 받게 되는 사례들을 BALTAP(Allied Forces Baltic Approaches), IBERLANT(Allied Forces Iberian Atlantic Area), CINCSOUTH(Commander-in-Chief Allied Forces Southern Region)의 조직재편에서 확인할 수 있다.[31] EU는 NATO와 대조적으로 단일화된 결정구조를 지향하고 있지만, 결정과정의 투명성이 보완되어야 한다는 주장에 부응하는 제도적 개선이 필요하다. 또한 다층구조의 거버넌스와 주권주의 간 균형의식에 대한 요구가 공동안보국방 분야에서 잔재하기 때문에, 안보공동체가 정립되려면 우선 유럽공동체 소속원으로서의 정체성이 확립되어야 하고, 다음으로 정책적 구현을 가능하게 하는 국방재정의 증가에 대한 공감대가 참여국 간 형성되어야 한다. 그리고 무엇보다 중요한 것은 이러한 시도가 NATO의 자체적 재구성과 궁극적으로 경쟁하기보다 상호 보완하는 맥락에서 계획되고 추진되어야만 새로운 유럽안보질서의 구축에 있어서 동반자로서의 역할을 백분 발휘할 수 있다는 점이다.

마지막으로 탈냉전 이후 유럽안보구조의 평가와 앞으로의 전망을 해보면 EU와 WEU는 유럽 중심의 정치안보 및 군사적 이행기구로서의 유럽안보 문제에 대한 1차적인 역할, NATO는 범대서양적인 정치안보 및 군사적 임무이행기구로서 EU 및 WEU 등 유럽 중심의 안보능력을 초과하거나 주변 지역과 관련된 보다 광역의 안보문제를 다루는 2차적 안보기구의 역할, 그리고 OSCE는 범유럽적인 예방안보기구로서 정치 · 경제 · 사회 · 문화 등 각 분야의 공동가치에 대한 합의를 도출하고 주요 안보기구의 조치를 합법화하여 이를 감시하는 기구로서의 역할을 지향할 것으로 보인다.

(논문접수일 4월 14일, 심사완료일 6월 5일)

주

*_ 본 논문은 2003년 국방대학교 안보연구시리즈 제4집의 연구보고서 "EU의 군사 · 안보기구의 제도화가 NATO에 미치는 영향"(이은득, 이옥연 공저)을 발췌-정리했음.

1_ 신속대응군의 전력증강에 원칙적으로 동의하면서도 유럽 각국은 국방비를 국가별로 분산해 사용하기 때문에 EU 차원의 통합된 운영에 여러 문제점들이 있으며, 무엇보다 미국과 EU 간 전력 차이를 좁히는 데 주요 장애가 되고 있다.

2_ 특이하게 덴마크, 룩셈부르크, 스웨덴 등은 해외원조(ODA)에 있어서 영국과 프랑스를 포함해 다른 유럽 국가들보다 훨씬 큰 경제적 부담을 감수하며 참여한다. 또한 이러한 경향이 국방비에 대한 일인당 부담액에서도 영국과 프랑스 다음으로 그리스를 제외한 기타 유럽 국가들 중에서 가장 높다는 사실에서 나타난다. 결국 영국과 프랑스와 달리 이들 유럽 중소국가들은 과거의 식민지 운영 역사를 통해 터득한 경험을 통상무역의 이익보호 차원에서 극대화시키는 실리추구를 모색하고 있다. 자세한 사항은 Christopher Hill and Michael Smith. eds., *International Relations and the European Union*(New York : Oxford Univ. Press, 2005), Table 9.1 & Table 14.2 참조.

3_ 통칭 이를 'an economic giant and political pygmy'라고 일컫기도 한다. Robert L. Jones, *The Politics and Economics of the European Union*, 2nd ed.(Cheltenham, U.K. : Edward Elgar, 2001), p. 430.

4_ 미국 상원 외무위원회 위원장인 제시 헬름스(Jesse Helms)는 EU가 국제분쟁에 휘말리면 사태해결은 고사하고 제 길도 헤쳐나오지 못한다고 비판하고 있다(incapable of fighting its way out of a wet paper bag).

5_ David A. Lake, "Beyond Anarchy : The Importance of Security Institutions," *International Security* 26-1(2001), pp. 129-160.

6_ Howorth, Joylon, and John Keeler(eds.), *Defending Europe : The EU, NATO and the Quest for European Autonomy*(London : Palgrave, 2003). 물론 독자적 유럽통합의 정치권 하 유럽통합군 편성에 대한 논의는 1950년 불란서가 유럽방위공동체(European Defense Community) 창설을 통해 독일의 NATO 입을 저지하려는 노력으로 거슬러 올라갈 수 있지만, 구체적인 설득력을 가지고 거론되기 시작한 시점은 구소련이 주도하는 진영의 몰락으로 보는 데 대다수의 학자들은 동의하고 있다.

7_ James Sperling (ed.), *Two Tiers or Two Speeds? : The European Security Order and the Enlargement of the European Union and NATO*(Manchester : Manchester University Press, 1999).

8_ Michael Brenner (ed.), *NATO and C.*

9_ NATO가 창립한 NACC (North Atlantic Cooperation Council : 북대서양협력이사회)나 PfP (Partnership for Peace : 평화를 위한 동반자 계획)는 군사분야의 민주화에 국한하여 그 중요성을 전파하는 데 비해, EU가 주도하는 민주-자유화 정책은 비군사분야, 특히 경제분야에 광범위하게 걸쳐 전개되므로 NATO보다 훨씬 지대한 파급효과를 낼 수 있다. Gregory Flynn, and Henry Farrell, "Piecing Together the Democratic Peace : the CSCE, Norms, and the 'Construction' of Security in Post-Cold War Europe," *International Organization,* 53-3 (1999), pp. 505-535. Collective Security (London : Macmillan, 1998).

10_ Carl Hodge (ed.), *NATO for a New Century : Atlanticism and European Security*(London : Praeger, 2001). 한 예로 불란서가 지휘권이 NATO의 남부사령관(AFSouth 또는 Southern Command)으로 이양되어야 한다는 주장을 굽히지 않자 지휘통제권 인수에 대한 공감대를 형성할 수 없게 되었고, 결과적으로 NATO 내 유럽조직의 강화 자체가 불가능해졌다.

11_ Martin Smith, and Graham Timmins, *Building a Bigger Europe : EU and NATO Enlargement in Comparative Perspective*(Burlington : Ashgate, 2000). 안보행위자로서의 역할을 군사분야에 제한된 'hard' 안보행위와 비군사분야 전반에 걸친 'soft' 안보행위로 나누고 있다.

12_ Celeste Wallander, "Institutional Assets and Adaptability : NATO After the Cold War," *International Organization,* 54-4 (2000), pp. 705-735. 이러한 관점은 패권국의 소멸 이후에도 패권국이 중심이 된 국제레짐은 건재할 수 있다는 코헤인(Keohane)의 주장과 일맥상통한다.

13_ Joseph Lepgold, "NATO's Post-Cold War Collective Action Problem," *International Security,* 23-1 (1998), 1998, pp. 78-106. 특히 코피 아난 유엔 사무총장이 주장하는 '공권력을 갖춘 평화유지의 기능(peacekeeping with teeth)'은 회원국 간 공공재의 제공을 회피하려는 경향을 완전하게 해소하지 않는 한 작전의 구상단계에서부터 합치가 이루어지지 않을 수 있는 가능성이 크며, 이는 NATO의 위상, 즉 공동안보기구로서의 명성에도 누가 될 수 있다는 위험부담이 있다.

14_ NATO와 EU의 조직개편 및 조직확대에 대한 비용-혜택 산출에 초점을 맞춘 연구로는 Sandler, Todd, and Keith Hartley, *The Political Economy of NATO : Past,*

Present, and into the 21st Century(Cambridge : Cambridge University Press, 1999); Adam Bronstone, *European Security into the Twenty-First Century*(Aldershot : Ashgate, 2000); Stephen Cambone(ed.), *NATO's Role in European Stability*(Washington, D.C. : CSIS, 1996 Dan Reiter, "Why NATO Enlargement Does Not Spread Democracy," *International Security*, 25-4(2001), pp. 41-67; Philip H. Gordon, "Their Own Army? Making European Defense Work," *Foreign Affairs*, July/August(2000), pp. 12-17; Robert McCalla,. "NATO's Persistence after the Cold War," *International Organization*, 50-3(1996), 1996, pp. 445-475 등 다수가 있다.

15_ 미국의 절반 수준에도 못 미치는 현재 국방비 지출 수준으로 미국에 대한 전적인 의존을 탈피하고 유럽 독자적 국방안보정책을 구상하고 이를 실행하기란 거의 불가능하다.

16_ Final Communiqué, Ministerial Meeting of the North Atlantic Council(Florence, 5/24/2000), 27절과 29절.

17_ 1990년대 초반 유럽방위군(Eurocorps)의 창설을 둘러싸고 미국과 불란서 및 독일을 주축으로 한 유럽대륙 간 관계가 악화된 무렵, 관계교착은 각국과 NATO 최고사령부 간 빈번한 의견교환서를 통해 크로아티아와 보스니아 사태에 EU와 NATO가 개별적으로 개입하는 결과를 초래했다. 이는 정치적 교착상태가 군사관계의 상호 협조와 상호 보완에 걸림돌이 될 수밖에 없다는 사실을 명백하게 보여주는 증거이며, 동시에 과거 NATO에게 위임되었던 WEU의 국방안보기능을 EU가 대신 회수하려는 움직임에 미국의 반발과 저항이 거세다는 것을 단적으로 드러내는 사례이기도 하다.

18_ 단적인 예로 CJTF 체계에서 NATO 조직 내 유럽의 축을 대표하는 WEU의 독자영역이란 NATO가 승인하는 범위 내에서 NATO의 시설 및 자원을 활용할 수 있으며, 이에 대한 감시 및 필요하다고 판단하는 경우 취소할 수 있는 권한이 NATO에게 주어져 있다. 이와 대조적으로 ESDP는 일단 동의가 이루어진 한도 내에서 보다 광범위하게 자율적으로 EU가 NATO의 시설 및 자원을 활용할 수 있다고 규정하고 있다.

19_ 미국은 특히 유럽이 독자적으로 국방안보노선을 추구함으로 인해 유럽의 국방계획이 NATO의 군사적 작전기능에 중복되거나, NATO의 협의-결정권한을 와해시키거나 또는 비EU 회원국이라는 이유로 NATO회원국을 차별적으로 제외시킬 수 있다고 우려했다. 이러한 우려를 종식시키려는 노력으로 EU는 ① 정보교환과 상호 활용에 관한 안보문제, ② NATO의 '방위력 제언(Defense Capabilities Initiative)'과 EU의 '우선목표(Headline Goals)'의 준비가 유럽의 공동안보에 있

어서 상호 강화를 도모하는 문제, ③ NATO의 시설과 자원에 대한 EU의 사용권한 문제, 그리고 ④ EU와 NATO 협의를 위한 정규 정치관계의 정립문제를 전담하는 '잠정적 대책집단'을 구성 · 운영했다.

20_ Robert J. Art, "Why Western Europe Needs the United States and NATO," *Political Science Quarterly*, 111-1 (1996), pp. 1-39.

21_ Jones (2001), Table 19.1, p. 431을 번역 재인용.

22_ Howorth & Keeler (2003)는 유럽의 독자 국방안보노선의 기원을 이보다 이십 년 앞선 1947년의 서방연맹(Western Union)이 미국과 소련 모두에서 독립해야 한다는 주장에서 찾고 있다. 그 이후 1950년대 '공통의 제도와 공통의 정규군, 그리고 공통의 예산을 갖춘 초국가적인 방위자율능력'을 가능하게 하는 유럽방위 공동체(European Defense Community), 1960년대 비록 정부 간 합의에 근간을 두고 있지만 자체적인 방위정책과 방위능력을 갖춘 정치적으로 독립적인 유럽의 창설을 주창한 푸셰 계획안(Fouchet Plan), 1970년대 대외정책에 있어서 상호 이해 증진, 관점의 조화, 입장의 조정 및 공통의 접근을 표방한 유럽정치협조체(European Political Cooperation), 1980년대 '유럽통합의 구축은 안보와 국방을 포함해야 완전해진다'는 성명이 뒷받침되어 재활된 서유럽연합(WEU), 그리고 1990년대 CFSP를 통해 유럽안보공동체의 목표를 구현하려 하였다.

23_ 유럽과 북미 간 불균형을 시정하고 싶은 의욕은 "This is not directed against NATO. It's a reinforcement of NATO, because it will strengthen the European pillar. In NATO we don't suffer from too much America ; we suffer from not enough Europe"이라 언급한 독일 슈뢰더 수상의 유럽방위 계획안에 대한 논평에 압축되어 나타난다. *New York Times*, April 30, 2003.

24_ 상호 의존을 정책적으로 표방하는 일련의 정치외교적 노력은 1957년 파리 NATO 정상회담에서부터 시작되었다.

25_ 같은 맥락에서 NATO를 단순한 동맹체제가 아니라 다자적 협의와 협조문화를 전파하는 국제레짐으로 정의하는 것이 가능하다.

26_ Howorth & Keeler (2003), pp. 13-16.

27_ Paul Peterson, "While America Slept," in D. Dressang et al. eds. *American Government in a Changed World*(New York : Longman, 2003).

28_ Michael Quinlan, *European Defense Cooperation : Asset or Threat to NATO?*(Washington, D.C. : Johns Hopkins University Press, 2001).

29_ Sperling, *op. cit.*(1999).

30_ 양안에 대한 찬반론은 앞서 열거된 연구 이외에도 Bluth, Christoph, Emil Kirchner, and James Sperling(eds.), *The Future of the European Security*(Aldershot : Dartmouth Pub. Co., 1995); John Borawski, and Thomas-Durell Young, *NATO After 2000 : The Future of the Euro-Atlantic Alliance*(Westport : Praeger, 2001); Ted Galen Carpenter (ed.), *NATO at 40 : Confronting a Changing World*(Washington, D.C. : Lexington Books, 1990); Clemens, Clay(ed.), *NATO and the Quest for Post-Cold War Security* (London : St. Martin's Press, 1997); Andrew Cottey, and Derek Averre(eds.), *New Security Challenges in Postcommunist Europe*(Manchester : Manchester Univ. Press, 2002); Sean Kay, *NATO and the Future of European Security*(Lanham : Rowman & Littlefield, 1998); Papacosma, Amos, Kay Sean, and Mark Rubin. *NATO After Fifty Years*(Wilmington : Scholarly Resource Books, 2001); G. Wyn Rees, *The West European Union at the Crossroads : Between Trans-Atlantic Solidarity and European Integration* (Boulder : Westview Press, 1998); Scheider, Gerald, Patricia Weitsman, and Thomas Bernauer(eds.), *Towards a New Europe : Stops and Starts in Regional Integration*(Westport : Praeger, 1995); Neil Winn, and Christopher Lord. *EU Foreign Policy Beyond the Nation-State : Joint Actions and Institutional Analysis of the Common Foreign and Security Policy* (London : Palgrave, 2001) 등이 있다.

31_ Young, Thomas-Durell, in Sperling, *op. cit.*(1999).

7

아메리카 혁명의 특이성 :

공화주의와 연방헌법의 탈근대적 의미

차태서(한국국방연구원 안보전략연구센터)

* * *

그동안 주류 국제정치학은 미시경제학에 기반한 구조환원적인 방법론 때문에 근대의 기원과 구성과정, 그리고 변동가능성에 대해 침묵으로 일관하였다. 그러나 근대 국제질서에 대한 계보학적 분석은 아메리카 혁명의 특이성에 주목하여 그것이 지닌 근대성에 대한 탈주선적 성격을 강조한다. 특히 혁명을 추동한 공화주의 이데올로기와 혁명이념의 구현체인 연방헌법은 향후 아메리카가 전 세계에 대해 자신의 예외성을 주장하고, 근대적 세계질서 전체를 비판하며 이를 새로운 탈근대성으로 대체하려는 시도의 역사적 시원을 이룬다는 점에서 주목할 필요가 있다.

주제어 : 아메리카 혁명, 공화주의, 연방헌법, 근대성/탈근대성, 계보학

1. 서론

본 논문은 근대 초기의 시점에서 출현한 아메리카 합중국(United States of America)의 특이성(singularity)을 근대주권국가 계보에서의 탈주선(line of flight)으로 이해함으로써 아메리카 혁명의 의미를 근대국가 체제의 맥락 속에서 설명하고, 나아가 그것의 궤적이 미치는 탈근대적 충격을 이론화하는 데 초보적인 단초를 제시하려는 시도이다. 특히 아메리카 혁명의 탈근대성을 이루는 두 가지 요소로 공화주의와 연방헌법을 지목하고 이것의 의미를 분석할 것이다.

이제까지의 주류 국제정치학은 '아나키(anarchy)'라는 구조를 증명이 필요 없는 공리로 설정하여 각 국가 행위자의 특성에 대해서는 무관심한 채 단순히 합리적 당구공의 형상을 한 근대주권국가 간의 게임에만 주목해 왔다.[1] 이러한 물화된 접근법(reified approach)은 무엇보다 현재의 질서를 초역사화하여 그것의 역사적 구성과정과 역동성을 무시하고, 나아가 현 체제의 변화가능성(혹은 변화의 원동력)을 삭제한다는 데 가장 큰 문제가 있다.[2]

이런 문제점에 대한 하나의 해결방법으로 제시된 것이 바로 근대주권국가의 계보를 역사사회학적인 방식으로 추적함으로써 근대국제체제를 역사와 맥락 속에서 상대화하는 방식이다.[3] 이는 주류 국제정치학에 의해 신비화되어 버린 근대성의 기원을 다시 구체적인 역사의 흐름 속에 위치지음으로써 현재의 세계질서가 시간의 흐름 속에서 사회적으로 구성되어 온 것이며, 다양한 정치체제의 형태들이 경쟁을 일으켜 우연적-갈등적으로 선택된 것임을 밝혀주는 접근법이다. 이와 같은 접근방법의 강점은 개별적인 단위체의 형성과정을 구체적인 맥락 속에서 살펴봄으로써 각 행위자의 특이성을 경험적으로 인식할 수 있게 하고, 주류 국제정치학의 구조환원적 특징을 무너뜨릴 수 있는 기반을 마련해 준다는 점이다.

이러한 대안적 시각 속에서 우리는 근대국제질서를 하나의 주어진 가정 혹은 자연스럽게 탄생했고 앞으로도 영원히 지속될 이론적 전제로서 받아들이는 것이 아니라, 다수의 갈등적인 힘과 사건들이 충돌하고 여러 전복적 탈주선들이 코드화/재코드화의 압력 속에 포섭(assumption)되는 과정을 통해 출생한 복합체로서 근대국제질서를 '계보학'[4] 적으로 재성찰할 수 있는 기회를 얻게 된다.

그리고 이 지점에서 우리는 18세기 서구 정치질서의 양상, 특히 아메리카 혁명의 의미에 대해 새롭게 해석할 수 있는 여지를 갖게 된다. 즉, 19-20세기에 걸쳐 확립된 웨스트팔리안 패러다임(Westphalian paradigm)이 아직 정착되지 않은 상황에서 아메리카 혁명은 의식적으로 근대질서를 거부하고 이로부터 탈출하려는 기획이었으며, 혁명을 추동한 공화주의와 혁명이념의 구현체인 연방헌법은 아메리카 탄생의 탈근대적 의미[5]를 지시하는 개념들이었다는 점을 인식하게 되는 것이다.

이하 본문에서는 아메리카 건국과정에서 공화주의와 연방헌법이 갖는 탈근대적인 성격에 대해 분석하고, 그것이 아메리카 역사의 특이적 진로에 미친 영향을 설명하고자 한다. 그리하여 이 두 가지 요소가 이후 전 세계를 향해 자신의 예외성을 주장하고, 근대적 세계질서 전체를 비판하며 이를 새로운 탈근대성으로 대체하려는 아메리카 발(發) 혁명 프로젝트—아메리카 체제의 전 지구적 복사—의 역사적 시원을 이룬다는 점을 명확히 할 것이다.

2. 공화주의와 아메리카 혁명의 탈주선

1) 반근대 이데올로기로서의 공화주의와 아메리카 혁명의 기원

세계사에서 18세기는 흔히 '7년전쟁(1756-1763)'으로 상징되는 것처럼 영국과 프랑스의 패권다툼이 1차적으로는 영국의 승리로 마무리되는 시기로서 기억된다.[6] 그러나 이 시기에 성립된 이른바 '영국적 표준'[7]은 단순히 강력한 패권국가의 등장이라는 의미를 떠나 더욱 근본적인 세계사적 변환을 의미했다. 즉, 정치경제적 맥락에서의 '근대성'의 등장과 성숙이 이 시기에 나타나는데, '재정군사국가(fiscal-military state)'라는 여타 강국과는 다른 형태의 국가-자본주의 체제를 부각시킨 영국적 표준은 바로 근대적인 국가체제와 경제체제의 전형(model)을 표현하고 있었다.[8]

이는 17세기 말의 '금융혁명(financial revolution)'이라 불리는 근대 자본주의의 시초축적 국면에서 강력한 조세제도와 중앙은행, 공채제도를 바탕으로 사회적 자원을 대대적으로 동원하는 동시에, 이러한 사회적 동원능력에 기반해 전에 없는 강력한 상비군을 조직하여 격화되어 가는 근대국가 간의 전쟁에 대응하는 새로운 정치경제 패러다임의 등장을 의미했다.[9] 이러한 국가형태의 탄생은 또한 사회 내부의 변화로도 이어졌는데, 무엇보다 금융자산계급의 지위가 급상승했고, 이들에 의한 토지장악(엔클로저 운동으로 상징된다)이 강화되면서 계급구조의 근대화(=양극화)가 일어났으며, 동시에 공업화 및 도시화가 가속화되었다.[10]

그런데 이러한 대영제국의 근대로의 급속한 이행에 대해 아메리카의 식민지인들은 우려와 공포의 시각을 가지고 있었다. 왜냐하면, 그들에게는 18세기에 일어나고 있는 영국의 변화를 독특하게 인식하는 고유의 사고틀이 존재하였기 때문이다. 그리고 그것은 특히 1763년의 승리 이후 제국 전체의 체제를 재조직화하면서 식민지에 대한 장악력을 강화하려는 영국의 시도[11]에 대해 강박증적인 히스테리를 일으키며 결국 식민지인들을 혁명으로 내모는 역할을 하였다.

이러한 독특한 인식틀의 존재를 처음으로 제기하며 아메리카 혁명의 기원에 대한 재해석을 주도한 것이 바로 베일린(Bernard Bailyn), 포콕(J.G.A. Pocock), 우드(Gordon S. Wood) 등을 위시로 한 일군의 공화주의 사학자들이었다. 그리고 이들이 공통적으로 강조하는 것은 사상과 이데올로기에 대한 일종의 구조주의적 접근방식이다.[12]

이들은 방법론의 측면에서 스키너(Quentin Skinner)의 화행론(speech-act theory)적 방법론과 토마스 쿤(Thomas Kuhn)의 패러다임론 등에서 영향을 받았는데, 이들의 이론은 사상이나 이데올로기의 주체(subject)에 대해 근본적인 의문을 제기하였다. 이들의 시각에 따르면 정치사상이나 이데올로기의 주인은 더 이상 그것을 발명하고 서술하는 인간이 아니다. 오히려 인간은 언어에 의해 사태를 이해하고 그

것이 제시하는 틀 속에서만 문제를 인식할 수 있다. 언어와 인간 간의 주객관계가 전도된 것이다. 이는 특정한 사상이란 특수한 문제에 대한 답변으로 제시된 것이며, 그러한 문제설정은 시대의 환경에 의해 구조적으로 외부에서 주어진다는 것을 의미한다. 달리 말하면 하나의 패러다임, 하나의 에피스테메(episteme), 하나의 문제틀(problématique)이 인간들로 하여금 눈앞에 보이는 사태를 이미 주어진 특정한 논리구조와 암묵적 가정, 그리고 용어사용의 법칙 하에서 인식하고 해결하도록 만든다는 것이다.

공화주의 사학자들의 핵심적인 주장은 18세기의 대서양에는 바로 공화주의라는 이데올로기가 위에서 설명한 하나의 패러다임으로 존재하여 영국의 근대화와 패권국가로의 등극과정을 바라보는 식민지인들의 문제틀을 고정시켰다는 점이다.

원래, 공화주의 패러다임은 고대의 아리스토텔레스적 공화주의에서 유래하여 마키아벨리를 거쳐 근대화된 이후, 영국의 해링턴에 전해지면서 본격적인 반근대(anti-modern)의 문제틀로 발전하였다.[13] 특히 18세기에 들어 월폴(Walpole) 내각이 주도하는 영국의 근대화[14]를 분석하는 공화주의 시각에서의 지적 도구를 제공한 것은 '지방파(country)', '반대파(opposition)', '공화파(Commonwealthman)' 등으로 불렸던 영국의 '신해링턴주의자들(neo-Harringtonians)'이었다. 그들은 월폴 집권기에 반궁정세력의 좌파를 형성하며 영국 사회의 변화 전반을 비판하였는데, 특히 그들이 문제의식을 느낀 것은 상비군 설치, 국채발행, 조세의 증가, 사치의 증대, 행정부 권한의 강화와 같은 현상이 가져올 것으로 예상되는 파국적 결과—자유의 소멸과 압제의 등장—였다.[15]

이들이 당시 영국 사회의 변화를 파국적이라고 보았던 것은 바로 그들 특유의 역사관, 즉 '권력과 자유' 혹은 '덕과 부패'의 변증법이라는 마키아벨리에서 유래한[16] 공화주의적 역사관 때문이었다.[17]

이 이데올로기적 인식틀에서는 무엇보다 정치적 동물로서의 인간이 어떻게 자신의 자유를 보장해 주는 공화국을 창건하고 유지하는가가 모든 문제의 핵심에 위치해 있었으며, 이러한 문제의식에 따라 인간의 역사를 재해석하고 있었다. 이들에게 인간의 역사란 언제나 공화국의 자유와 덕성이 권력과 부패에 의해 위협을 받고 거의 예외 없이 후자가 압도적인 우위를 보이는 순환론적인 것이었다. 즉 권력이란 본성적으로 끊임없이 음모(conspiracy)를 통해 자유를 위협하며 자기 확대를 노리고, 이것을 막기 위한 시민들의 노력이 아슬아슬한 긴장상태를 유지하며 엎치락뒤치락해 온 것이 인류의 역사라고 생각했던 것이다.[18]

본래 이러한 휘그적인 역사관에서 영국은 세계 역사상 독보적인 위치를 차지하고 있었다. 공화주의자들에게 명예혁명 이후에 세워진 영국 정체(constitution)는 전 세계에서 거의 유일한 자유의 기지(基地)를 의미했다. 특히 그들은 아리스토텔레스, 리비우스, 마키아벨리 이래 가장 훌륭한 정체로 찬양되어 온 왕-귀족-평민 간의 '혼합정체(mixed government)'가 1688년 명예혁명을 통해 성립됨으로써 계급 간의 적절한 균형과 견제를 통해 영국의 자유가 수호되고 있다고 자부하였다.[19] 또한 그들은 이러한 역사관에 맞게 영국사 전체를 자유와 권력의 투쟁으로 재서술하였는데, 노르만족이 영국을 정복하기 이전의 색슨 시기를 가장 완벽하게 자유가 향유된 시기로서 설정하고 노르만족의 정복으로 소멸되었던 자유가 명예혁명을 통해 복

원되었다고 주장하였다.[20]

그런데 문제는 월폴 내각 이후 영국에서 자유가 다시 권력에 의해 침식되고 있다는 점이었다. 그리고 이러한 권력에 의한 자유의 침식은 영국 사회의 덕이 쇠퇴하고 부패가 만연하게 되었기 때문에 발생했다고 여겨졌는데, 그 징후로는 흔히 두 가지 점이 지적되었다. 그 징후의 첫 번째는 월폴의 후원정치가 야기하는 내각에 의한 의회의 장악으로 정체의 균형이 흔들리기 시작했다는 점이었고, 징후의 두 번째는 인민의 덕 자체가 사치와 빈부 격차의 증가로 부패하기 시작하고 있다는 점이었다. 즉, 이들의 시각에서는 공화국이 다시 한 번 '마키아벨리적 계기(Machiavellian Moment)'에 처하게 된 것이다.[21]

하지만 사실 이러한 좌파적인 급진 지방파의 언술체계는 정작 영국에서 큰 영향을 끼치지 못하였다. 왜냐하면, 영국에서는 근대 초기부터 이미 상업의 발전과 상비군, 강력한 중앙정부와 같은 사회 변화들에 대해 그것을 기정사실로 받아들이는 대체적인 합의가 형성되어 있었기 때문이다. 대다수 영국의 지배계급에게는 근대성의 폐해보다 그것이 가져다 주는 혜택이 더 컸던 것이다.[22]

그러나 반대로 아메리카에서는 상대적으로 근대성의 문제가 자생적인 문제로 받아들여지지 않았고, 오로지 외부인 본국에서 강압적으로 부과되는 문제로만 인식되었다. 따라서 식민지인들은 영국의 신해링턴주의자들이 제시하는 반근대적인 언술체계와 영국 사회의 진단을 본국보다도 더욱 열렬히 수용하였다.[23] 특히 앞서 말한 것처럼 7년전쟁 이후 제국의 조정기에 들어간 영국이 편 일련의 식민지정책들[24]은 이미 18세기 이후 영국의 근대화를 의심의 눈초

리로 보고, 공화주의적 패러다임 속에서 경계하던 식민지인들에게 하나의 거대한 위험신호이자 음모로 다가올 수밖에 없었다. 본국의 자유를 모두 집어삼킨 권력의 손길이 이제 식민지에까지 마수를 뻗치고 있다고 생각한 것이다.[25]

또한 당시 식민지의 지식인들 사이에서 유행했던 고대 로마와 영국제국의 유추(analogy)는 이러한 공화주의 문제틀을 강화하고, 영국의 정책변화를 더욱 더 이러한 시각 속에서 인지하는 것에 영향을 주었다. 당대 아메리카인들이 관심을 갖고 있던 로마사 해석은 상당히 편향된 시각에 의해 주도되었는데, 로마의 공화정이 케사르(Julius Caesar)에 의해 제정으로 바뀌는 과정을 부패와 타락에 의한 자유의 소멸과정으로 이해하고, 이러한 부패가 공화국의 최전성기—전쟁의 승리와 영토의 급팽창기—에 곧바로 나타났음을 주목했다.[26] 그리고 공화국 로마와 제정 로마의 대비는 아메리카와 영국의 관계를 설명하는 데에도 이용되었는데, 순수하고 질박한 모습으로 살아가는 아메리카는 아직 덕을 보존하고 있는 공화국 로마에 해당하고, 제국의 팽창으로 늘어난 부로 사치와 방탕에 빠져버린 영국[27]은 케사르에 의해 자유가 압살된 제정 로마에 해당한다고 해석하였다.[28]

이런 인식구조 하에서 아메리카인들이 택할 길은 하나밖에 없었다. 세계에서 유일했던 자유의 땅 영국이 로마의 전철을 밟아 타락의 제국으로 전락하고 있는 상황에서 아직까지 근대성이라는 위험한 손길이 미치지 못한 아메리카 식민지마저 거대한 음모를 통해 오염시키려는 시도는 단호한 단절, 즉 혁명을 요구했다. 단절에 대한 요구는 또한 애초에 청교도들의 아메리카로의 이주를 가져왔던 '천년왕국사상(millennialism)'에 의해 보다 강화되었다. 신이 선택한

땅으로서 전 인류의 '언덕 위의 도시(city upon a hill)'가 될 운명을 부여받은 아메리카는 이제 노아의 방주처럼, 부패의 바다로 잠겨버린 세계로부터 탈출해 망망대해에 홀로 자유의 보존지역으로 남겨질 때가 온 것이었다.[29]

다음과 같은 베일린의 서술은 혁명을 눈앞에 둔 식민지인들이 사태를 인식하는 데 결정적 역할을 한 공화주의와 천년왕국사상이 혼합된 아메리카 예외주의의 문제틀을 정확히 보여주고 있다.

> 이제 1774년에 오면 식민지인들은 저 '미래의 기회'가 다가왔다고 믿었다. 강압제법이 제정되고 나자 그들은 '이제 영국에 조금이라도 남아 있는 애국의 정신이나 자유의 정신'이 '꺼져가는 등불의 마지막 불빛'에 불과한 반면에, '한때 그리스와 로마에서 그토록 경탄스러운 빛을 밝혀주었던 … 바로 그 신성한 불꽃이 … 아메리카에서 밝고 힘차게 타오른다'고 말할 수 있었다. 그렇다면 식민지가 '거대하고 강력한 제국, 시민적인 동시에 종교적인 자유와 권리라는 원칙을 토대로 삼아 지금까지 세운 제국 가운데 이 세상에서 가장 커다란 제국 … (그리고) 훗날 그리스도가 지상에 세울 저 영광스러운 왕국의 중심지가 될 제국, 그런 제국의 터전'이 되리라는 신념을, '기이하고 광신적인' 생각이라고 업신여길 사람이 누구인가? 아메리카는 '머지않아 영국의 폐허 위에다 제국을 건설할 것이고, 영국의 불순물을 제거한 정체를 채택할 것이며, 영국의 결함을 교훈으로 삼아 영국의 활력을 소진시키고 때가 오기도 전에 멸망에 이르게 만든 폐해를 방지할 것이다.' 하느님의 손길은 '이제 아메리카에서 세계사의 새로운 시대를 열고' 있었다.[30]

2) 공화주의 혁명의 탈근대성과 국제정치적 효과

이상이 공화주의 사학자들이 말하는 아메리카 혁명의 기원이다. 여기에서 우리는 아메리카 혁명의 특이성 분석이라는 본 논문의 문제의식과 관련해 두 가지 점을 더 지적해야 한다. 하나는 이 혁명이 갖고 있는 탈근대성에 대한 확인이고, 다른 하나는 이런 혁명이 가져온 국제정치적 효과의 문제이다.

첫째로, 아메리카의 혁명이 마키아벨리적 공화주의에 기반해 일어났다는 사실은 혁명의 탈근대성을 집약해 준다. 왜냐하면, 마키아벨리적 사고 자체가 근대성에 대한 비판으로서 등장한 사상[31〉]이었고, 아메리카인들이 반대하고자 한 대상이 다름 아닌 당시 근대성의 표준으로서 군림하고 있던 영국의 정치경제질서였기 때문이다.

구체적으로 식민지인들은 영국의 자본주의적 발전경향과 그에 따른 사회적 효과들, 그리고 재정군사국가로서 비대해지고 있던 영국의 정치행정 체제를 모두 '부패'라고 규정하고 이로부터 '탈출'하는 것을 목적으로 삼았다. 말 그대로 아메리카 혁명은 기존의 자유주의 해석처럼 구세계나 구체제로부터의 탈출일 뿐만 아니라, "18세기 근대사회로부터의 탈주"였으며 "근대성으로부터의 탈주"였던 것이다.[32〉]

둘째로, 아메리카 혁명이 탈출이라는 이미지로 시작했다는 점은 이후 아메리카의 국제정치 행보에 중요한 의미를 가져온다. 그것은 타자에 대한 우월의식과 도덕적 절대주의, 혹은 메시아주의로 표현되는 예외주의적 외교의 단초를 제공했던 것이다.

암스트롱의 지적처럼 혁명기 프랑스나 러시아가 보였던 대외관에서 혁명국가로서의 특징[33]은 아메리카에서도 여지없이 등장하였다. 자신의 위치를 항상 세계사적 · 인류사적 좌표 위에서 인식하고 특히 자신을 역사의 끝, 가장 진보한 단계로 인식하는 것이 예외주의적 아메리카 외교의 기본 골격을 형성하였다. 이 구도에서 자신이 탈출해 온 유럽의 총체성(정치질서, 경제체제, 사회구조, 국가 간 체제 등)은 모조리 회피해 버리거나 아니면 완전히 개혁해야만 할 청산의 대상으로 상정되었다.

한편, 스스로를 독보적 소명을 가진 유일한 국가라고 믿음으로써 아메리카는 일견 상충되어 보이는 고립주의와 국제주의라는 두 극단의 정책을 모순 없이 취할 수 있게 되었다. 왜냐하면, '선택받은 나라로서 진정한 공화국인 아메리카'라는 기본 전제 위에서 이들은 스스로를 고립시켜 도덕적 순수성을 보존하거나, 아니면 아예 적극적으로 세계를 지도 · 교화하여 아메리카적 제도를 보편적으로 확산시켜야 한다는 사명의식을 동시에 갖게 되었기 때문이다.[34]

이 두 가지 점을 종합해 볼 때, 아메리카는 근대의 초기국면에서 공화주의라는 혁명 이데올로기로 탄생해 주류 노선으로부터 떨어져 나간 탈근대적 변이(anomaly)이며, 이후 주류화된 근대성을 끊임없이 외부에서 타격하는 혁명국가임이 명백하다. 이어서 설명할 아메리카의 연방체제는 이와 같은 아메리카의 탈근대적 기획이 보다 현실 속에서 구체화된 중요한 예이다. 즉 유럽의 근대국가 체제에 대한 대안모델을 스스로 모범적으로 창조함으로써 이후 아메리카 외교가 전 세계에 전파할 탈근대적 세계질서의 원형을 제시한 것이 바로 연방체제이다.

3. 연방헌법에 대한 국제정치학적 재해석

1) 대안적 세계질서로서의 연방헌법

매디슨(James Madison)은 『연방주의자 논고』의 14번 논문에서 자신들이 연방헌법을 제정하게 된 이유를 다음과 같이 설명하고 있다.

> 우리는 외부 위험에 대한 방비로서, 우리들 간의 평화의 보호자로서, 우리의 상업과 다른 공동 관심사의 수호인으로서, 구세계의 자유를 타락시킨 군사기구들에 대한 유일한 대체방안으로서, 그리고 다른 민중정부에 치명적이었고 우리 정부에도 그 위험한 증상이 나타나고 있는 파벌이란 병에 대한 적절한 해독제로서 연맹의 필요성을 살펴보았다.[35]

여기서 매디슨이 지적하고 있는 것은 독립전쟁 이후 나타난 1780년대 아메리카 '연합(confederation)'이 처한 각종 문제들[36]을 '연합'이라는 느슨한 방가(邦家, state) 간 동맹체제로는 해결할 수 없었다는 점이다. 이 당시 특히 연합체제에 대한 결정적인 회의를 불러온 두 사건은 1786년에 벌어진 '셰이즈의 반란(Shays's Rebellion)'과 '제이의 위기(Jay's Crisis)'[37]였다. 이 두 사건은 더 이상 연합체제가 내부적 안정과 방가 간 갈등의 해소를 가져올 수 없다는 사실을 연방주의자들에게 결정적으로 각인시켰다는 점에서 중요한 역사적 분기점을 형성하였다.

그런데 지난 아메리카의 역사학과 정치학 연구에서 연방헌법의 문제는 언제나 국내정치적인 사안—파벌 혹은 계급의 문제, 국가와 시민의 관계 등—에 대한 해결책으로서 일국의 구성(constitution)을 새롭게 하는 정체(政體)의 문제로서만 국한되어 다루어져 왔다. 즉, 어떻게 하면 한 나라 안의 파벌이나 계급 간 갈등문제를 해결하고, 공화정체를 실현하며, 국민의 기본권을 보장할 것인가, 그리고 어떻게 통일적인 중앙정부를 건설할 것인가 등의 문제만을 배타적으로 다뤄온 것이 주류적인 아메리카 연방학설사의 문제설정이었다.[38]

그런데 이러한 문제설정은 정작 위에서 인용한 매디슨의 문제틀이 마지막 파벌에 대한 언급을 제외하면 모두 국가 간 전쟁과 안보의 문제라는 '국제정치'의 언술체계 속에서 이뤄져 있다는 점을 간과하고 있다. 특히, 이러한 기존 연구들은 18세기 당시 아메리카인들이 스스로 가장 큰 문제라고 생각했던 것이 방가 간의 '전쟁상태'였으며, 그에 대한 해법을 찾는 과정에서 연방이라는 독특한 해결책이 제시되었다는 점을 망각하고 있다.

다시 말해 기존 연구들은 기본적으로 18세기 아메리카의 상태는 하나의 단일국가와는 거리가 멀고, 그 자체로 각기 주권을 가진 방가들이 모인 하나의 국제체제였던 점을 이해하지 못하고 있는 것이다. 따라서 이들은 아메리카 연방체제가 갖는 탈근대적 특이성을 옳게 파악하지 못하고, 단순히 유럽 여느 국가의 일국적 헌법과 다르지 않게 국내정치적 문제를 해결하기 위해 고안된 단순한—문자 그대로 우리가 흔히 쓰는 용법으로— '헌법'으로 아메리카의 연방제

도를 격하시키고 있다.[39]

이와 같은 문제설정이 주류를 이루게 된 것은 앞서 지적한 주류 국제정치학의 오류와 비슷하게 현대의 일국중심적-근대물신적 정치학의 틀을 18세기 아메리카라는 시공간에 덮어씌워 당대 아메리카의 상황을 곡해하고 있기 때문이다. 이러한 현상은 당시 식민지인들이 사고하던 정치 패러다임과 문제설정을 무시하고 연방체제의 건설과정을 다른 유럽의 근대국가와 다를 바 없는 일개 근대국민국가의 탄생으로 이해하여, 아메리카도 국제정치의 영역에서는 다른 국가들과 똑같은 형태를 갖고 유사하게 행동하는 당구공들 중의 하나일 뿐이라는 인식 속에 연방제도를 분석하기 때문에 발생한다.[40]

그러나 18세기 대서양의 시공간은 아직까지 근대성의 표준이 확고히 모든 여타의 탈근대적 계보들을 포섭 · 코드화하기 이전의 시기였으며, 오히려 다양한 정치질서의 기획들이 서로의 우위를 주장하던 시대였다는 점을 반드시 상기할 필요가 있다.

특히 전쟁과 평화의 문제를 다루는 국제정치학의 입장에서는 중세적 정치질서에서 근대적 정치질서로 넘어가는 과도기적 시공간이었던 이 당시에 이후 유럽에서 정착된 웨스트팔리아 체제 대신 이에 대한 대안적 계보로서 연방적 국제질서의 틀이 동시에 등장했다는 점을 기억해 두어야만 한다. 즉, 근대국가들이 아나키 상태에서 서로 절대적인 주권을 소유하고 세력균형이라는 규범을 통해 전쟁과 평화의 문제를 다루는 것에 반대하여, 개별 정치체가 상위 정치체와 주권을 공유하고 이를 통해 안보의 문제를 해결하며 평화를 달성해 가는 대안적 세계질서의 계보가 근대 초기에서부터 유럽의 정치사상에 소수노선으로서 존재하였던 것이다.[41]

아메리카의 연방헌법이란 바로 이러한 국제정치질서의 소수노선이라는 맥락 속에서 파악될 때 그 의미가 정확히 포착될 수 있다. 식민지 시절부터 아메리카의 식민지인들은 영국의 제국체제(British Empire System)라는 근대국가와는 다소 상이하고 복잡한 주권질서 속에서 생활을 영위하였고, 그 덕분에 정치질서에 대해 근대국가 체제라는 하나의 고착된 정체성을 가질 필요가 없었다. 이 속에서 이들은 각 식민지의 방가와 대서양 건너의 본국, 그리고 나아가 유럽의 여러 국가들 사이의 모든 일을 'federal'이란 개념을 통해 하나로 생각할 수 있었고,[42] 특히 전쟁과 평화의 문제에 있어 각 방가 간의 질서를 어떻게 설정할 것인가에 대해 연방이라는 대안적 사고를 자유롭게 운위할 수 있었다.

1776년의 독립선언을 계기로 아메리카인들은 본격적으로 방가들끼리의 정치체제를 전쟁과 평화라는 국제정치의 패러다임 속에서 사유하게 되었는데, 특히 이들의 국제정치관을 강하게 규정한 것은 '무정부상태와 제국'이라는 두 가지의 극단적 정치질서를 회피하는 방가 간 체제를 구축해야 한다는 신념이었다.[43] 이러한 신념 역시 고대와 근대의 여러 국가 간 체제에 대한 역사적 고찰을 통해 얻어졌는데, 고대 그리스와 로마, 독일, 네덜란드, 이탈리아 등의 근대 연합체제 국가들, 그리고 무엇보다 대영제국체제의 예를 놓고 과연 어떠한 국가 간 정치질서가 안보와 평화를 가져다 줄 것인가의 문제를 고민하고 그 해법을 찾고자 노력하였다. 또한 근대 유럽에서 새롭게 나타난 세력균형 체제에 대한 평가도 함께 고려되었다.

고대 그리스와 로마의 사례는 앞서 공화주의를 다룬 장에서처럼 식민지인들의 정치사상에서 그 기초를 이루는 역사의 유추를 제공했는데, 그리스가 국가 간 연합이 해체되어 무정부상태가 도래했을 때 겪는 내부적 전쟁상태와 그로 인한 외부 강대국 침입의 상황을 상징했다면,[44] 케사르에 의해 탄생한 제정기 로마는 모든 방가의 주권이 소멸하고 하나의 중앙으로 집중된 제국의 압제를 상징하였다.[45]

한편, 근대의 독일, 네덜란드, 이탈리아 등의 예는 모두 앞서 그리스의 예와 비슷하게 연약한 구조를 가진 국가연합 체제가 어떻게 내우외환에 시달리게 되는지를 상징하는 사례로 자주 인용되었다.[46]

특히 이탈리아의 경우, 1454년 공화국 간 평화조약으로 안정을 찾았다가 각 구성국이 정복야욕으로 프랑스를 끌어들여 1494년 파국적인 결과를 맞게 되었는데, 이러한 과정이 아메리카의 연방주의자들에게는 1786년에서 87년에 자신들이 처하게 된 상황과 너무나 유사하다는 우려를 갖게 만들었다. 이 시기들은 또한 위에서 설명한 '마키아벨리적 계기'를 의미했다. 이탈리아 연맹이 해체되고 결국 이탈리아 본토가 유럽 세력균형 정치의 각축장이 되는 상황에서 각 공화국이 전쟁국가화되고 독재가 만연한 상황을 개탄한 마키아벨리의 고민이 시작된 시기가 또한 바로 이때였기 때문이다. 그러나 마키아벨리는 이 위기를 맞아 강력한 근대국가를 창건해 이탈리아를 통일할 것을 대책으로 제시했지만, 또 다른 '마키아벨리적 계기'를 맞이한 아메리카의 건국시조들은 독특한 연방체제를 해법으로 제출하였다는 점에 그 차이가 있다.[47]

그리고 자신들이 직접 속해 있던 대영제국체제의 사례는 주권의 공유라는 측면에 있어 아메리카인들에게 직접적인 영향을 끼친 것으로 평가된다. 즉, 한편으로는 각 식민지들이 자신들이 설립한

의회의 자치권으로 표현되는 부분적 주권을 소유하되, 다른 한편으로는 영국의 왕에게 대권을 인정하는 복합적 주권공유 체제를 식민지인들은 제국체제 속에서 몸소 체득하였던 것이다. 특히 1763년 이후 영국의 제국조정정책에 대항하면서 일어난 일련의 제국 내 주권 관련 논쟁[48]은 아메리카인들에게 연방체제를 고안하게 하는 중요한 단초를 제시하였다.

마지막으로, 근대 유럽에서 새롭게 나타난 세력균형 체제에 대한 부정적 평가는 결정적으로 아메리카의 방가 간 질서를 고려함에 있어 탈근대적인 해법을 모색하는 근거가 되었다. 매디슨이 작성한 『페이퍼』 No. 41에는 연방주의자들이 현재의 구조적 현실주의자들과 거의 비슷한 방식으로 근대유럽의 국제체제를 파악했음이 드러난다. 즉, 아나키라는 구조적 현실 속에서 각 국가는 통일유럽제국의 야망을 키우는 패권국의 침공에 저항해 저마다 자기 안보를 추구하고 이것이 각 국가의 일차적 목표가 되는, 안보 딜레마와 세력균형 현상을 근대 국제질서의 핵심으로 지적하고 있는 것이다.[49]

여기서 특히 문제는 만일 아메리카 방가 간의 연맹체제가 붕괴한다면 유럽과 같은 국제질서가 똑같이 신대륙에 이식될 것이고, 그것은 곧—상비군과 조세로 상징되는—군사국가의 도래에 의한 공화정의 종말을 의미한다는 점이었다.[50] 따라서 연방주의자들은 근대 유럽질서와는 다른 국가 간 체제를 모색할 필요가 있었다.

그런데 독립선언 직후의 2차에 걸친 '대륙회의(continental congress) 체제'[51]와 '연합(confederation)'의 실험은 결국 유럽의 역사에서 반복되어 온 국가 간 체제의 단점을 극복하지 못하는 것으로 판명되었다. 앞서 살펴본 1780년대 체제의 총체적 붕괴현상은 13개 방가들이 여러 분쟁요소에 의해 2-3개의 연합으로 쪼개져 서로 반목을 일삼다가 전쟁상태에 빠지고,[52] 결국 유럽열강의 개입을 불러[53] 종국에는 유럽의 무질서한 아나키 체제가 아메리카 대륙에도 그대로 체제 복사되어 공화정을 붕괴시킬 것이라는 암울한 전망을 연방주의자들에게 깊이 심어주었다.[54]

이러한 위기상황에서 유럽의 반(反)근대국가적 연방노선의 조류에 속하되 기존의 해법과는 차별적인 '새로운 정치학(New Science of Politics)'으로서 제시된 것이 바로 아메리카의 연방헌법이었다.

원래 '새로운 정치학'이라는 용어는 과거 아메리카 연구에서 견제와 균형, 삼권분립 등 연방헌법이 규정한 국내 정치 메커니즘의 이례성을 강조하기 위해 사용된 개념이었다.[55] 그러나 사실 이러한 메커니즘들은 이미 유럽에서 발명되어 이후 유럽의 주요 국가들에서도 채용된 자유주의 정치학의 고안물에 지나지 않는다. 이런 점에서 보면, 진정으로 아메리카만이 실현하였고 유럽의 근대 정치학에서 탈출한 예외적-탈근대적인 아메리카의 '새로운 정치학'은 국제정치에 있어서 유럽의 웨스트팔리아 체제를 넘어선 연방체제의 발명이라고 해야 할 것이다.[56]

결론적으로, 아메리카 연방헌법은 세력균형의 정치를 넘어 정치체끼리의 주권공유를 실현해냄으로써 안보의 문제를 해결하는 새로운 평화 프로젝트를 제시하였고, 이것이 진정 아메리카의 탈근대성을 지시한다고 할 수 있다.[57] 하나의 국가이면서도 또한 국가들의 연맹이기도 한 복합공화국을 창설함으로써 아메리카인들은 근대국가 간 체제를 넘어서는 새로운 세계정치질서를 창안해냈던 것이다.

2) 이상주의와 현실주의 : 아메리카 세계질서와 유럽 국제질서의 충돌

기실 이러한 연방헌법의 특이성은 이미 당대인들에 의해서도 인식되고 있었다.[58] 아니 오히려 그러한 예외성의 추구야말로 헌법 제정의 목적이었다. 예를 들어, 위더스푼(John Witherspoon)이나 프랭클린(Benjamin Franklin) 등은 자신들이 만든 연방체제가 세계정치 체제의 측면에서 인류 진보의 최종 단계가 될 것이라고 주장했다. 그들은 지난 인류의 정치체제사가 '왕국과 국가들의 분열되고 적대적인 전쟁상황'(1단계-과거 유럽체제)에서 '세력균형 체제'(2단계-현재 유럽체제)로 진행되어 왔음에 반해, '아메리카 연방의 설립'(3단계)은 세계에 영구적인 평화를 가져올 수 있는 인류의 미래를 지시한다고 생각했다. 따라서 이들은 아메리카의 성과가 유럽의 평화체제 구상 전통을 계승 · 발전시킨 결과물인 동시에 앞으로 전 인류가 모범으로 삼고 실현시켜야 할 역사의 최종단계라고 인식하였다.[59]

이러한 일종의 사명의식은 앞에서 설명한 공화주의적 예외주의 정신과 합류해 이후 아메리카의 20세기 외교사에서 인류의 정치질서를 평화의 방향으로 변혁하겠다는 굳은 의지가 표출되는 중요한 동인을 형성하게 된다. 아메리카는 자신의 힘이 모자랄 때에는 워싱턴의 고별연설이나 먼로 독트린처럼 웨스트팔리아 체제에서 탈출한 독자적 정치질서를 유지하는 데 진력하지만, 자신의 힘과 이념을 외부에 투사할 수 있는 시점이 오면 외부의 근대 국제질서를 재편해 아메리카의 연방적 질서를 전 세계에 복사 · 확산시키는 것

에 매진해 왔다.[60]

이에 따르면, 윌슨(Woodrow Wilson)의 국제연맹(League of Nations) 계획이나 제2차 세계대전 이후 국제연합(United Nations)과 북대서양조약기구(NATO) 구상은 모두 아메리카가 고안한 연방체제로 기존의 아나키 질서를 대체하려는 기획이었으며, 그동안 학자들에 의해 다자주의(multilateralism), 국제레짐(international regime) 등으로 불려온 전후 아메리카 외교의 정책목표들은 바로 이러한 자국의 정치적 전통에서 유래한 것으로 판명된다.[61]

또한 국제정치이론의 영역에서도 이러한 접근은 현실주의와 이상주의의 대립으로 알려진 아메리카 외교정책의 대논쟁이 유럽적 근대 국제정치 체제와 아메리카적 탈근대 세계정치 체제 간의 패권다툼이라는 거대한 정치질서 패러다임 간의 대결로 재해석되는 효과를 가져온다. 이상주의적 기획이란 사실상 웨스트팔리아 체제를 대체하려는 아메리카 연방주의의 다른 이름이었던 것이다.[62]

한편, 이러한 해석은 아메리카 헌법학의 학설사란 측면에서도 흥미롭게 재조명될 수 있다. 앞에서 잠깐 언급했다시피 본래 아메리카의 헌법은 국내 정치적 문헌으로서 해석되어 온 것이 주류적인 상황이었다. 그러나 제1차 세계대전 직후, 제2차 세계대전 직후, 탈냉전 직후와 같이 아메리카가 본격적으로 세계의 정치질서를 재편하는 시기가 오면 예외 없이 아메리카 헌법에 대한 국제정치적 해석이 돌출되었다는 점은 우리의 주목을 끌 만하다.

제1차 세계대전 직후에는 스콧(James Scott), 홀트(Hamilton Holt)같은 학자들에 의해 아메리카가 세계의 축소판이며, 아메리카 헌법이 역사상 알려진 "가장 훌륭한 평화연맹(the greatest league of peace)"이므

로 앞으로의 세계에서도 아메리카가 그러한 세계연맹의 설립을 주도할 필요하다는 주장이 나오게 되었다.[63]

또한 윌슨, 루즈벨트(Theodore Roosevelt), 태프트(William H. Taft) 같은 당대의 대선후보들은 모두 건국시조들이 1787년에 직면했던 상황과 자신들이 당시 처한 현실 사이에 일정한 유사성이 있음을 강조하였다.[64] 그리고 연방의 역사에서 아메리카의 각 지역(section)들이 유럽의 각 국가들과 비슷한 역할을 했다고 해석하며, 아메리카 연방체제가 이미 국제평화의 가능성을 예시했다고 주장한 터너(F. J. Turner)는 윌슨에게 파리평화회의 참석 전에 '미국의 지역주의와 세계기구(American Sectionalism and World Organization)'라는 제목의 편지를 보내 세계평화의 밑그림을 아메리카 연방의 역사 속에서 찾을 것을 촉구하였다.[65]

제2차 세계대전 직후에는 모겐소(Hans Morgenthau)에게 모욕적인 조롱을 받음으로써[66] 우리의 기억에 남게 된 타넨바움(Frank Tannenbaum)이 주장한 "통합국가론(Co-ordinate State)"이 당시 유행한 현실주의-이상주의 논쟁에서 이상주의가 뜻한 것이 진정 무엇이었는지를 잘 보여주고 있다. 그는 아메리카 연방이 스위스를 제외하면 가장 오래된 국제사회라고 주장하면서, 이것이 그 자체로 48개의 주권국가로 이뤄진 국제사회이며, 모든 국가의 평등원칙 속에 이뤄진 평화안의 의미를 갖는다고 주장했다. 그러면서 이러한 국제정치 전통은 유럽 국제체제와 명확히 대립선을 긋는다고 말하고, 아메리카의 외교전통이란 바로 이런 반유럽적 전통과 역사적 경험에서 도출된 예외적인 것이라 설명한다.[67]

마지막으로 탈냉전의 국면에서 우리는 80년대부터 등장하기 시작한 몇몇 아메리카의 자유주의/구성주의 이론군의 분파들에 주목하지 않을 수 없다. 특히 러기의 '내재된 자유주의론',[68] 다양한 자유주의 학자들에 의한 '민주평화론',[69] 그리고 앞서 살펴본 헨드릭슨이나 듀드니의 연방헌법의 국제정치적 해석 등이 그 사례로 제시될 수 있을 것이다. 이 모든 연구들은 결국 현 시기 탈근대 제국을 추동하고 있는 아메리카 연방의 운동모습을 포착해 제시한 이론들이라 하겠다. 지식사회학적인 측면에서 본다면, 최근의 아메리카 외교정책과 연방체제에 대한 일부 자유주의와 구성주의 학자들의 새로운 해석은 아메리카의 제1차 세계대전과 제2차 세계대전 직후의 시도에 이은 3차 세계질서 변혁 프로젝트[70]의 일환 혹은 그것의 이데올로기적 해석으로 위치지을 수 있을 것이다.

4. 결론

기존의 국제정치학에서 혁명에 대한 연구들은 대개 1789년 프랑스 혁명이나 1917년 러시아 혁명이 가져온 근대 국제질서에의 파급효과에 대해 많은 관심을 기울여 왔다. 이러한 연구들이 강조하는 것은 근대성을 넘어서려던 탈근대적 혁명들이 도리어 근대 국제체제를 강화하고 공고화하는 데 결정적인 역할을 했다고 하는 아이러니이다.[71]

예를 들어 프랑스 혁명의 경우, 초기의 '형제애(fraternity)'라는 보편적 구호가 무색하게 결국 본격적인 근대 내셔널리즘(nationalism)과 국민국가의 출발이라는 전도된 결과를 가져왔다. 또한 러시아혁명의 경우, '세계혁명'이라는 외침이 '일국사회주의론'으로 전락함에 따라 탈국민국가적 인터내셔널과 평의회 꼬뮤니즘의 운동들은 모두 일국의 정권을 탈취하고 내부개혁에 진력하다 전 지구적 자본주의 체제와 자유주의의 압박 속에 사민주의 혹은 국가계획경제를 통한 근대화 운동의 형태로 포섭되는 운명에 처해버렸다. '반체제운동'이 결국 국민국가를 절대시하고 그 속에 함몰되어 버리는 근대적 운동의 형태로 변질된 것이다.

그러나 기존의 아메리카 국제정치학이 크게 간과한 것은 프랑스 혁명과 러시아 혁명이 실패하는 그 강고한 근대국제질서의 자기보존운동 속에서 놀랍게도 아메리카의 탈근대 프로젝트가 묵묵히 200여 년간 지속적으로 진행되었다는 점이다. 정작 혁명국가로서, 탈근대 세계질서를 추구하는 마지막 남은 혁명기지로서 아메리카 자신에 대한 인식이 자국의 학문에는 부재했던 셈이다.

본 연구는 이상에서 이런 혁명국가로서 아메리카의 탄생과정과 속성을 공화주의와 연방헌법이라는 두 가지 요소로 설명하고자 하였다. 그리하여 우리는 아메리카가 초기 혁명국면부터 뚜렷이 유럽적 근대성으로부터 탈출하고자 하는 문제의식 하에 건국되었음을 확인하였고, 나아가 아메리카인들이 연방체제의 구축을 통해 적극적으로 근대 유럽 국제질서를 변혁하는 대안적 탈근대 질서를 제시하였음을 알게 되었다.

요약하자면, 아메리카 혁명에 대한 계보학적 탐구는 그동안 이어져 온 아메리카의 역사와 외교정책에 대해 새롭게 해석할 수 있는 단초를 제시해 준다는 점에서 그 의의가 있다. 즉, 지난 역사에서 아메리카의 존재와 행동 자체가 끊임없이 예외국가로서 기존 체제를 전복하려는 세력으로 작동했음을 인지하게 되며, 특히 현재의 시점에서 아메리카가 강력히 추구하는 신질서의 비전이 근대국가 간 체제를 넘어서는 탈근대 제국의 프로젝트에 기반하고 있음을 짐작하게 한다.[72]

따라서 향후의 아메리카 외교정책과 국제정치이론에 대한 연구는 이러한 아메리카의 특이성과 혁명노선에 대한 재인식 속에 새로이 재편될 필요가 있다. 혁명 아메리카에 대한 과학적 분석 없이는 근대 세계정치사와 탈근대 지구질서에 대한 이해와 예측이 불완전해질 것이기 때문이다. 역사의 주요 국면마다 보여온 아메리카의 특이적 행동양식을 현실주의자들처럼 전략부재나 이상주의 정도로 치부하는 한, 아메리카 발(發) 탈근대 혁명의 심원성에 대한 이해는 한계에 봉착할 것이다.

(논문접수일 4월 14일, 심사완료일 6월 2일)

주

1_ 이와 같은 미국적 주류 국제정치학의 대표작으로는 Kenneth Waltz, *Theory of International Politics*(Boston : McGrew-Hill, 1979)를 들 수 있다. 한때 국가중심적인 신현실주의에 반대해 초국가적 행위자의 흐름을 강조하던 자유주의적 국제정치이론의 전통 또한 이제는 더 이상 신현실주의의 아나키 구조론에 의문을 던지지 않고 있는데, 이에 대해서는 David Baldwin, *Neorealism and Neoliberalism : The Contemporary Debate*(New York : Columbia University Press) 참조.

2_ 콕스는 자신의 논문에서 이러한 특성을 지닌 주류 국제정치학을 '문제해결이론(problem-solving theory)'으로 지칭하고, 반면에 기존 질서의 변화가능성을 추구하는 것을 '비판이론(critical theory)'이라고 명명하였다. Robert Cox, "Social forces, States, and World Orders : beyond International Relations Theory", in Robert Cox and Timothy Sinclair, *Approaches to World Order*(Cambridge : Cambridge University Press, 1996).

3_ J. M. Hobson, "What's at Stake in 'Bringing Historical Sociology Back into International Relations'? Transcending 'Chronofetishism' and 'Tempocentrism' in International Relations", in Stephen Hobden and J. M. Hobson eds. *Historical Sociology of International Relations*(Cambridge : Cambridge University Press, 2002).

4_ 주류 담론에 의해 신비화된 근대성의 기원과 표준에 대한 역사적 독해를 통해 그것의 상대성과 탈주가능성에 대해 논의하는 계보학에 대해서는 다음 글들을 참조할 것. Michel Foucault, "니체, 계보학, 역사", 이광래, 『미셸 푸코 : 광기의 역사에서 성의 역사까지』(서울 : 민음사, 1989) ; 김상환, 『니체, 프로이트, 맑스 이후』(서울 : 창작과 비평사, 2002), pp. 272-318 ; 이진경, 『자본을 넘어선 자본』(서울 : 그린비, 2004), pp. 327-328.

5_ 하트와 네그리는 『제국』의 2부 5장(Network Power : U.S. Sovereignty and the New Empire)에서 아메리카의 역사 전체를 탈근대 제국을 예비하는 거대 프로젝트의 일환으로 묘사하고 있다. Antonio Negri and Michael Hardt, *Empire*(Cambridge : Harvard University Press, 2000).

6_ Immanuel Wallerstein, 유재건 외 역, 『근대세계체제 II : 중상주의와 유럽 세계경제의 공고화, 1600-1750년』(서울 : 까치, 1999a), pp. 369-439 ; Paul Kennedy, 황건 외 역, 『강대국의 흥망』(서울 : 한국경제신문사, 1989), pp. 98-171.

7_ 김명섭, 『대서양문명사』(서울 : 한길사, 2001), pp. 423–493.

8_ 박상섭, 『근대국가와 전쟁 : 근대국가의 군사적 기초, 1500–1900』(서울 : 나남, 1996), pp. 137–160.

9_ 이러한 정치경제적 변화에 대해 금융혁명, 재정군사국가, 신사적 자본주의라는 세 가지 키워드로 설명하고 있는 글로 이영석, "18세기 영국의 국가체제와 제국경영", 서울대학교 역사연구소, 미국학 연구소 공동주최 학술회의 『세계화에 대한 각국의 반응양상 및 대응전략 : 종합적 역사적 연구』발표문(2005년 5월 21일).

10_ Kenneth O. Morgan, 영국사학회 역, 『옥스퍼드 영국사』(서울 : 한울, 1997), pp. 432–445.

11_ 브링클리는 이러한 상황을 '전환기의 제국'이라는 제목아래 설명하고 있다. Alan Brinkley, 황혜성 외 역, 『있는 그대로의 미국사 1』(서울 : 휴머니스트, 2005), pp. 174–217. 여기서 조정의 핵심은 거의 자유방임에 가깝게 방치됐던 식민지들에 대한 본국의 통치력을 강화하고 세금을 증가시켜 잦은 전쟁으로 고갈된 재정을 확충하는 것이었다. 이러한 조치에 대해 본국과 식민지의 시각은 대단히 상이하였다. 본국의 경우 7년전쟁도 결국은 식민지인들을 위한 것이었고, 대영제국의 중상주의 체제도 식민지인들의 경제적 이익을 제국의 군사력이 보호해 주는 것으로 생각해 이러한 부담은 혜택을 입은 식민지의 당연한 의무라고 생각했다. 그러나 식민지인들은 7년전쟁에서 자신들이 본국을 위해 힘들여 싸웠다고 생각하였으며, 특히 '항해조례(Navigation Act)'로 대표되는 대서양 무역체제는 일종의 종속체제로서, 식민지가 본국에 일방적으로 착취당하고 있다고 여기어 이런 추가적 조세조치를 종속적 착취의 증가로 간주하였다. David Hendrickson, *Peace Pact : The Lost World of the American Founding*(Kansas : University Press of Kansas, 2003), pp. 75–79.

12_ 이하 이들의 방법론에 대한 논의는 다음을 참조하였다. 조승래, "공화주의", 『국가와 자유 : 서양 근대 정치 담론사 연구』(청주 : 청주대학교출판부, 1998), pp. 13–16 ; 장세룡, "포코크와 스키너의 정치사상사 연구방법론", 『대구사학』, 46, 1993.

13_ 공화주의의 계보에 대해서는 J. G. A. Pocock, *The Machiavellian Moment : Florentine Political Thought and the Atlantic Republican Tradition*(New Jersey : Princeton University Press, 1975)를 참조.

14_ 1722년부터 20년간 지속된 월폴의 집권기는 1690년대 시작한 금융혁명의 결과가 본격화되면서 영국 경제체제의 금융화가 급속히 진행된 시기였다. 특히 주식투기의 과열과 거품붕괴로 경기침체까지 낳았던 희대의 스캔들인 '남해거품(the South Sea Bubble)' 사건은 이러한 시대적 상황을 상징하였다. 그는 국가의 조세

와 재정체계를 완비하고 영국의 군사력을 강화시켜 영국이 프랑스와의 패권전쟁에서 승리하는 데에 큰 밑거름 역할을 하였으며, 정치적으로도 크게 성공하였다. 그러나 그의 집권기는 또한 상업주의의 만개와 그에 따른 후원제(patronage)로 대표되는 정치적 부패와 사치의 만연, 경제적 양극화의 진행으로 지탄의 시기가 되기도 하였다. 조나단 스위프트의 『걸리버 여행기』같은 풍자문학이 이 시대에 유행한 것은 이러한 풍조를 반영한다. 따라서 월폴의 궁정파(court)가 이끄는 사회변화에 반대하는 지방파(country)의 반발이 심화되었고, 이는 곧 당시 영국의 근대성 전체에 대한 투쟁으로 이어졌다. Morgan, 1997, pp. 420–432.

15_ Bernard Bailyn, 배영수 역, 『미국혁명의 이데올로기적 기원』(서울 : 새물결, 1999), pp. 62–64.

16_ 이에 대해서는 박상섭, 『국가와 폭력 : 마키아벨리의 정치사상연구』(서울 : 서울대학교 출판부, 2002), 9장 참조.

17_ 이하 권력과 자유, 덕과 부패의 변증법에 대해서는 Bayiln, 1999, 3장과 Gordon S. Wood, *The Creation of the American Republic*, 1776–1787 (New York : W.W. Norton, 1969), chapter 1 참조.

18_ Bailyn, 1999, p. 88.

19_ Bailyn, 1999, pp. 101–106. 영국의 휘그주의자들에게 뿐만이 아니라, 18세기 유럽의 계몽주의 사상가들에게도 명예혁명 이후 영국의 정체는 공통된 찬양의 대상이었다. 특히 영국사의 점진적 발전과 사회적 합의에 바탕을 둔 혼합정체는 모든 계몽주의 정치학의 이상향이었다. Darren Staloff, *Hamilton, Adams, Jefferson : The Politics of Enlightenment and the American Founding*(New York : Hill and Wang, 2005), pp. 30–34.

20_ Wood, 1969, p. 31.

21_ 포콕에 의하면 '마키아벨리적 계기'란 자신의 책의 제목은 두 가지 의미를 갖는다. 하나는 마키아벨리의 사상 속에서 그와 그 동시대인들이 풀어보고자 한 문제틀 혹은 세계관이 형성된 시기를 말한다. 이 시기를 통해 공화국과 시민참여의 문제를 덕과 부패라는 언술구조 속에서 사고하는 전통이 출발하였다. 두 번째 의미는 공화국이 붕괴될 위기에 처해 마키아벨리적인 패러다임이 사람들의 사고방식을 지배하기 시작하는 시기를 의미한다. 즉, 일련의 비합리적 사태들(=fortuna=corruption)에 의해 공화국의 도덕적–정치적 안정이 파괴되어 가는 것을 막기 위해 노력하는 시기를 뜻한다. Pocock, 1975, pp. vii–viii.

22_ Pocock, 1975, pp. 508–509.

23_ Pocock, 1975, pp. 509.

24_ 1764년 설탕법, 1765년 인지세법, 1766년 선언법, 1767년 타운센드법, 1768년 보스턴에 영국 상비군 상륙, 1770년 보스턴 학살, 1773년 차 세법과 보스턴 차 사건 등.

25_ Bailyn, 1999, pp. 49–50 ; pp. 128–129.

26_ Bailyn, 1999, pp. 52–53.

27_ Bailyn, 1999, p. 172.

28_ Bailyn, 1999, p. 51.

29_ 특히 지식인들이 아닌 인민들의 차원에서 공화주의에 바탕한 아메리카 예외주의(American Exceptionalism)와 천년왕국사상에 기반을 둔 예외주의가 잘 결합되었다. 권용립, 『미국의 정치문명』(서울 : 삼인, 2003), p. 136.

30_ Bailyn, 1999, pp. 177–178.

31_ Pocock, 1975, p. 423. 특히 포콕의 공화주의론에 기대고 있는 네그리는 마키아벨리의 사고를 영국에 접목시킨 해링턴이 17세기 영국의 시공간에서 근대적 상업계급과 토지귀족의 연합에 맞서 일종의 사회주의 노선을 주창했다고 설명한다. 해링턴의 저서 『오세아나 공화국(*The Commonwealth of Oceana*)』에서 그려지는 그의 유토피아 체제는 그가 살던 시대의 영국에서 점증하고 있던 정치 · 사회적 동향과 그것들의 결과에 대한 현실주의적 분석이었다. 그리고 그러한 변화를 '부패'로 규정하여 자신의 반근대적 입장을 명백히 하였다. 특히 그는 마키아벨리가 덕성스러운 시민을 무장한 인민에서 찾은 데 반해 토지보유자를 덕성스러운 시민이라고 정의함으로써 평등주의적이고 사회주의적인 소유의 집단체제를 토지의 상업화라는 근대 자본주의적 경향의 대안으로 제시하였다. 이는 마키아벨리의 이론을 뚜렷이 근대 영국의 상황에 응용시킨 예이며, 그의 논의에 유물론적 성격을 부여한 것이다. Antonio Negri, *Insurgencies : Constituent Power and the Modern State*, trans. Maurizia Boscagli (Minneapolis : University of Minnesota Press, 1999), pp. 111–139.

32_ Pocock, 1975, p. 546. 여기서 그는 기존의 주류였던 자유주의적 혁명 해석이 이러한 아메리카 혁명의 탈근대성을 인식하지 못하게 했다고 비판한다.

33_ 그는 '자신의 혁명의 보편성에 대한 신념, 사명의식, 타자인 외국에 대한 일종의 강박적 의심, 외국에 대한 도덕적 판단, 전통적 국제관계에 대한 깊은 불신, 외교정책의 독트린화, 이데올로기적–도덕적 레토릭' 등을 혁명국가의 외교상 특징으로 들고 있다. David Armstrong, *Revolution and World Order : The Revolutionary State in International Society*(New York : Oxford University Press, 1993), pp. 42–43.

34_ 권용립, 2003, p. 293.

35_ Alexander Hamilton, John Jay, and James Madison, 김동영 역, 『페더랄리스트 페이퍼』(서울 : 한울, 1995), p. 85. 이하에서는 『페이퍼』라고 축약해 표기하며, 번역은 Robert Scigliano ed., *The Federalist : A Commentary on the Constitution of the United States*(New York : The Modern Library, 2000)과 대조해 필자의 생각과 번역에 차이가 있을 경우 별 다른 표시 없이 조금씩 수정해 인용하도록 하겠다.

36_ 파리조약(1783)의 약속을 어기고 계속 주둔하고 있는 영국군 문제, 독립 아메리카의 지속가능성을 회의하는 유럽국가들의 냉대, 미시시피강 유역에서 계속 갈등을 일으키는 스페인 문제, 국채부담의 증가와 재정위기, 내부 반란의 증가, 방가정치의 혼란 등. 정경희, 『中道의 정치 : 미국 헌법 제정사』(서울 : 서울대학교 출판부, 2001), pp. 9-46.

37_ '셰이즈의 반란'은 전쟁채무와 관련된 세금과 화폐발행 문제를 둘러싸고 방가정부가 부유한 채권자들을 더 부자로 만들기 위해 농민들을 쥐어짠다고 생각한 메사추세츠의 농민들이 대륙군 대령출신인 셰이즈(Daniel Shays)의 지휘 아래 일으킨 봉기를 말한다. 이는 아메리카 내에 존재하던 계급갈등의 문제를 노정(露呈)함과 동시에 경제문제에 있어 연합정부가 효율적으로 정책을 수행할 능력이 부재함을 보여준 사건이었다. 그리고 연방주의자들에게 대중과 파벌의 정치참여에 대해 결정적으로 부정적인 인상을 심어준 사건이기도 하였다. Brinkley, 2005, pp. 265-268 ; 정경희, 2001, pp. 29-46. 한편, '제이의 위기'는 북부를 대변하는 존 제이(John Jay)가 스페인과의 협상에서 남부의 경제에 사활적인 미시시피강의 항해권을 포기하는 대신 북부에 유리하게 스페인의 항구를 여는 것을 조건으로 내건 사건으로, 연합이 남과 북 두 개의 분파로 갈라져 대대적인 갈등을 불러일으킨 사건이다. 이 사건은 연합체제 내에서는 남과 북 두 개의 정치단위로의 분열과 내전을 방지할 수 없다는 위기의식이 팽배해지는 계기가 되었다. Hendrickson, 2003, pp. 195-196.

38_ Hendrickson, pp. 25-26.

39_ 바로 이런 문제 때문에 본 논문에서는 'United States of America', 'State'와 같은 단어들을 주류 국제정치학적인 규정이 강하게 작용하는 '미국(美國)', '주(州)'와 같은 일반적 역어로 번역하지 않는다. 위와 같은 역어를 사용하는 경우 우리는 금방 미국이라고 하는 단일한 근대국가가 곧장 성립되고 각 13개 식민지는 한 국가 내의 지방단위로 존재했던 것처럼 사유하기 쉽다. 따라서 기존의 익숙한 역어 대신 다른 단어들을 사용함으로써 일종의 '낯설게 하기' 효과를 가져오고자 한다. 가능한 한 단어의 선택에 있어서부터 18세기적인 특수성과 복합성—통일되고 단선적인 근대성 이미지로 포섭되지 않는 차이—을 사상(捨象)하지 않기 위

해 주의해야만 하기 때문이다. 그러므로 'United States of America'의 경우 '아메리카'로, 'State'의 경우 '방가(邦家)'로 옮기도록 하겠다. 'State'를 '방가(邦家)'로 번역하는 것은 베일린의 책을 번역한 배영수의 역어선택을 따른 것이다. Bailyn, 1999.

40_ 듀드니는 이를 홉스(Thomas Hobbes)나 베버(Max Weber) 등이 만들어낸 유럽식의 '현실국가(real-state)' 개념을 기존의 주류 국제정치이론들이 아메리카의 체제를 이해하는 데 그대로 적용했기 때문에 생긴 오류라고 설명한다. 아메리카 연방은 본래부터 유럽식의 국가와 국가 간 무정부상태를 극복하기 위해 제안된 구조적 대안으로서의 신정치체제인데, 전후 아메리카 국제정치학계에서는 현실주의-이상주의 논쟁이 벌어진 후, 유럽적 경험에 토대를 둔 현실주의가 승리를 거둠으로써 아메리카를 그냥 하나의 '현실국가'로 가정하고 논의를 진행하게 되었다는 것이다. 그러면서 그는 매디슨이 발명한 '복합공화국(compound republic)'이 '위계질서(hierarchy)'와 '무정부질서(anarchy)'라는 기존 국제정치질서의 대당(對當)을 넘어서는 제3의 대안인 '니가키(negarchy)'를 의미한다고 주장한다. Daniel Deudney, "The Philadelphian System : Sovereignty, Arms Control, and Balance of Power in the American States-Union, circa 1787-1861," *International Organization*, 49-2, 1995, pp. 191-195.

41_ 김영일은 바로 이러한 점에 착안하여 근대 유럽사회에서는 실체적인 국가주의적 사회의 틀과 그에 대한 대안적인 사회의 틀로서 연방주의적 구상이 실현과 내재, 지배문화와 대안문화의 관계를 이루면서 공존해 왔다는 주장을 펴고 있다. 즉, 근대국가 체제에 대한 대안적 정치질서로서 루소, 푸르동, 칸트 등 근대의 이단아 그룹을 이룬 급진주의 혹은 사회주의의 많은 사상가들이 연방주의적 사회의 이상을 면면히 계승해 왔으며, 근대성의 패러다임에서 근대국가와 자본주의가 서로 긴밀한 관계 속에 발전하였다는 점을 상기해 볼 때, '지배문화 : 대안문화＝자본주의 : 사회주의＝국가주의 : 연방주의'라는 유럽 정치사상사에 있어 다수노선과 소수노선의 이항대립이 존재해 왔다고 주장한다. 그리고 현재 유럽연합의 탄생은 탈냉전시기에 소수노선이자 대안노선인 연방주의가 새롭게 부상하고 있음을 지시한다고 설명한다. 김영일, "유럽통합에 나타난 연방주의 이념," 『한국정치학회보』, 39-2, 2005.

42_ 18세기에 'federal'이라는 용어는 문명국가 간의 관계를 통치(govern)하는 조약, 법, 제약의 망들을 총칭하는 것으로서, 현재의 용법과는 달리 일국의 헌정체제를 지시하는 좁은 개념이 아니었다. 그래서 당대의 유럽인들은 'federal constitution of Europe' 같은 표현을 사용하기도 했다. 또한 이 용어의 뿌리에는 국가 간 관계

뿐만 아니라 모든 인간관계에서 협력과 상호성을 관장하는 협약(covenant)이라는 자연법적 관념도 존재하였다. 이들의 세계정치관은 따라서 근대적이라기보다는 그 자체로 탈근대의 모습과 닮아 있다. 국가 간 관계가 세계정치의 거의 모든 것을 이루던 근대와 달리 이 시대는 마치 오늘날처럼 하나의 체제로 코드화되지 않은 다양한 형태의 행위자들이 뒤범벅되어 활동했으며, 18세기인들은 이를 모두 'federal'이란 개념으로 포착하였던 것이다. Hendrickson, 2003, pp. 22-23. 즉, 이들에게는 지금 우리에게 확고히 자리잡은 국제정치에서의 '안과 밖'이라는 문제설정이 뚜렷하지 않았다.

43_ 헨드릭슨은 이 양극을 아메리카인들이 갖고 있던 역사적 유추를 통해 성립된 국제정치관에 자리잡은 위험한 두 심연(dangerous abyss)이라고 표현하면서, 한쪽의 극이 '제국(empire)-합병(consolidation)-압제(despotism)-집중화(centralization)' 같은 용어로 개념화된 반면, 다른 쪽의 극은 '무정부질서(anarchy)-해체(dissolution)-혼돈(chaos)-분열(disintegration)'과 같은 개념으로 인식되었다고 설명한다. 결국 아메리카인들은 독립과 더불어 어떤 방식으로 자신의 13개 방가들을 결합하여 제국과 무정부질서라는 공화국에 대한 두 개의 위협적 요소를 피해갈 수 있을까 하는 문제를 고민하게 되었다. 이를 위해서는 결국 "질서잡힌 자유(ordered liberty)"라는 교묘한 줄타기를 시도하는 수밖에 없었고, 이러한 고민은 '복합공화국(=연방)'이라는 초유의 정치체의 발명으로 이어졌다. Hendrickson, 2003, pp. 33-35.

44_ 『페이퍼』 No. 18에서 해밀턴과 매디슨은 그리스의 암피크티온 동맹의 예를 들고 있다. pp. 110-111. 한편, 이에 바로 이어진 예에서 해밀턴과 매디슨은 보다 강화된 연맹을 구성해 좋은 결과를 가져왔던 아카이아 동맹의 예를 위의 경우에 대한 반례로 제시한다. pp. 112-113.

45_ 헌법제정 시기에 연방헌법의 비준을 반대했던 반연방파는 바로 제정로마의 예를 들면서 연방의 결성이 방가를 무력화하고 또 다른 제국을 가져올 것이라는 주장을 폈다. 이 당시 가장 유명한 반연방파 팜플렛 저자의 필명이 케사르를 암살한 브루투스(Brutus)였으며, 헌법의 제정을 케사르의 로마진군에 빗대어 루비콘 도강으로 비유한 반연방파들의 논설이 이러한 저간의 사정을 알려준다. Hendrickson, 2003, p. 38.

46_ 『페이퍼』 No. 19에 독일연합의 실패사례가 묘사되어 있다. p. 118. 한편, 『페이퍼』 No. 20에 묘사된 네덜란드 연합의 예는 폭정이 강한 헌법이 아니라 약한 헌법에 의해 발생한다는 사실, 즉 비상대권의 필요 때문에 발생한다는 사실을 알려주므로 반연방파의 주장을 반증하는 사례로도 널리 쓰였다. pp. 123-125.

47_ Hendrickson, 2003, pp. 47–54.

48_ 과세권을 둘러싸고 출발한 논쟁의 주요 논점은 대영제국의 주권체제가 결국 영국 측의 주장처럼 영국의회의 주권을 모든 식민지가 수용하는 단일주권 체계인지, 아니면 아메리카 식민지인들의 주장처럼 왕의 대권을 인정하되 또한 식민지 의회의 자치주권을 인정하는 복합주권 체계인지의 문제였다. 여기서 아메리카인들의 주장은 점차 제국을 연방국가처럼 파악하는 입장으로 정립되어 갔다. 그리고 이러한 속에 '주권의 한계', '하위 주권', '주권의 분할가능성', '주권국가 내의 주권국가'와 같은 언뜻 보기에는 매우 모순적인 관념들이 국가 간 체계를 새롭게 사고하는 식민지인들의 머리에 자연스럽게 각인되었다. 이 점에 대해서는 특히 Bailyn, 1999, pp. 236–268 참조. 이러한 주장을 가장 확실하게 표현했던 당대의 지도자가 바로 제퍼슨(Thomas Jefferson)이었다. 그에게 전 대륙적 명성을 가져다 준 1774년작 『영국령 아메리카의 권리에 대한 견해 요약(*A Summary View of the Rights of British America*)』이 바로 이 문제를 중심적으로 다루고 있다. 특히 Merrill Peterson ed., *Thomas Jefferson : Writings*(New York : Library of America, 1984), p. 107 ; p. 115 참조. 이런 점에서 보면 아메리카의 연방체제란 그들이 영국에 제기했던 바람직한 제국체제의 상을 자신들의 아메리카에 실현한 것으로 볼 수 있다. Hendrickson, 2003, p. 137.

49_ "만일 한 나라가 공격이나 방어의 목적으로 꾸준히 훈련된 군대를 유지한다면 인접해 있는 평화적인 국가들로 하여금 그에 상응하는 경계를 하게 만들 것이다. 15세기는 평화시에 군사적 대비를 하여야 했던 불행한 시기였다. 그것은 프랑스의 찰스 7세에 의해 시작되어 유럽 전역이 자의 혹은 타의에 의해 그 예를 따랐다. 그 예를 따르지 않았다면 전 유럽은 오래 전에 단일왕국이 되었을 것이다."『페이퍼』, p. 251. 이것이 바로 연방주의자들이 파악한 근대국가 간 체제 탄생의 계보학인 셈이다.

50_ "현재로서는 이러한 이점(위험한 군사적 대비가 불필요한 점–인용자)이 연맹체제 때문에 가능한 것임을 잊어서는 안 된다. 그것이 붕괴하는 순간 새로운 질서가 탄생할 것이다. 약한 방가들의 두려움이나 강한 방가들 혹은 소규모 연합의 공포는 구세계의 찰스 7세가 만들었던 것과 똑같은 예를 신세계에 남길 것이고, 그 본보기는 지금으로부터 장차 동일한 동기에서 모든 곳에서 모방될 것이다. … 아메리카의 모습은 유럽대륙의 축소판에 지나지 않게 될 것이며, 상비군과 끊임없는 세금 속에 도처에서 자유는 짓밟히게 될 것이다." 『페이퍼』, p. 252.

51_ 'congress'라는 용어 자체가 당대의 국제법 용어에서는 국가 간의 대표회의를 지칭하는 것이었다. 'parliament'라는 용어 대신 이 개념이 대륙회의의 명칭으로 사

용되었고, 이에 따라 각 방가가 한 표의 동등한 표를 행사한 것은 역시 초기 아메리카 정치질서의 국제정치적 특성을 지시해 주는 것이라 하겠다. Hendrickson, 2003, p. 107.

52_ 『페이퍼』 No. 7에서 해밀턴은 연방형성이 좌절되었을 때, 방가 간에 전쟁이 일어날 수 있는 구체적 원인으로 크게 ① 서부 영토분쟁 문제, ② 상업경쟁, ③ 연맹의 공공부채 등의 세 가지를 제시하고 있다. pp. 43–47.

53_ "만약 우리가 해체되고 전체가 계속 분열된 채로 있거나 두세 개의 연합의 형태로 된다면(이렇게 될 가능성이 가장 높다) 우리는 짧은 시간 내에 유럽세력의 위협을 받아 곤경에 처하게 될 것이다. 우리의 자유는 서로에 대한 경계심과 야망으로부터 우리를 방어하기 위한 수단의 희생물이 될 것이다." 『페이퍼』, p. 53.

54_ 『페이퍼』, pp. 48–49.

55_ 본래 이 말은 토크빌이 가장 먼저 사용하였고, 우드가 자신의 저서에서 아메리카의 헌법제정이 갖는 의미를 고전적 공화주의에서 벗어나 자유주의적 정치학이 아메리카에서 작동하게 되었다는 것으로 정의내릴 때 이 개념을 원용하고 있다. Alexis de Tocqueville, 박지동, 임효선 공역, 『미국의 민주주의 1, 2』(서울 : 한길사, 1997), p. 64 ; Wood, 1969, part 5–6.

56_ Hendrickson, 2003, pp. 28–29. 이런 맥락에서 제퍼슨은 퇴임 후인 1818년에 작성한 메모에서 이러한 국제정치적 맥락의 이유로 연방헌법이 고안되었음을 명백히 회고하고 있다. "영국의 침략으로부터 공동방어를 목적으로 연합헌장 아래에서 맺어진 방가 간의 동맹(alliance)은 불충분한 것으로 판명되었다. 여느 동맹조약과 마찬가지로 각 조약 당사국들에게 준수를 강제하는 것은 그 조약의 목적이 달성되는 순간 만료되었고, 따라서 개별 방가들은 모든 면에 있어 주권을 가지고 독립하게 되었다. 그러나 이러한 분리독립 국가들은 그리스의 작은 국가들과 마찬가지로 영원히 서로 전쟁상태에 있거나 유럽의 강대국들에 의해 위성국가가 되는 수밖에는 다른 길이 없었다. 따라서 모든 방가들은 그들의 내부적 평화와 정치체제, 유럽으로부터의 독립을 보장받기 위해 보다 강력한 연맹을 추구해야만 했다." Peterson, 1984, p. 663.

57_ 듀드니는 이런 주권공유의 부분이 '필라델피안 체제(Philadelphian System)'와 '웨스트팔리안 체제'를 가르는 가장 중요한 지점이라고 강조한다. 특히 푸펜도르프(Pufendorf)나 바텔(Vattel) 등 당시 자연법학자들의 국제법과 세계평화안조차 홉스식의 국가주권론을 무비판적으로 전제한 것인 데 반해, 아메리카의 연방은 근본적으로 주권의 분할과 공유라는 새로운 패러다임을 세계정치질서의 대안으로 제시했다고 강조한다. '타협된 자율성(comprised autonomy)'을 통해 각 정치

체가 안보를 획득하는 독특한 체제라는 것이다. Deudney, 1995, pp. 222-227. 듀드니에 의하면 이러한 필라델피안 체제수립의 시도는 심지어 유럽의 평화사상의 대명사인 칸트의 영구평화론보다도 더 탈근대적인 것인데, 왜냐하면 칸트 역시 여전히 개별 국민국가의 주권에 대한 절대적인 인정과 전제 위에 연방의 창설을 기획함으로써 푸블리우스(publius-『페이퍼』의 저자인 해밀턴, 매디슨, 제이가 쓴 공동필명)의 연방계획보다 단순하고 복합적이지 않았기 때문이다. 이러한 지적은 최근의 국제정치이론계에서 유행중인 '신칸트적 민주평화론'에 대한 비판으로까지 이어진다. Daniel Deudney, "Publius before Kant : Federal Republican Security vs. Democratic Peace", *European Journal of International Relations*, 10-3, 2004.

58_ 필라델피아 헌법제정회의에서 노스캐롤라이나의 대표였던 리차드 캐스웰의 발언이 이러한 당시의 인식을 잘 보여준다. "시민의 자유를 유지하고, 지속적이며 효과적인 정부를 유지해 주는 고리에 의해 서로 연결되어 있는 주권국가의 연합은 말로 설명될 수 있는 제도가 아니다. 오히려 그것은 인간의 역사에서 한 번도 발생한 적이 없는 하나의 상황이다." Karl Van Doren, 박남규 역, 『미국헌법을 만든 사람들의 이야기』(서울 : 홍익출판사, 1997), p. 48에서 인용.

59_ Hendrickson, 2003, pp. 23-24 ; pp. 142-143.

60_ 듀드니는 이를 연방국가적 주권구성의 특성(internal sovereignty configuration) 때문에 아메리카의 외교전략에 '회피(hiding)'와 '구속(binding)'이라는 정반대 전략이 병존한다는 식으로 설명한다. 이것은 아메리카가 '세력균형(balancing)'이라는 근대국가의 외교행태와는 다른 독특한 외교정책을 수행한다는 것을 암시하는데, 이러한 현상은 아메리카가 다른 유럽국가들과는 달리 힘의 배분과 같은 근대국가적 합리성에 따라 외교정책을 수행하는 것이 아니라, 체제의 유사성 및 체제복사의 가능성이라는 다른 기준을 통해 외교정책을 수행하기 때문에 발생한다. Daniel Deudney, "Binding Sovereigns : Authorities, Structure, and Geopolitics in Philadelphian Systems," in Thomas Biersteker and Cynthia Weber (ed.), *State Sovereignty as Social Construct*(Cambridge : Cambridge University Press, 1996), pp. 213-216.

61_ Deudney, 1996, pp. 220-227.

62_ Deudney, 1996, pp. 228-230.

63_ Hendrickson, 2003, pp. 285-286.

64_ Hendrickson, 2003, p. 286.

65_ Hendrickson, 2003, pp. 288-289 ; pp. 380-381.

66_ Hans Morgenthau, "Another "Great Debate" : The National Interest of the United States," *The American Political Science Review*, 46-4, 1952b, pp. 963-971.

67_ Frank Tannenbaum, *The American Tradition in Foreign Policy*(Norman : University of Oklahoma Press, 1955), pp. xi-xiv ; pp. 38-56. 한편, 아메리카의 헌법학자인 칼 밴 도렌은 아메리카 연방헌법제정사를 서술한 책에서 아메리카의 연방헌법의 제정과정이 명백히 1948년 국제연합(UN)의 창립과정과 유사하며, 연방헌법이 결국은 인류 전체를 위한 미래 세계정부의 리허설이었을지도 모른다는 의견을 피력한다. 이 책의 원제목이 *The Great Rehearsal*인 까닭이 바로 여기에 있다. Karl Van Doren, 1997, pp. 3-8. 이러한 도렌의 인식은 아메리카에 의한 전후 국제연합의 창설 또한 국제연맹의 건립과 마찬가지로 연방헌법의 기획을 전 세계로 확장한 것임을 암시한다.

68_ J.G. Ruggie, "International Regimes, Transactions and Change : Embedded Liberalism in the Postwar Economic Order," *International Organization*, 36, 1982.

69_ Bruce Russett and John R. Oneal, *Triangulating Peace : Democracy, Interdependence, and International Organizations*(New York : W.W. Norton & Company, 2001) ; 신욱희, "민주적 평화론과 미국의 21세기 전략," 『미국학(美國學)』, 25, 2002.

70_ 네그리와 하트는 부시 1세가 '신세계질서(New World Order)'를 선언한 걸프전 이후 아메리카의 전략을 전 지구적인 제국 프로젝트로 해석하며, 이것이 근대적 주권체제와 결정적인 단절을 형성하고 있다고 주장한다. 그리고 이것은 물론 아메리카의 내부적 헌정 프로젝트가 전 지구에 확산되는 형태로 진행되고 있다. Negri and Hardt, 2000, pp. 179-182.

71_ Armstrong 1993 ; Immanuel Wallerstein, "자유주의와 국민국가의 정당화 : 역사적 해석," 강문구 역, 『자유주의 이후』(서울 : 당대, 1996).

72_ 가령 케이건은 최근 부시 행정부의 예방전쟁전략(이른바 '부시 독트린')이 아메리카의 혁명전통, 자유제국 전통에 뿌리박고 있음을 명확히 하고 있다. Robert Kagan, "America's Crisis of Legitimacy," *Foreign Affairs*, 83-2, 2004.

Abstract

Concept of Security in the Post-Cold War Period : The Copenhagen School, Securitization, and Theories of International Relations

Min Byoung Won || Seoul National University of Technology

Discourses on security in the post–Cold War period has been dominated by the Copenhagen School which emphasizes the conceptual extension of security. This paper looks at how the concept has changed in the period focusing on the diversification of security targets and the expansion of security sectors. The concept of securitization will be discussed in terms of international relations theories. This paper will stress that the bottom lines of this extensive concept of security are the new perception of threats and social construction of its conceptualization. Theoretical assumptions and debatable issues of the extended concept of security are also to be discussed in detail. Normative aspects, positivistic and epistemological arguments, and ontological issues regarding the new trend of global networks are specific topics here, followed by the issues of the new security dilemma and the risk society. As such, the paper will evaluate the implications and limitations of the security discourse of the Copenhagen School in this new period.

Keywords : Security, Conceptual Extension, Copenhagen School, Securitization, International Relations Theory

East Asian Human Security and Global Governance

Lee Shin-wha || Department of Political Science and International Relations, Korea University

The concept of "human security" has gained relative importance as the international community has begun to recognize that the betterment of security requires not only the promotion of territorial and political security of the state but also the safeguarding of individuals or groups within sovereign states from all threats to human survival including unconventional, non-military risks. The concept has become more popular and relevant with the advent of the age of globalization where various actors closely interact to deal with various issues including political instability, economic inequity, humanitarian emergencies, environmental degradation and insurgencies. Against this backdrop, this article aims to revitalize and sustain the momentum of the academic and policy discourse relevant to human security issues, with particular reference to the studies and practices in East Asia. The article will i) reassess the existing literature and debates on human security ; ii) discuss the progress and setbacks in resolving East Asian human security issues by identifying major problems plaguing the region, as well as the specific threats facing individual countries in the region and iii) review the efforts of the international and regional organizations in promoting global governance in relations to human rights and human security.

Keywords : human security, comprehensive security, the United Naitons, global governance, regional cooperation, East Asia

Consistency and Inconsistency between Global Politics and Northeast Asian Security : From the Perspective of Sino-Japan Rivalry

Park Ihn-hwi || Groduate School of International Studies, Ewha Womans University

Northeast Asian regional security complex has both the consistent and inconsistent factors with the global security structure. Factors of consistency include the U.S. hegemonic influence, the functional role of the division of labor in the global capitalistic structure, the U.S. centric global military network, etc. Factors of inconsistency identify security concerns on the rise of China, regional issues such as North Korean and Taiwan problems, a distinctive perception on international terrorism, etc. While non-traditional security issues dominate the academic discussions in European region, traditional security concerns are still preponderant both among policy makers and general publics in Northeast Asian region. Sino-Japan rivalry centers on the discussions of the Northeast Asian regional security. The expectation on the rivalry between China and Japan is one of the representative security concerns in the region, and to a certain degree it stabilizes the Northeast Asian security order even though it has been intended. It is highly likely to avoid an escalation of military confrontation leading to a war-scale conflict between the two countries. Instead Japan will buck-pass her military responsibility against China threat to the hegemonic state, the United States, and China's military capability cannot catch up the U.S. at least until 2030. Also it is not appropriate to evaluate the two countries' military strategies as revisionists' ones preparing hegemonic status.

Keywords : Northeast Asian security dilemma, balance of power, power maximization, the rise of China, buck-passing theory, the U.S.-Japan Alliance

Cultural Relativism, Sovereignty, and Human Rights in North Korea

Kim Soo Am || Research Fellow, Korea Institute for National Unification

In the post-Cold War era, human rights issue has become a hot topic in the international community. But by advocating different perspectives from respective political and cultural traditions in regulating and guaranteeing human rights, conflicts have arose in the realist international politics. These conflicts have been unfolding between the West including United States and other regions or countries. First, in the process of forming the modern international order, controversy is developing with the focus on the relationship between the principle of sovereignty—accepted as an absolute principle—and human rights. Next, since the introduction of a different perspective from cultural relativism viewpoint regarding the regulation and interpretation of the human rights concept, controversy of universal interpretation has been developing. With the nature of Asian value, the logic of cultural relativism has been emerging strongly in East Asia, especially in China and North Korea.

This paper analyzes how human rights viewpoint of North Korea is establishing, with the focus on sovereignty principle, political application, and cultural relativism. Also, it will look at how North Korea regulates human rights and what significance it gives from international community's direct intervention—so-called pressure strategy. With the argument that North Korea's awareness of human rights is primarily shaped as an extended form of the controversy in international politics, North Korea's awareness exhibits similarities and distinct characteristics. Finally, in the situation where China is greatly influencing North Korea in its process of developing awareness of human rights, this paper will attempt comparative examinations with China in certain parts.

Keywords : North Korean human rights, sovereignty, cultural relativism, 'our way' of human rights, universality

The Change of Security Paradigm in the Post-Cold-War Era and The Realignment of The ROK-US Alliance

Kim Young Ho || Korea National Defense University

This paper first describes the changing features of the security paradigm in the post-Cold-War era and then, analyzes their impact on the current realignment of the ROK-US alliance. The vision of building a more "comprehensive, dynamic, and reciprocal partnership" between two countries reflects quite well the growing trend of emphasizing comprehensive security, human security, and cooperative security as well as the changing nature of alliance relationship and war–fighting method after the end of the Cold War. While slogans of like "comprehensive" and "dynamic", especially, fit very well with the new direction of the contemporary security discourses, many concrete aspects of the realignment also concur the on–going changes in the military paradigm. The realignment, however, has limitations in facilitating common or cooperative security among countries in the region. This is because of the lingering legacy of the Cold War confrontation in the region and the perceptual gap between South Korea and the U.S. on North Korea. This paper concludes that building a more permanent peace regime requires serious efforts to combine the alliance relation and multilateral security cooperation in the region.

Keywords : comprehensive security, human security, common security, ROK–US Alliance, US security strategy, alliance policy

Evaluating the viability of ESDP

Lee Ok Youn || Department of International Relations, Seoul National University

The notion of an EU Common Foreign and Security Policy has been floating ever since the conception of the EU. A conscientious effort to coordinate security policy, however, started with the ratification of the Maastricht Treaty in which the European Security and Defence Identity, a former body of the ESDP, was formulated and the Rapid Response Force(RRF) was established. Despite several European states' attempt to orchestrate the civilian notion of the CFSP, the idea of an autonomous EU role in the field of security was still unthinkable. The NATO was solely presumed to deliver EU 'collective defence,' thus such an attempt to push toward autonomy would be tantamount to a revolution. Especially with the advent of the post–cold war era, the United States hardened its view on the leading role of the NATO in collective defence. Contrarily, the EU member states were no longer content with the quest for a security and defence identity from inside NATO.

Nevertheless, it should be noted that both the U.S. and EU member states agreed upon the necessity to build a stronger RRF, especially in the aftermath of the Kosovo War. Some questions still remain unanswered, though. Which factors affect the widening gulf in the security perception between the U.S. and EU member states? Why do these factors retain their effect upon the divergent views between transatlantic allies? What kind of impact would such differences have on the military relationship between the EU and NATO? This paper purports to explore the workings(or its failure to function properly) of ESDP by providing answers to these questions. Based on the findings from such an analysis, I draw a conclusion why it is contentious to evaluate the viability of ESDP.

Keywords : ESDP, U.S. hegemony, NATO, CFSP, EU collective security

The Singularity of American Revolution Postmodernity of Republicanism and Federal System

Cha Tae Suh || Center for Security and Strategy, Korea Institute for Defense Analyses

The purpose of this study is to understand singularity of American Revolution by analysing postmodernity of Republicanism and Federal system from the viewpoint of Genealogy. The implication of this study is that we need to analyse American singularity in terms of critical IR perspective, for American 250-year-old Project is one important factor which causes post-modernization of Global Politics. Foundation of America and their postmodernity signify the long term design to subverse modern totality.

Keywords : American Revolution, Republicanism, Federal system, Modernity/Postmodernity, Genealogy

원고제출 및 집필요강

1. 『세계정치』에 발표하는 논문은 국제관계와 관련된 다양한 현상들을 이론적 · 사상적으로 조망하고 분석하는 것으로, 이전에 발표되지 않은 것이어야 한다.
2. 원고는 '호글' 로 작성하며, 편집위원회(주소 하단)에 출력본 1부와 원고 디스켓(이메일로 전송 가능)을 함께 제출하는 것을 원칙으로 한다.
3. 원고의 표기는 한글 사용을 원칙으로 하며, 꼭 필요한 경우 한자나 영어를 괄호 안에 적는다. 고유명사의 경우 해당 언어 발음을 한글로 적되 일상화된 고유명사는 예외로 한다. 한자 문화권의 경우 고유명사는 한자 표기를 할 수도 있다.
4. 원고는 논문의 제목, 목차, 요약문, 주제어, 본문, 각주, 영문 요약문, 영문 주제어의 순으로 작성한다. 원고 첫 페이지 하단에는 저자의 소속과 지위, 전공을 한 줄 이내로 국문과 영문으로 표기한다.
5. 논문의 분량은 200자 원고지를 기준으로 150매 이하를 원칙으로 하며, '연구단편' '서평논문' 및 '연구동향'의 분량은 70매, '서평'은 40매를 초과하지 않도록 한다. 영문 요약문은 250단어 이내로 한다.
6. 본문의 절과 항 번호는 1, (1), 1), ①의 순으로 한다.
7. 미주는 다음과 같이 한다.

■ 저자

① 박상섭, 『근대국가와 전쟁 : 근대국가의 군사적 기초, 1500-1900』(서울 : 나남, 1996), p. 120.

② Krasner, Stephen, *Sovereignty : Organized Hypocrisy*(Princeton : Princeton University Press, 1999), p. 20.

■ 논문

③ 최정운, "문명회복으로서의 세계화 : 세계화 논의의 문제의식,"『국제문제연구』, 제20호(서울대학교 국제문제연구소, 1996), pp. 101-103.

④ John Gerard Ruggie, "Territoriality and Beyond : Problematizing Modernity in International Relations," *International Organizaion*, 47-1 (Winter 1993), pp. 13-15.

■ 재인용

⑤ 박상섭(1996), p. 210.

⑥ Krasner(1999), p. 230.

⑦ 최정운(1996), p. 122.

⑧ Ruggie(1993), p. 17.

■ 편저서

⑨ 하영선, "부강국가를 넘어서 지식국가로," 하영선(편),『21세기 한반도 백년대계』(서울 : 풀빛, 2004), p. 181.

⑩ John Baylis, "International and global security in the post-cold war era," John Baylis and Steve Smith(eds.), *The Globalization of World Politics : An Introduction to International Relations*(New York : Oxford University Press, 2001), p. 260.

■ 표와 그림

표와 그림은 별지에 작성하여 논문의 해당되는 부분에 삽입하되 별개의 일련번호를 가져야 한다. 그 출처는 표 아랫부분에 다음과 같이 제시한다.

출처 : 한국은행,『통계연감』(2000), pp.1-2.

■ 인터넷 자료

웹 주소의 검색일자를 명기하여야 한다.

예) http://www.cissnu.org(검색일 : 2004. 4. 6)

8.『세계정치』 편집위원회

주소	우편번호 151-746 서울시 관악구 신림동 산 56-1 서울대학교 국제문제연구소(16동 550호)
전화	02-880-6310/6311
팩스	02-872-4115
이메일	ciscis@snu.ac.kr

세계정치 5
–세계정치와 동아시아의 안보구상–

발 행 / 2006년 8월 25일

엮은이 **서울대학교 국제문제연구소**
펴낸이 **여국동**
펴낸곳 **도서출판 인간사랑**
인 쇄 **백왕인쇄**
제 본 **은정제책사**

출판등록 1983. 1. 26. / 제일 3호

정가 30,000원
ISBN 89-7418-196-7 93340
※ 잘못된 책은 교환해 드립니다.

(411- 815) 경기도 고양시 일산구 백석동 1178-1
TEL (031)901-8144, 907-2003
FAX (031)905-5815
e-mail/igsr@Yahoo.co.kr / igsr@Naver.com